DEBUT D'UNE SERIE DE DOCUMENTS
EN COULEUR

A. CAILLET

TRAITEMENT MENTAL

CULTURE SPIRITUELLE

—

LA SANTÉ DANS

ET LA

L'HARMONIE VIE HUMAINE

—

PARIS VIGOT FRÈRES

1912 Éditeurs

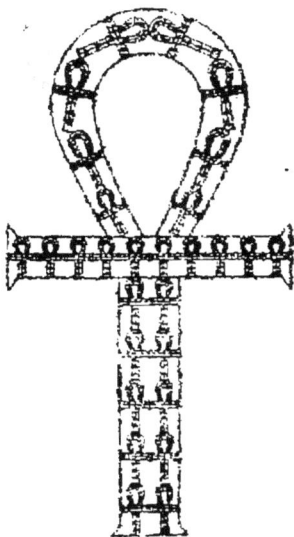

IMP. DESLIS FRÈRES & CIE.
····································TOURS

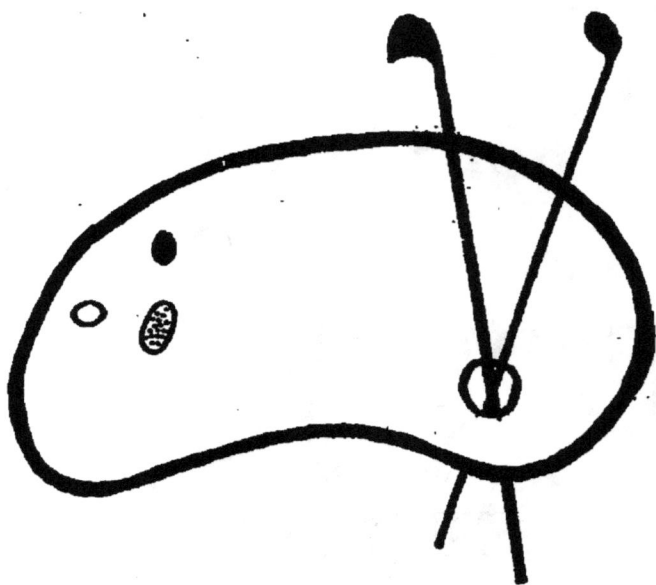

FIN D'UNE SERIE DE DOCUMENTS
EN COULEUR

TRAITEMENT MENTAL

ET

CULTURE SPIRITUELLE

DU MÊME AUTEUR

Manuel Bibliographique des Sciences Psychiques ou Occultes. — Science des Mages. — Franc-Maçonnerie. — Médecine ancienne. — Mesmérisme. — Sorcellerie. — Singularités, Aberrations de tout ordre. — Curiosités. — Sources Bibliographiques et Documentaires sur ces Sujets, Etc.

En cours d'impression, pour paraître vers le milieu de 1912. — Paris, Librairie Lucien DORBON; 3 volumes in-8° d'environ 500 pages chacun.

TRAITEMENT MENTAL

ET

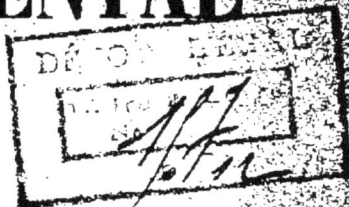

CULTURE SPIRITUELLE

LA SANTÉ ET L'HARMONIE DANS LA VIE HUMAINE

PAR

Albert L. CAILLET

Ingénieur civil

« In Ipso [Deo] enim vivimus »
« et movemur, et sumus... »
Act. Apost. XVII, 28.

————

PARIS

VIGOT FRÈRES ÉDITEURS

23, PLACE DE L'ÉCOLE-DE-MÉDECINE, 23

——

1912

INTRODUCTION

Notre intention première avait été de publier un Ouvrage donnant simplement les règles à suivre pour conserver toute la Vie une parfaite santé, tant mentale que physique.

Puis, en considérant de près le sujet, nous avons perçu d'abord que la personne déjà en parfaite santé n'existe pour ainsi dire pas, de nos jours, et ensuite que le fait de s'exercer à guérir métaphysiquement ou soi-même, ou les autres, est précisément le meilleur moyen d'acquérir et de conserver cette santé physique et morale rêvée.

C'est pourquoi, notre but étant essentiellement utilitaire avant tout, notre ouvrage est devenu une sorte de Traité complet de Guérison Psychique.

La Médecine ordinaire s'adresse généralement aux effets, après qu'ils se sont produits ; la Guérison Psychique attaque presque uniquement les causes productrices des Maladies.

Pour agir efficacement sur ces Causes, il est nécessaire de les connaître avec le plus de précision possible. L'Ouvrage qui suit est le résultat de patientes recherches, sérieuses et prolongées, théoriques et pratiques, dans presque toutes les Écoles connues.

Les Anciens et les Modernes : les Étrangers et les Français ; les Mystiques et les Sceptiques ont été tous interrogés et examinés dans leurs ouvrages avant de tirer une conclusion, un résumé, sous sa forme la plus brève, la plus claire, et la plus pratique, les sources principales de notre Système étant d'ailleurs soigneusement indiquées.

L'art de guérir les Humains est présentement subdivisé en de nombreuses branches, dont nous pouvons énumérer les principales comme suit :

D'abord l'*Allopathie*, la Médecine ordinaire, qui s'efforce, en général, de réprimer les Symptômes morbides en les détruisant à tout prix et par n'importe quels moyens ; puis l'*Homœopathie*, qui s'évertue à déterminer une réaction vitale en administrant à doses infinitésimales une drogue dont les effets sont les mêmes que ceux de la maladie à détruire ; ensuite la *Médecine Naturelle* qui, par des moyens physiques et diététiques (l'eau, le régime et l'exercice, généralement) arrive à ranimer et à remettre dans la bonne voie la vitalité dévoyée.

Jusqu'ici tous les procédés employés font usage d'auxiliaires *matériels*, d'un genre ou d'un autre, drogues, eau ou aliments.

Le *Mesmérisme*, ou *Magnétisme*, ouvre la série de procédés de guérison sans usage auxiliaire de matière palpable : il agit par le « **Fluide.** »

L'*Hypnotisme* n'est qu'une méthode fort restreinte de production d'un sommeil particulier par la fixation d'un point brillant. Il cause une anesthésie temporaire, et c'est à peu près tout.

Avec la *Suggestion*, nous commençons à pénétrer nettement dans le domaine Psychique proprement dit, dans l'influence de la Pensée.

C'est avec la Méthode que nous nommerons le « **Traitement Mental,** » ou d'absents, que nous atteignons absolument la Méthode de Guérison par une sorte de Métaphysique « pratique. » Elle consiste à guérir un malade, présent ou absent, par la seule *Suggestion Mentale Télépathique.*

Ces quatre dernières Méthodes forment le sujet principal de notre ouvrage. Mais, pour les étudier intelligiblement, il est indispensable de résumer brièvement les Lois de l'existence de l'Homme dans la Nature et dans l'Invisible.

L'*Homme Physique,* que nous voyons, est la résultante d'une agglomération, d'un tourbillon psychique plus ou moins hétérogène : tous les résidus, les résumés, pour ainsi dire, de ses existences antérieures, de son hérédité, de ses habitudes acquises déterminent son existence visible, présente.

Ses pensées conscientes, — sa volonté, — forment tout au plus le dixième de cette agglomération, tant qu'il n'a pas commencé systématiquement sa Culture Psychique.

La *Maladie* n'est qu'une pensée vagabonde, un résidu d'antérieures existences de quelque Être, qui cherche à s'attacher à cette agglomération pour en subsister, y vivre en parasite, en attirer la substance, comme le gui sur le chêne. Elle est parfaitement étrangère de sa nature, tant au Noyau de notre tourbillon psychique, l'**Esprit Divin**, que même à l'enveloppe moins immatérielle qui l'entoure et qui a acquis, elle, par l'Évolution, une Harmonie relative, mais plus grande, avec la Vie. Ce n'est qu'un déchet d'états d'évolution antérieurs plus ou moins dépassés.

Cette proposition, assez vraisemblable, même *a priori, qu'on ne peut agir sur la Pensée que par la Pensée,* conduit tout droit aux méthodes par Suggestion, soit Verbale, soit, mieux, Mentale.

En se représentant que nous considérons l'homme physique comme une marionnette dont la Pensée actionne les fils moteurs, on se rendra un compte exact de notre conviction à cet égard — qui est d'ailleurs l'évidence même.

Ce livre se divise donc en **trois parties** bien distinctes :

La première donne les notions indispensables des **Lois de l'Invisible**, et constitue une véritable Clef de tous les ouvrages Mystiques, Hermétiques ou Symboliques à quelque titre que ce soit.

La deuxième Partie comprend la **Culture psychique** puis physique de l'Homme, en accord avec les Principes exposés dans la première Partie.

La troisième Partie, enfin, traite de tous les Procédés Psychiques connus pour rétablir la Santé et l'Harmonie dans la Vie, tant Humaine qu'Animale : c'est la mise en pratique, la suite physique des deux précédentes.

Dans l'ensemble, le tout est un essai de reconstitution de l'antique *Science des Mages* touchant les Lois de la Vie Humaine, et de la Santé Physique et Mentale : c'en est un véritable **Epitome**.

De plus, ce livre renferme non seulement à peu près toute la substance de l'Antique Tradition Hermétique et Hindoue, mais encore les principaux procédés les plus modernes de sa mise en pratique, tels qu'ils sont en usage chez les meilleurs **Psychistes** : la « **New Thought** » et la « **Christian Science** » en Amérique; les « *Magnétiseurs mystiques,* » en France, etc.

Bref, nous avons le ferme espoir, — même la certitude — d'avoir exposé en un langage clair, absolument sevré de métaphores et de symboles, tout ce qu'il y a de réellement *pratique* — et de sainement praticable — dans les « Sciences occultes. »

Comme, nous l'avons déjà dit, notre livre sera une véritable clef générale s'appliquant à tous ces ouvrages symboliques indistinctement, car la vérité est une, bien qu'exposée sous les formes le plus diverses.

Nécessairement, nous avons dû être bref et éviter de nous perdre dans d'innombrables détails ou dans de nombreuses répétitions. Mais nous pouvons suppléer un peu à ce défaut de développement par un simple conseil : **méditer.** Quand un point semble obscur, relire attentivement son exposé; le tourner sous toutes ses faces; au besoin, l'apprendre par cœur; puis l'abandonner une nuit à la **mentation subconsciente** sans s'en préoccuper autrement; ensuite, dans une Méditation en règle, il s'éclaircira de lui-même, presque certainement. Car on ne peut, en somme, rien apprendre que **par soi-même** : les Livres sont des Semailles de Pensée, qui ne germent et ne fructifient que par la **culture volontaire** dans chaque Individu.

Nous donnons, à la fin du volume, une **Bibliographie,** non seulement de tous les ouvrages sur lesquels le présent est fondé, mais encore d'autres qui peuvent être utilement consultés pour la plus grande étude des divers sujets, car l'étendue de la matière que nous embrassons ne nous permet pas d'entrer dans de grands développements des diverses parties : ce que nous présentons est pour ainsi dire la quintessence d'une assez grande bibliothèque.

Il serait cependant injuste de ne pas mentionner plus spécialement quelques auteurs auxquels nous devons à-peu près tout ce que notre livre contient de vraiment bon.

En premier lieu, plaçons le Yogi RAMACHARAKA, dont les neuf volumes principaux (en anglais, voir la Bibliographie finale) ont été pour nous une véritable révélation. Puis les « TROIS INITIÉS » anonymes, éditeurs et commentateurs du « Kybalion » et enfin, en général, les auteurs anglais et américains, pionniers de la « New Thought » et de la « Christian Science ; » de la « Theosophical Society, » etc. : MM. ATKINSON, LEADBEATER, BERRIER, SABIN, etc., et tant d'autres.

Les Psychologues français ont aussi une part de contribution à notre travail, particulièrement M. le Docteur Pierre JANET.

Les chercheurs que la question des Sciences Psychiques intéresse assez pour les décider à l'approfondir, rencontreront aussi, nous l'espérons, d'utiles renseignements dans le Manuel Bibliographique de ces Sciences que nous avons actuellement en cours de publication [1].

Avant d'entrer définitivement dans notre sujet, il ne sera peut-être pas superflu toutefois de nous expliquer sur le sens que nous attribuons à certains mots : car les mêmes mots sont loin de signifier la même chose pour tous ceux qui les emploient, et les malentendus philosophiques ne sont pas rares.

Le plus souvent, on néglige de s'expliquer tout d'abord, et on cause par là l'incompréhension des lecteurs.

Sans vouloir débuter par un dictionnaire complet de la langue française, ce qui nous entraînerait peut-être un peu loin, nous allons cependant spécifier le sens que nous choisissons — généralement — pour

---

[1]. Lucien *Dorbon*, libraire, 6, rue de *Seine*, à *Paris*.

certains mots en possédant tellement, qu'ils arrivent à ne plus signifier rien de précis sans cette précaution.

L'âme, par exemple, ne sera pas pour nous indifféremment l'âme des bêtes, ou l'âme immortelle : je sais bien que les Latins avaient **animus** pour la première, et **anima** pour la seconde (ou inversement?); mais, clairement il s'agit là de deux attributs bien distincts : le premier **mortel**, le second **incréé** comme l'Absolu dont il émane. A ce dernier, pour le distinguer, et suivant en cela la phraséologie Anglo-Saxonne, nous donnerons de préférence le nom d'**Esprit**.

Mais alors, il faut simultanément prendre note que ceci va nous mettre en flagrante contradiction avec le langage « **spirite** » qui décore du nom d'**esprit** un attribut qui n'a absolument rien de « *spirituel* » dans le sens où nous prenons ce mot.

L'**Esprit** pour nous est à l'**âme** ce que l'**âme** est au corps physique : un échelon d'évolution plus élevé.

Voici un cas de réglé, passons maintenant à un autre point noir philosophique.

Les Psychologues admettent généralement aujourd'hui que l'Intellect de l'Homme est **Double** : que nous possédons une **Dualité Mentale**. S'ils disaient triple, ils seraient plus près de la vérité, car il est manifestement contraire au bon sens le plus élémentaire de supposer un seul instant que le Génie, par exemple soit une manifestation particulière d'un Instinct quelconque, ou encore comme d'autres l'ont voulu, que ce soit une forme de folie !

Il est clair à n'importe qui, pourvu qu'il veuille bien accorder au sujet une demi-heure d'attention que le **Mental Humain**, dans son ensemble, comprend, outre la Conscience qui est la partie la plus apparente à première vue, une partie *inférieure* constituant nos passions et nos instincts matériels, puis une partie *supérieure* qui nous distingue justement des animaux, lesquels, eux, s'ils ont quelquefois de la folie, n'ont cependant jamais de génie.

Donc, pour nous l'Inconscient n'est pas du tout synonyme de Subconscient : c'est à la fois l'ensemble de cette dernière faculté et d'une autre qui nous échappe en général également et que nous nommons Superconscient.

Telles sont les premières définitions que nous tenons à poser avant d'entrer en matière : les autres viendront au fur et à mesure de leur utilité.

Conclusion. — L'Homme, donc, nous apparaît comme un Esprit pourvu par son Créateur d'un merveilleux instrument : le Mental et le Corps ; son rôle sur la Terre se résume à apprendre à en jouer. Il peut, ou non, exercer : mais il faut qu'il sache.

Et jusqu'à ce qu'il y arrive, il recommencera.

Voilà toute notre Vie présente.

Note. — Pour les lecteurs que la précision philosophique pourrait intéresser, disons que la Doctrine suivie dans notre ouvrage est celle de l' « *École éclectique* » de la Philosophie Hindoue, laquelle école est le résultat d'un mouvement philosophique qui a débuté vers le 1er siècle de notre ère en empruntant la moëlle des Systèmes déjà connus, et cela dans l'esprit le plus large : le plus éloigné de tout dogmatisme et de toute tendance sectaire.

La base de cette Doctrine est la *Vedanta* de VYASA, de l'École Monistique; elle se rapproche par quelques points de la *Sankya* de KAPILA, et naturellement aussi de la *Yoga* de PATANJALI ; enfin elle n'est pas sans avoir quelques points de commun avec le *Buddhisme* du Prince ÇAKYA MUNI.

Mais elle est très éloignée d'accepter tout l'enseignement de ces divers systèmes, et elle adopte, en plus, quantité de préceptes ésotériques hindous recueillis par tradition.

C'est la Doctrine professée par le Yogi RAMACHARAKA.

PREMIÈRE PARTIE

I

HERMÈS TRISMÉGISTE ET LE KYBALION

1. — Hermès Trismégiste. — Hermès Trismégiste est le plus ancien des Pharaons et des Grands Hiérophantes légendaires de l'antique Égypte. C'est lui, croit-on, qui relie la tradition des races disparues, Atlantes ou Lémuriens, à celle qui nous est parvenue.

On lui attribue une longévité extraordinaire, s'étendant sur plusieurs siècles, et la paternité de vingt mille volumes !

Une chose certaine, c'est qu'il a toujours proverbialement personnalisé la **Science** dans toute sa pureté.

Il ne nous est parvenu que de rares fragments des Livres Hermétiques, mais l'ensemble de la Tradition qu'ils perpétuaient semble être le même que ce qu'on retrouve encore actuellement dans les Indes sous le nom de **Sanantana**, ou **religion éternelle**, dont le Buddhisme est une secte « hérétique » (?) et les **Védas** le Livre sacré.

1

C'est en somme la Science Métaphysique de tous les Initiés de tous les Ages et de toutes les Races. C'est par l'application de cette Science que tout ce qu'on nomme vulgairement des « Miracles » a été produit. Elle se trouve plus ou moins exposée dans les «*Systèmes Philosophiques de l'Inde*» de Max MÜLLER.

2. — Le Kybalion. — Or, parmi les Traditions Hermétiques orales parvenues jusqu'à nous, un recueil extrêmement intéressant, intitulé le **Kybalion** vient d'être publié, en Amérique, par « TROIS INITIÉS » anonymes.

La précision, la profondeur et la concision des préceptes qu'il renferme nous ont paru mériter d'en faire l'entrée en matière de nos études psychiques. On peut dire que les Lois Hermétiques qu'il expose et commente sont une véritable révélation, au point de vue métaphysique : il éclaire d'une lumière vraiment inspirée les profondeurs de l'Intellect, et délivre définitivement l'Esprit du servage de la Matière.

C'est la Clef de toutes les Sciences de pure Pensée.

Des **sept lois** principales qu'il contient, on pourrait aisément faire autant de volumes et les intituler: « *Les Lois de l'Absolu.* »

Le sujet particulier qui nous intéresse nous a d'autre part incité à ajouter, en une sorte de suite à cet enseignement magistral, deux autres lois analogues, de moindre élévation, peut-être, mais indispensables à connaître dans la pratique du Traitement Mental : les **lois d'attraction et d'évolution**.

Quant aux **sept lois du Kybalion** lui-même, les voici dans toute leur pure beauté :

I. — Loi du mentalisme intégral.

3. — « Le Tout est mental, » ou encore : « Tout est Esprit ; l'Esprit est Tout. »

Cette Loi affirme radicalement le **néant** évident de la Matière, au point de vue absolu. La Matière n'est qu'une relativité toujours changeante et l'Esprit — invariable — la contrôle par le fait même de son invariabilité : évidemment ce contrôle peut être plus ou moins direct, plus ou moins rapide, mais il n'en est pas moins toujours et inévitablement efficace.

Cette Loi est la **base même** de tout notre ouvrage : le roc inébranlable sur lequel il est fondé.

Nous verrons plus loin comment tout l'Univers est mental et contenu dans l'Intellect Infini du grand Tout ; comment la création de l'Univers est l'analogue, dans l'Absolu, de l'émission d'une Pensée par l'Homme.

Pour l'instant, nous nous contentons d'un rapide exposé de ces vérités primordiales.

II. — Loi d'analogie.

4. — « Ce qui est en haut est comme ce qui est en bas. »

Cette Loi est une des plus connues de toutes les Lois Hermétiques ; on la retrouve dans la célèbre « *Table d'émeraude* » commentée par de nombreux auteurs (voir la Bibliographie finale).

C'est un des plus fertiles des principes hermétiques, qui nous permet de nous faire une idée de choses autrement inexplicables pour nous, de procéder du Connu à l'Inconnu avec quelque sécurité, et de juger approximativement de l'Invisible par le Visible.

5. — Agglomérat psychique de l'homme.

— Par exemple, il va nous permettre d'acquérir une notion plus vivante — et indélébile — de cette composition de l'homme décrit par nous de manière apparemment, peut-être, osée, comme un simple **agglomérat psychique.**

Étant admis que le visible n'est que la concrétion de l'Invisible, chose assez difficile à refuser, car tout, en ce bas monde, est manifestement le résultat de projets et d'idées plus ou moins menées à bien (ou avortées), il va nous suffire de parcourir par la pensée l'admirable chaîne ininterrompue qui se perd, pour notre Intellect, à une extrémité dans l'Atôme, à l'autre dans la Somme des Univers.

Nous y voyons l'Atôme, par une simple addition à lui-même suffisamment répétée — par une suite ininterrompue d'**agglomérats** convenables — produire tous les corps matériels de notre connaissance, la Terre, puis notre Système Solaire, puis les Univers, puis se perdre et disparaître dans l'Immensité de leur Intégration de la même manière qu'il avait émergé mystérieusement de l'Infiniment Petit. Et cependant, partout, ce n'est que la **répétition** du même Processus si simple : un **agglomérat** harmonieux.

D'ailleurs, disons-le, bien que ce soit un peu étranger à notre sujet, l'atôme lui-même ne peut être qu'un tourbillon d'**akasa** (voir 96) dans l'**akasa** même, et qui, n'étant soumis là à aucun frottement, conserve indéfiniment son mode de mouvement initial — imprimé par la **vie,** le **prana** (96).

De sorte que, parmi toutes les choses inexistantes,

la matière remporte certainement la palme, haut la main. Les plus avancés des savants modernes ne sont pas sans s'en douter, d'ailleurs, et même sans s'en inquiéter légèrement, le Docteur Gustave LE BON, et Madame CURIE, entre autres. Sans la vie qui détermine et maintient l'agglomérat suivant l'ensemble des neuf lois que nous étudions présentement, tout rentrerait dans l'indivision, le chaos.

Nous paraissons bien éloignés de notre sujet : l'Homme, et pourtant nous y touchons, par la magie de la Loi d'Analogie.

On peut dire que l'analogue de l'atôme, pour l'Homme, est la Cellule qui compose tout son organisme et que l'univers, pour lui, c'est l'humanité tout entière.

Considérons-le dans ses principaux agglomérats : supérieurs et inférieurs.

Les supérieurs, partant de l'humanité, nous donneront, en descendant, les Parties du monde, ou les Races, les Nations, les Provinces, les Communautés ou Villes, les Familles, puis les Personnes.

Les inférieurs, en descendant toujours, fourniront les Membres et les organes du Corps, les Tissus qui les composent, et enfin les cellules qui sont la Base du Tout.

Et chaque Cellule possède son Intellect, son Mental, car elle vit, se meut, et existe suivant des Lois parfois fort complexes, et se reproduit indéfiniment — tout comme l'Homme qu'elle compose.

Si nous passons maintenant dans l'Invisible, qui nous concerne particulièrement, nous verrons la somme des Intellects d'un groupement de Cellules composer le mental d'un Organe, et former une des **unités** de notre **Agglómérat Psychique de** l'Homme.

Telle est l'Architecture de l'Homme dans le Monde des Causes. Peut-être est-ce ce mot même qui a inspiré à VAN HELMONT de baptiser ces Intellects cellulaires collectifs des **ARCHÉES** (137).

III. — Loi de vibration.

6. — «Tout est vibration. Rien n'est **inerte** : tout **vibre.** »

La Science moderne vient enfin de le « découvrir » (après toutefois, comme on le voit, le Grand Hermès) : la **Matière** ; l'**Énergie ou la Vie** ; l'**Intellect ou la Pensée** ; et même l'**Esprit Divin** ne sont, en définitive, que le résultat de différents taux, de différentes formes de **Vibrations.**

Cette Loi nous indique la liaison intime de choses en apparence si distinctes, ainsi que l'homogénéité complète de tout l'Univers.

A cette Loi on peut rattacher celle de l'**Attraction** qui se manifeste dans notre monde par l'**Amour,** et à laquelle nous consacrerons un chapitre distinct.

7. — Une autre importante remarque au sujet de cette Loi, c'est que les **vibrations harmoniques s'additionnent les unes aux autres.** De sorte que, par la *Simultanéité,* ou par la *Répétition* de Vibrations identiques on peut accroître leur puissance efficace sans qu'il soit possible de fixer de limite à cet accroissement.

Nous n'insisterons pas sur ce Corollaire qui est démontré au delà de tout doute possible même dans le Monde Physique, par la musique, etc.

8. — Une troisième remarque importante est la suivante : la Projection en Vibrations verbales d'Accord parfait du mot sacré « **AUM** » est le moyen le plus énergique que nous possédions d'élever le taux de nos propres Vibrations dans l'Éther. Ce mot sacré, psalmodié lentement sur les notes *do-mi-sol* de l'accord parfait, semble renfermer toute la gamme ascendante des Sons Créateurs, et, par influence, entraîne dans des Ondes de rapidité croissante toutes nos Vibrations propres. Il symbolise l'ensemble de tous les Sons possibles, débutant, comme il le fait, par la bouche largement ouverte et terminant par la bouche entièrement fermée, et un son purement nasal, après avoir passé par toutes les positions intermédiaires : on peut dire de lui : c'est le **VERBE**.

9. — Nous verrons plus loin que les Vibrations peuvent être **directes** ou **rétrogrades** : se diriger vers l'esprit, ou vers la **matière**.

Le mot sacré **A U M** est le Type le plus pur des Vibrations directes les plus actives.

IV. — Loi de polarité.

10. — « Tout est **DOUBLE**, tout a deux faces, tout a deux **POLES** ».

11. — Et de plus, entre ces deux Pôles se rencontre presque toujours un **point neutre** remarquable : ainsi, la Mentalité de l'Homme soumise à cette Loi donne, comme Pôles : le **Superconscient**, Pôle **positif**, et le **Subconscient**, Pôle **négatif**, plus la **Conscience** entre les deux, Point Neutre des plus importants. La même Loi explique en même temps ce fait maintenant reconnu, mais bien curieux, que la conscience ne représente qu'une infime partie de notre Mental.

12. — Il est fort important de remarquer que le pôle positif seul existe réellement, ou absolument : le pôle négatif est seulement l'absence, l'ombre du Pôle Positif.

La Somme de tous les Pôles Positifs constitue l'être, le tout ; la Somme de tous les Pôles Négatifs n'est que le néant.

Ce fait capital rend un peu moins inexplicable l'attitude assez bizarre de cette Secte Américaine de Guérisseurs Mystiques, connue sous le nom de « Christian Science : » ils nient la Maladie qu'ils veulent guérir, et la font effectivement, par cette attitude radicale, rentrer dans le Néant auquel elle appartient de par sa Nature.

C'est un exemple direct de l'application pratique d'une Loi Métaphysique dans des circonstances assez défavorables, car il est au moins singulier de *Nier l'existence* de l'état que l'on est en train de traiter.

13. — ÉPICTÈTE aussi (qui, comme tous les Stoïciens et les grands sages avait fait une étude approfondie de la puissance intégrale du Mental sur le Physique) nous enseigne dans son LXVI° Aphorisme que : « *Chaque chose a deux anses, l'une qui la rend très facile à porter* [Pôle positif] *et l'autre très difficile* [Pôle négatif]. »

14. — Encore une application de la plus haute importance de ce Principe, c'est la possibilité (que nous étudierons en détail plus loin) de CHANGER LE TAUX DES VIBRATIONS d'Un Pôle vers l'autre, sur l'échelle même où elles se produisent : par exemple de transmuter la **Haine** en **Amour**, le **Mal** en **Bien**, etc., par l'application convenable de la **Volonté**, et des procédés auxiliaires ultérieurement décrits. Non seulement on peut ainsi changer sa propre Polarité, mais encore, par influence directe, celle d'autres personnes : c'est là tout le **TRAITE-MENT MENTAL** décrit en une seule phrase.

15. — Le **Positif** peut toujours agir sur son **Négatif**.

Mais le **Négatif** est, de par son essence même, sans action possible sur son **Positif** — sauf par perversion *volontaire*, voulue, de celui-ci. C'est ce qui dans l'**Homme** constitue le **Libre Arbitre**.

Telle est donc la **Loi**, et ce n'est que par **Contravention** à cette **Loi** que le **Mal** existe : il est donc perpétuellement un état d'équilibre instable, que le moindre effort — heureusement — peut rétablir dans la **Norme**.

16. — La Loi de **polarité**, enfin, nous donne la première Clef de ce qu'on a appelé « *le problème du mal*. » On voit, en l'appliquant, que le **Mal** ne possède pas d'être réel ; il n'est qu'une relativité fugitive, éternellement variable et insaisissable : son essence est le **Néant**.

Dans l'ordre Métaphysique, il est ce que la **dégradation de l'énergie** est dans l'ordre Physique, un produit secondaire, un Sous-Produit de l'**Évolution**, comme nous le verrons dans l'étude de cette dernière loi.

Nous verrons bientôt aussi comment il est possible de neutraliser les effets du **Mal**, dès que, par une

1*

certaine pratique, on peut se polariser mentalement dans le Bien.

Les Stoïciens, tout aussi bien que les « Christian Scientists » n'ont jamais agi, et n'agissent encore jamais autrement.

Le Mal n'est donc qu'une orientation rétrograde des vibrations, une dégradation des ondes vibratoires, une involution *contre nature* qu'il est aisé d'anéantir par l'application consciente de la Loi de vie, qui est tout ce que nous exposons dans ce livre.

V. — Loi de rhythme.

17. — « Tout inspire et expire ; tout monte et descend, tout s'équilibre par OSCILLATIONS COMPENSÉES. »

Cette *Loi des Compensations* a été libéralement exposée, entre autres par Azaïs en France.

18. — Sa principale application est la possibilité qu'elle fait concevoir de se soustraire au mouvement rétrograde, ou dégradant, par ce que l'on nomme neutralisation, et qui consiste à se polariser mentalement au Point Culminant du mouvement direct, et à appliquer consciemment la Volonté, en se refusant là radicalement à se laisser entraîner dans le Rétrograde.

Cette faculté n'est en somme qu'un simple perfectionnement, un développement de la Maîtrise de Soi.

VI. — Loi de cause et d'effet.

19. — « Toute Cause a un Effet : tout Effet a une Cause. »

20. — C'est la *loi de Karma* des Hindous (135).

21. — L'étude approfondie des Phénomènes du Monde Mental permet à celui qui les a maîtrisés de s'élever au-dessus du Monde visible régi par cette loi de cause et d'effet, et de devenir dans une certaine mesure **producteur des effets**, au lieu de les subir.

22. — Car, dans l'Univers, tout arrive suivant la loi. Le hasard n'est qu'un nom donné à une loi qui échappe; le Monde des Causes est multiple, mais **rien n'échappe à la loi.**

23. — La loi de cause et d'effet se traduit par un **processus** invariable de reproduction, d'**enchaînement identique** des mêmes phénomènes sous les mêmes conditions.

Elle est la base de l'expérience, de la Science.

VII. — Loi de genre.

24. — « **Tout possède un Principe Masculin et un Principe Féminin.** »

25. — Est-il besoin de dire que le **masculin** et le **féminin** métaphysiques ne concernent guère cet instinct de reproduction qui les distingue principalement dans le Monde Matériel? ou tout au moins que ce dernier instinct n'est qu'une des manifestations négligeables, presque, de la grande Loi?

La loi de genre ci-dessus énoncée s'applique aux **Dualités** qui se rencontrent dans tous les Mondes, — à éléments semblables, et cependant différents,

— dont la Norme est de graviter à l'entour l'un de l'autre.

20. — Une des plus remarquables manifestations de cette Loi se rencontre dans le mental de l'homme.

Nous avons déjà vu (11) que l'intellect humain comprenait la **Superconscience**, la **Conscience** et la **Subconscience**.

La Loi de Genre va immédiatement nous révéler la Structure du Grand **Androgyne Hermétique**, qui n'est autre que le Mariage, l'union de la supercons- cience avec la **subconscience**; de l'esprit avec l'instinct de la Matière, pour produire la **Cons- cience**, c'est-à-dire l'**Homme**.

Le **Principe masculin** de l'Intellect s'appelle donc à volonté **Esprit** ou **Superconscient** (on y joint même la Conscience, quand on veut diviser la Gamme Mentale en deux parties seulement). C'est le **moi objectif**.

Le **Principe Féminin** est le **Subconscient**, l'In- conscient inférieur, l'Intellect **subjectif**, **passif**, ou involontaire, le moi **subliminal**, ou **subjectif**.

Cette division radicale de l'Intellect Humain con- duit encore plus loin : à la distinction complète que nous exposons plus loin (113) entre l'**Individualité** et la **Personnalité**, la première étant la partie im- mortelle de l'Homme, éternelle et n'ayant jamais été créée; la seconde étant le « vêtement animique » pour ainsi dire, qui sert à son Évolution dans les Mondes.

Mais, pour en revenir aux Principes **masculin** et **féminin** de l'Intellect, il faut retenir que le Principe Féminin, Subconscient, possède une Puissance créa-

trice développatrice mentale presque illimitée, pourvu
toutefois qu'il (ou mieux elle) soit fécondé, c'est-à-
dire mis en activité générative, par un Principe
Masculin quelconque : par un **Germe-Pensée**; soit
celui qui lui correspond dans la personne considérée, soit tout autre: comme on le vérifie abondamment dans les expériences si connues maintenant
de la **Suggestion** sous toutes ses formes.

Le **Subconscient** a donc besoin d'une impulsion
pour se mettre à la besogne, d'une véritable fécondation, par un **Germe-Pensée**; puis cela fait, il élabore des Effets qui sont, à première vue, tout à fait
hors de proportion avec leur Cause Génératrice :
dans les mêmes proportions que le chêne est au
gland qui l'a produit.

Le Principe **Masculin**, **Conscient**, lui, est caractérisé par la **Volonté** sous toutes ses formes, et son essence est de se projeter extérieurement.

Le Caractère du Principe féminin est d'élaborer,
au-delà de toute vraisemblance toutes les impressions,
tous les **Germes-Pensées** qu'il inhibe avidement.

Dans ce rapide exposé tient aussi l'histoire entière
de la formation de l'Univers : « *Ce qui est en haut
est comme ce qui est en bas.* »

27. — Ici se terminent les **Lois du Kytalion**. Je
doute qu'il soit possible de condenser plus de Pensée
en aussi peu de mots que ne l'a fait le grand HERMÈS.
Et, malgré l'absence complète de preuves d'authenticité de l'exposé qui précède, la qualité de l'Œuvre
suffit à elle seule à prouver la main du Maître.

Suivent maintenant deux lois additionnelles que
l'orientation de notre travail nous fait juger utiles à
spécifier :

VIII. — Loi d'amour, d'attraction ou de synarchie.

28. — « Les Vibrations de même taux (ou de même sens) s'attirent (ou s'aiment), s'unissent et se renforcent mutuellement. »

29. — L'intensité de cette Attraction est directement proportionnelle, tant à la hauteur qu'à la Puissance de ces Vibrations de même sens, et inversement proportionnelle à la Dégradation et à la Négativité des Vibrations Antagonistes simultanées, s'il en existe.

30. — La Loi d'Amour, en Métaphysique, n'a, comme la précédente, rien de commun avec l'instinct de Reproduction, plus ou moins développé et perfectionné, que l'on décore généralement du nom d'Amour, et qui n'en est guère, souvent, que le Pôle Négatif.

31. — L'Amour métaphysique est purement unilatéral ou absolu, et ne s'inquiète nullement d'être payé de retour; comme la Lumière du Soleil, il luit sur Tout et sur Tous indistinctement, amis comme ennemis. C'est Celui que notre Père, l'Infini, porte à tous ses enfants, à tous les Humains, à tous les Êtres.

C'est l'Amour tel qu'il fut prêché par le Christ, et qui a communiqué à sa Doctrine l'étonnante vitalité que l'on peut constater. Il est même significatif de remarquer à cet égard que les deux principales Religions du Monde actuel, le Buddhisme et le Christianisme, sont toutes deux des Religions d'Amour et de Bonté, et que, si le Buddhisme compte plus de fidèles, sa Doctrine aussi enseigne un respect, un

Amour plus grand pour la Vie dans toutes ses manifestations. La puissance vitale d'une Doctrine semble être proportionnelle à l'intensité de l'Amour qu'elle contient.

La Doctrine du Christ a inspiré quelques beaux vers à Edmond ROSTAND, dans « *la Samaritaine :* » Photine y expose ainsi Ses Paroles :

32. —   Il dit encore :
« Soyez doux. Comprenez. Admettez. Souriez.
Ayez le regard bon. Ce que vous voudriez
Qu'on vous fît, que ce soit ce qu'aux autres vous faites :
Voilà toute la Loi, voilà tous les Prophètes :
Envoyez votre cœur souffrir dans tous les maux !... »
Enfin, que sais-je, moi ! Des mots nouveaux ! Des mots
Parmi lesquels un mot revient, toujours le même :
« Amour... amour... aimer !... Le Ciel c'est quand on aime.
Pour être aimés du Père, aimez votre prochain.
Donnez tout par amour. Partagez votre pain
Avec l'ami qui vient la nuit, et le demande.
Si vous vous souvenez en faisant votre offrande,
Que votre frère a quelque chose contre vous,
Sortez, et ne venez vous remettre à genoux
Qu'ayant, la Paix conclue, embrassé votre frère...
D'ailleurs, un tel Amour, c'est encore la misère.
Aimer son frère est bien, mais un Païen le peut.
Si vous n'aimez que ceux qui vous aiment c'est peu :
Aimez qui vous opprime et qui vous fait insulte :
Septante fois sept fois pardonnez ! C'est mon Culte
D'aimer celui qui veut décourager l'Amour.
S'il vous bat, ne criez pas contre : priez pour.
S'il vous prend un manteau, donnez-lui deux tuniques.
Aimez tous les ingrats comme des fils uniques.
Aimez vos ennemis, vous serez mes amis.
Aimez beaucoup, pour qu'il vous soit beaucoup remis.
Aimez encore. Aimez toujours. Aimez quand même.
Aimez-vous bien les uns les autres. Quand on aime
Il faut sacrifier sa Vie à son Amour.
Moi, je vous montrerai comment on aime... un jour...
Amour ! N'ayez que de l'Amour dans la poitrine !
Aimez-vous ! »

Ces vers sont véritablement inspirés et dignes d'être médités. On peut dire qu'ils résument la voie d'évolution par l'**Amour**. Cependant, ils s'adressent uniquement au sentiment, au Cœur.

33. — Et, ce n'est pas sans quelque pudeur que je vais l'affirmer, la **Loi d'Amour** doit être suivie tout autant pour le Bien qu'elle procure à celui qui la pratique que pour sa sublimité sentimentale intrinsèque.

34. — C'est la pure Raison, tout autant que le Sentiment, qui nous contraint à l'appliquer constamment, dans toutes les circonstances, invariablement, et sans aucune exception ; les Vibrations d'Amour, de Charité, sont **positives, créatrices, et transmutatoires,** c'est-à-dire qu'elles activent puissamment notre Évolution Mentale et nous transportent dans les Sphères immatérielles les plus élevées.

35. — De sorte que, quelle que soit la circonstance où l'on se trouve, que l'on se sente le plus fort ou le plus faible, il faut toujours l'appliquer : dans le premier cas, la générosité, tout autant que l'intérêt l'impose, et dans le second, même en face d'une défaite certaine, c'est encore elle la meilleure ; on se rappellera que c'est uniquement l'usage insuffisant qu'on en a fait précédemment, — le défaut de **Foi** ou d'entraînement, — qui ne lui a pas permis de se développer en influence suffisante. Elle agira plus puissamment quand on l'appliquera de nouveau, comme un muscle qui s'entraîne par l'exercice : **ce qui est en haut est comme ce qui est en bas.**

36. — La preuve en est que la **Loi d'Amour** cul-

tivée exclusivement permet à elle seule d'atteindre
les plus hauts sommets de l'Évolution Humaine : les
Mystiques Religieux n'ont jamais fait autre chose, et
dans la **Yoga** hindoue, une branche spéciale est
consacrée à la **Yoga** de l'**Amour** : la **Bhakti Yoga**.

37. — Les Orientaux ont souvent, d'ailleurs, un
faible pour cette voie d'Évolution : le grand poëte
Omar Khayyam, de la secte des Soufis, en est un
remarquable exemple.

38. — Ces Mystiques évoluent par la *Sensibilité,*
tandis que les Métaphysiciens évoluent par l'*Intelligence* (**Gnani Yogis**), et les Psychistes par la *Volonté*
(**Rajah Yogis**).

39. — D'après ce qui précède on peut concevoir
l'importance capitale de la pratique stricte de cette
Loi pour le Guérisseur Psychique : elle est la condition *sine quâ non* du succès. Ses Vibrations at-
teignent les plus hautes élévations, et elle est plus
puissante que tout : ses Ondes, si l'on peut ainsi
s'exprimer, ont le pouvoir d'étancher toutes les
autres. Il faut, à tout prix, acquérir la faculté de les
projeter en vibration.

40. — C'est la **Loi d'Amour** qui doit déterminer
l'invariable attitude du **guérisseur psychique** :
une **sérénité inébranlable**, une **bienveillance inal-
térable**, quelles que puissent apparaître les circonstances matérielles autour de lui.

41. — Rien de **vibration inférieure** ne saurait
l'atteindre et toute **vibration supérieure** ne saurait
que l'élever : il a cessé d'être l'esclave de ses impres-

sions : il est le **Maître conscient** de son évolution dans l'**Harmonie des Êtres**.

42. — Un cas particulier fort intéressant, quoique plus prosaïque de la **Loi d'Attraction**, se manifeste toujours comme effet inévitable de chacune de nos Pensées : chacune attire invariablement les fluides nécessaires à sa réalisation, avec une intensité proportionnelle à sa propre vitalité.

43. — C'est sur ce cas de la **Loi** que l'on s'appuie en **Culture Psychique** pour exhorter continuellement le pratiquant à concentrer intégralement tout son intellect sur la *Perfection* qu'il s'efforce de réaliser, ou sur le Fluide qu'il s'efforce de condenser en lui-même. La respiration rhythmée nous fournira un exemple frappant d'attraction intensive et d'accumulation volontaire de la Force Vie, de l'Énergie de l'Univers.

44. — C'est encore la **Loi d'Amour** qui, appliquée entre l'**Absolu** et ses **Créatures**, donne naissance à la suivante : la **Loi d'Évolution.**

IX. — Loi d'évolution.

45. — « Toutes les Vibrations tendent naturellement à s'élever dans l'Échelle de l'Harmonie Universelle. »

Par l'opération de la **Loi de Vie**, ou d'**Évolution**, toutes les Vibrations de l'Univers tendent à parcourir constamment une Gamme Ascendante, à se spiritualiser sans cesse.

Cette Loi joue dans les quatre qui précèdent :

de **Mentalisme**, de **Vibration**, de **Polarité**, et de **Rhythme**.

46. — Nous n'avons certes pas l'intention de reprendre et de commenter ici ni le Chevalier de LAMARCK, ni le plus récent apôtre de la théorie, Charles-Robert DARWIN.

47. — Dans l'ensemble, ils sont dans le vrai, et nous verrons, en étudiant plus loin la **Métempsychose**, que leurs idées se retrouvent en partie (ce qu'il y a de vrai en elles) dans la Doctrine exposée par les Maîtres Préhistoriques qui nous ont transmis la « *SANANTANA.* »

Le peu qui précède suffit à fonder la suite de notre exposé.

48. — Si étrange que cela puisse apparaître au premier abord, le **Mal** est encore une conséquence directe de la **Loi d'Évolution** : c'est, en effet, *parce que* la Loi d'Évolution détermine **inexorablement** *le sens direct* du **mouvement harmonique ondulatoire**, que le **Mal** naît à l'existence instantanément en représentant le **Sens Rétrograde** de ce même mouvement : la dégradation des vibrations de l'Être individualisé.

Dans l'Involution première, le **Mal** n'existait pas, parceque la Projection créatrice se faisait dans l'**Indivision** : il n'a pris naissance que quand, en période d'**Évolution** par individualités différenciées, certaines de ces individualités sont arrivées à **inverser** le Sens du mouvement, et à **dégrader** des Vibrations dont la **Norme** est l'**Élévation**.

II

LA PENSÉE

49. — Force-pensée. — Après le rapide schéma qui précède, nous pouvons plus intelligiblement étudier la Force insoupçonnée qui réside dans la Pensée.

Nous avons vu que, en effet, *tout n'est que Pensée* dans l'Univers : supprimons la Pensée, et, instantanément nous produisons le **Néant**.

Il est donc de la plus haute importance de considérer en détail cette Force miraculeuse que nous engendrons tous : le plus souvent sans nous en douter le moin**s** du monde.

Notre dernière **Loi** énoncée (45) enseigne que toutes nos Vibrations ont une tendance naturelle à s'élever : c'est ce que le **Kybalion** exprime en ces termes, à la suite de ses sept lois :

50. — Loi de transmutation mentale. — « Le **Mental** (aussi bien que les **Métaux** et les **Éléments**) peut être transmuté d'état en état, de « degré en degré, de condition en condition, de **Pôle** « en **Pôle**, de **Vibration** en **Vibration**. La véritable « **Transmutation Hermétique** est **Mentale.** »

En ces cinq lignes se trouve à nouveau résumé tout le « *Traitement mental.* »

Elles exposent en ce peu de mots le Secret de changer les conditions de l'Univers soit dans la Matière, soit dans la Vie, soit dans le Mental.

51. — *Tout ce pouvoir réside purement et simplement dans le développement mental de l'opérateur.*

Il n'est capable de commander aux **Forces** de la **Nature** que quand il s'est élevé mentalement au-dessus d'elles, et quand, par conséquent, il n'en a plus nul besoin pour lui-même. S'il agit autrement, c'est à ses risques et périls : et ils sont grands.

52. — Depuis que la Télégraphie sans fil est venue donner au monde une preuve palpable, matérielle et vérifiable à loisir, que la Pensée peut se transmettre — et se transmet continuellement — sous forme d'**Ondes**, il semble moins étrange d'affirmer que toute Pensée est une **chose matérielle**, un véritable **objet** composé de matériaux subtils.

53. — Nature de la pensée. — L'essence de la Pensée est naturellement le **Chitta** (96) mais ce **Chitta** est toujours plus ou moins **vitalisé** par une proportion variable de **Prana**, d'**Énergie de l'univers**, qui lui communique la **Vitalité Psychique**, la **Vie**, et en fait un **Être** vivant, plus ou moins temporaire.

54. — Ces Êtres correspondent, pour l'Homme, aux **Élémentaux** dans la Nature : leur existence, bien que réelle, est fort précaire : ils dépendent sans cesse de Sources étrangères à eux-mêmes pour entretenir leur Vitalité qui se dissipe naturellement avec le temps, comme toute vitalité.

55. — Et l'instinct qui est partie intrinsèque de toute vitalité « l'*instinct de Conservation* » les pousse irrésistiblement à mettre tout en œuvre pour « *persévérer dans l'Etre*, » comme le dit si justement Spinoza. De là les Maladies, ces Pensées rétrogrades, s'attachent aux vivants, pour en subsister en parasites.

56. — Formes-Pensées. — Les Pensées affectent dans « l'*Invisible* » des **Formes** caractéristiques

qui sont perçues et interprétées par les Clairvoyants.
Les Pensées nettes et précises ont des contours nets
et précis; les idées vagues des contours nébuleux;
l'égoïsme se caractérise par une forme en crochet,
ou en hameçon; la colère, par un trait de foudre
aigu, etc.

57. — Les Pensées ont également des **Couleurs**
caractéristiques : le **bleu clair** appartient au sentiment religieux ; le **rose** à l'Amour pur ; le **vert tendre**
à la Sympathie ; le **gris** à la Crainte ; le **noir** à la
méchanceté, etc.

Une étude des plus curieuses et intéressantes à ce
sujet a été faite par Mme Annie BESANT, Présidente de
la Société Théosophique, et M. LEADBEATER, en collaboration.

58. — **Messages télépathiques.** — Projetée
dans l'espace sous forme de « *message télépathique* »
la Pensée apparaît comme une ligne lumineuse
déliée — la flèche d'or qu'*Abaris* offrit à *Pythagore*
— la lumière qu'elle émet provenant du **Prana** qui la
vitalise.

59. — Nous émettons sans cesse des **Vagues de
Pensées,** qui, après épuisement de leur force de projection initiale, flottent dans l'espace à la manière de
nuages, s'attachent à l'endroit où elles se sont formées
et y demeurent de nombreuses années ; d'autres
émises dans un but positif voyagent plus ou moins
rapidement vers le but qu'on leur a assigné.

60. — Chaque agglomération humaine possède
son **Nuage-Pensée** collectif, composé de l'agglomération des nuages émis par les individus qui la com-

posent, analogue, en plus complexe, à l'Être Psychique Humain.

61. — Germes-Pensées. — Tout procède par
Germe dans la Nature, et nous avons vu (26) que la
Pensée se conforme strictement à cette Loi.

62. — La question est de primordiale importance
dans le **traitement mental,** parce que c'est précisément par l'application de la **Loi de Fécondation men-**
tale, que s'effectue la plupart des Guérisons.

63. — Les **Germes-Pensées** sont les Pensées **vo-**
lontaires, conscientes, émises activement, positivement, et sciemment dans le but précis d'**agir** sur
un **Mental** négatif quelconque. Ce sont de véritables **Ferments, des Graines de pensée.**

64. — Leur type le plus courant et le plus connu
de nos jours est ce que l'on nomme vulgairement
« *suggestions.* »

65. — Nous verrons plus loin que l'Homme possède dans le cerveau (d'après la Tradition des Yogis),
un véritable *Organe Télépathique,* à la fois Récepteur
et Transmetteur de Pensée, celui-là même où Des-
cartes plaçait le siège de l'**Ame** : la Glande Pinéale.

66. — Sous l'influence *simultanée* de la Volonté et
de la **Concentration mentale,** cet organe émet des
ondes, exactement comme un transmetteur de Télégraphie sans fil — sauf que ces Ondes sont
chargées par la **Concentration mentale** d'une plus
ou moins grande proportion de **Vie,** de **Prana,** qui
en fait toute l'**efficacité germinative.**

67. — Il y a donc deux choses bien distinctes dans toute Pensée : d'abord son Essence pure, le **Chitta**, puis sa **Puissance latente de propagation**, le **Prana**, qui a été aussi nommé dans ce cas **Fluide**, ou **Magnétisme**.

68. — On peut être fort grand et fort Haut Penseur, émettre des Pensées d'un **Chitta** fort élevé, et en même temps absolument stériles dans le **Monde Matériel**. Tous les Théoriciens purs en sont là.

Tout le monde sait qu'il y a :

1) — La **Volonté** à laquelle on obéit, et celle à qui on n'obéit pas.

2) — La **Prière** efficace, qui guérit, et celle qui ne guérit pas.

3) — Le **Désir** qui se réalise, et celui qui ne se réalise pas.

Et cependant peu nombreux sont ceux qui en savent la raison : la voici :

69. — Quand, à des Pensées même (et nécessairement), beaucoup moins élevées que celles des Théoriciens, on communique, soit par la **Concentration mentale** (à l'actif); soit par la **Passion** sous toutes ses formes, l'**Enthousiasme**, la **Prière**, etc. (au passif); la **vitalité**, l'instinct de conservation inséparable de la **Vie**, alors, et alors seulement, on peut influencer la masse de **Mental négatif** qui, à l'instar de l'Éther, on pourrait presque dire sature, baigne, le monde entier.

70. — La **Concentration mentale** est consciente, la **Passion** et ses analogues sont inconscientes de ce qu'ils font, mais tous deux produisent le même résultat : ils changent de simples **Pensées** en *suggestions* ; ils leur donnent la **Vie**.

71. — Et de même que les **Germes**, les **Ferments**, se transmettent par « *contamination* » dans le Monde Matériel, de même les **Pensées**, les **Doctrines** de **Vitalité** suffisante se transmettent indéfiniment de proche en proche dans le Monde de la Pensée, par contact de **Germe-Pensée**.

72. — La **Tradition** n'est que la communication, la **Transmission** du **Germe-Pensée** de la **Doctrine**.

73. — Étant donné la Vitalité de leurs Doctrines, on s'explique maintenant aisément les **Miracles** de Buddha et de Jésus, entre autres : c'est par leur Pouvoir **volontaire** sur le **Prana**, sur l'**Énergie** du **Monde** qu'ils accomplissaient des merveilles : ils avaient porté leur **Culture Psychique** à son plus haut degré.

74. — On s'explique aussi comment le **Germe-Pensée** émis consciemment par un simple Guérisseur qui a un peu cultivé son **Mental**, peut engendrer la destruction de ce Mental négatif qu'est une maladie.

75. — **Mécanisme de l'affirmation et de la négation.** — L'affirmation, c'est la **mise en activité** de la **Loi d'Attraction** ; c'est un acte de **Vie** ; d'Assimilation ; d'Union intime ; d'Incorporation ; de Vitalisation *réciproque* avec une **Pensée** donnée.

La **Négation**, c'est la **Mort** : l'Acte Séparatif ; Répulsif ; volontairement Débilitant ; Anéantissant, même, vis-à-vis de cette Pensée donnée, en lui re-

fusant consciemment, volontairement, l'existence
même, c'est-à-dire la **Vie**. En conséquence de quoi,
sa **Vitalité** antérieure elle-même se dissipe, vaincue
dans cette sorte de combat singulier, et retourne au
grand et inépuisable Réservoir où nous puisons tous,
tandis qu'elle, la **Pensée** niée, **meurt**, s'anéantit à
tout jamais, en ses éléments dispersés.

L'**Affirmation**, c'est la **Vie** ; la **Négation**, la **Mort**,
dans le monde de la **Pensée** : — et c'est lui qui se
concrète en ce que nous appelons le **Monde Physique**.

76. — La Télépathie. — Bien que la chose
elle-même soit aussi vieille, sans doute, que les deux
premiers êtres humains, le mot *télépathie* ne laisse
pas que d'être relativement récent, et assez peu
employé pour que le grand Dictionnaire Larousse,
par exemple, ne le mentionne pas, même dans son
second Supplément.

La télépathie semble être un mot créé par la
« *Society for Psychical Research* » de Londres, qui se
fonda vers 1882, et dont trois membres distin-
gués, MM. Edmund Gurney, Fred. W. H. Myers,
et Frank Podmore publièrent en 1886 et 1887 un
ouvrage célèbre, en deux gros volumes, intitulé :
« *Phantasms of the Living* » ou « *Fantômes des vivants.* »
Cet ouvrage a été traduit en français et abrégé, sous
le titre : « *Hallucinations télépathiques.* »

Autant que le Témoignage Humain peut le faire,
cet ouvrage démontre la réalité de ces faits, et depuis, elle n'a jamais cessé d'être corroborée par
toutes les recherches sérieuses ultérieures.

77. — La définition de la télépathie, suivant

Mr. Franck Podmore (Apparitions and Thought Transference, p. 6), est « *qu'une communication est possible d'Intellect à Intellect autrement que par les moyens connus des sens.* » C'est exactement la même chose que la « *transmission de pensée.* »

Il n'y a pas besoin de réfléchir longuement pour observer que la **Suggestion mentale**, les **Apparitions**, les **Matérialisations** diverses rentrent dans cette large classe de Phénomènes.

Disons-le franchement tout de suite, la **Télépathie** nous intéresse parcequ'elle est un faisceau indestructible d'évidence de choix en faveur du **Traitement Mental.**

Si, en effet, la **Télépathie** et la **Suggestion Mentale** sont démontrées, comme c'est le cas, se produisant inconsciemment, mais avec une intensité et une fréquence étonnantes, parmi des personnes qui, en général, en sont plus effrayées qu'autre chose, et ne recherchent nullement ces phénomènes, quelle ne sera pas notre certitude, à nous, de reproduire à notre **Volonté** ces mêmes Phénomènes, quand nous en connaîtrons nettement les **Lois**, et que nous les appliquerons avec une rigueur toute scientifique ?

Comment le moindre doute pourrait-il subsister à ce sujet dans notre esprit quand on voit plus de **vingt-quatre ans** de recherches et d'Expériences sur un même sujet confirmer uniformément l'évidence de la **Transmission de Pensée** ? Et ces recherches effectuées par les Savants les plus consciencieux du monde entier, tant en Angleterre qu'en France et en Amérique ?

Quiconque nierait ces faits sans connaître — et sans réfuter valablement — ces travaux, ne mérite-

rait donc pas le nom de **sceptique**, mais, tout bonnement, celui d'**ignorant**.

Que l'on récuse les témoignages vénérables offerts
par le Dr OCHOROWICZ dans les « *Faits observés
par d'autres* » de son remarquable ouvrage sur la
Suggestion Mentale, cela peut s'excuser sur leur
vénérabilité même (quoique, une fois « *rendus possibles* » par la certitude de l'existence du phénomène,
ils se présentent sous un tout autre jour) ; mais que
l'on déclare « *ne pas croire à la Télépathie* » sans réfuter valablement les recherches modernes sur le
sujet, cela n'est plus permis : c'est exactement
comme si on « *ne croyait pas à la Télégraphie sans fil* »
ou aux aéroplanes ; nous le répétons : c'est une
preuve d'ignorance, sans plus.

La **Télépathie** était bien connue des **Mesméristes**,
et le Dr HUDSON cite dans son livre « *The Law of
Psychic Phenomena* » de curieuses expériences al-
lemandes sur ce sujet. Dans un autre de ses ouvrages
(*The Evolution of the Soul*, etc.) la même célèbre autorité reconnaît comme absolument démontré au
delà de tout doute possible, que :

1°) — La **Télépathie** est un pouvoir qui appartient
exclusivement à l'**Inconscient**. C'est-à-dire que la
Conscience habituelle de l'État de veille n'est pas
nécessairement au courant de ce qui se passe.

2°) — Les pouvoirs télépathiques sont plus développés dans des conditions anormales, telles que le
Somnambulisme naturel ou autre.

3°) — Ces pouvoirs sont très variables d'un **psychiste** à un autre, et varient également chez le même
individu.

4°) — La condition de **Rapport** est essentielle à la
production du phénomène : mais cette condition

semble être toujours automatiquement remplie en ce qui concerne des parents, ou des amis intimes.

Naturellement le Dr HUDSON confond **ensemble** le **Subconscient** et le **Superconscient**, ce qui n'a pas facilité ses recherches ; de plus il est véritablement hanté par sa « *télépathie à trois* », c'est-à-dire par une sorte de **Relai Télépathique** d'un Intellect à un autre : moyennant quoi il arrive à expliquer tant bien que mal une foule intéressante de phénomènes de cet ordre.

On ne peut pas dire que ses explications soient toujours inexactes, mais dans certains cas elles le sont évidemment.

Ses études toutefois apportent encore un supplément notable d'évidence à la documentation déjà importante que nous avons signalée.

78. — La Maladie. — Voici un sujet sur lequel je ne m'appesantirai pas. Quiconque espérerait trouver dans le présent livre un Traité de diverses maladies serait radicalement déçu.

Nous voulons la **Santé** et l'**Harmonie** : or pour cultiver, pour produire la Santé et l'Harmonie, **il faut les penser,** et détourner à tout jamais ses Vibrations Mentales de ces pernicieuses, dégradantes, conceptions négatives qui ont nom **Maladie et Crainte.**

Malgré tout, cependant, il nous faut exposer clairement ce que sont en réalité ces épouvantails, causes de tant d'inharmonies.

La **Maladie,** dans son Essence, n'est qu'une pensée négative, un déchet de passage évolutif à un état supérieur qui, se trouvant subitement isolé dans l'espace, s'attache à la première organisation vivante qu'elle rencontre pour en vivre en parasite.

2*

C'est une « *pensée vagabonde* » qui agit suivant la Loi de l'instinct de conservation, pour « *persévérer dans l'Etre.* »

C'est, si on le préfère, un **Germe-Pensée** rétrograde, dégradant, qui féconde une partie de l'Inconscient du Malade, et le détermine, par surprise, à produire son travail en **accroissement négatif,** à l'envers, et cela jusqu'à ce que l'ensemble de l'Inconscient, s'apercevant de la fausse direction prise par une de ses parties, se décide à réagir vigoureusement et à chasser l'intrus, — ce qui se traduit dans le Physique par *une crise.*

79. — Durant le Traitement Mental, le **Germe-Pensée curatif** développe, d'abord de sa propre substance, puis du Mental du malade lui-même, par son influence attractive et fécondante, des **Vibrations saturantes,** qui agissant suivant la **Loi** (29) absorbent, en les changeant de sens — en les transmutant — les « *vibrations-pensées-maladie,* » et rétablissent ainsi les Vibrations Harmoniques Normales.

80. — **La Crainte.** — Quant à la **Crainte,** à la **Peur,** il nous faut aussi en dire un mot, car c'est l'obstacle le plus puissant opposé par la matérialité à l'émancipation spirituelle. Elle obstrue toute route au progrès et à l'Évolution et on peut dire qu'elle asservit l'espèce humaine.

« *Etre saisi de Crainte* » pour ceux qui savent ce que c'est réellement, cesse d'être une figure de rhétorique, et devient un fait aussi patent qu' « *être mordu par un chien enragé.* » Dans le premier cas, il faut s'inoculer le **Germe-Pensée** de l'Impavidité, **de la Confiance,** etc., exactement de même que, dans

le second cas l'Institut Pasteur nous inocule diligemment le germe destructeur du Virus rabique.
(Ceci non point que la rage ne soit également du
ressort du **traitement mental**, mais un débutant
sera sage de ne pas entreprendre sa guérison.)

81. — Le **succès** en tout est en raison directe de
notre pouvoir à surmonter la **crainte**. C'est d'elle
que naissent les préoccupations, les idées fixes qui
rongent le Mental : l'avarice, l'envie, la jalousie, la
colère et la majorité des passions qui dégradent
toutes nos vibrations.

On pourrait le dire avec justesse : « l'**Homme n'a
rien à craindre** : — **que la Crainte.** »

Cette fâcheuse inharmonie Mentale se comporte et
se traite comme une véritable Maladie, par l'application des **Lois de Transmutation, d'Amour, et de
Polarité.**

82. — Nous verrons, dans la pratique du **traitement mental**, qu'il faut presque toujours débuter
dans les traitements par une séance préliminaire
destinée exclusivement à anéantir la **Crainte** dans le
malade qu'on traite.

Faute de quoi tous autres efforts sont vains.

83. — **Aura de Crainte.** — Par l'effet de la
crainte excessive, de la **terreur**, l'agglomération
Mentale de l'Homme se métamorphose temporaire-
ment en un brouillard gris livide, et s'enveloppe
d'une sorte de grillage ovoïde qui l'isole des influences ambiantes et la rend, tout le temps qu'elle
dure, absolument impénétrable à toute vibration salutaire.

Il faut donc à tout prix calmer cet état dégradant, et surtout en prévenir diligemment toute possibilité de retour.

(Voir sur cet intéressant sujet, de la transformation métamorphique due à la Terreur : « *L'homme visible et invisible* » par C.-W. LEADBEATER, p. 88.)

* **84. — La Mort.** — La Mort est l'abandon définitif du corps par l'**agglomérat psychique** qui lui a donné naissance : conséquemment, rien ne maintenant plus sa cohésion, le corps se désagrège petit à petit et restitue aux « *éléments* » ce qu'il leur avait emprunté pour se former.

Mais l'**Agglomérat Psychique** lui-même n'en souffre aucunement : bien au contraire. Sauf dans les cas rétrogrades (qui n'intéressent ni nos lecteurs, ni nous), le **Moi** est plutôt soulagé par la suppression du fardeau physique. Toute la Culture Psychique ébauchée dans la chair se poursuit avec une envolée bien plus libre après la mort, et si nous le *voulons*, nous pouvons évoluer à peu près autant *morts* que *vivants.* Toutefois le moment arrive, plus ou moins rapidement, où l'expérience de la chair nous est à nouveau nécessaire en notre Évolution, et, irrésistiblement entraînés (mais *jamais* contre notre Volonté, une fois que nous avons conquis notre Maîtrise) nous nous réincarnons à nouveau en des circonstances correspondant au niveau d'avancement acquis, tant dans la somme de nos réincarnations précédentes que dans notre évolution «*posthume.*»

De sorte qu'il n'y a lieu ni de se féliciter, ni de s'affliger de la Mort : c'est un de ces incalculables **Gradins** dont se compose **toute évolution** : en réalité, ce n'est guère plus que le fait de passer d'une pièce d'un appartement dans une autre.

Ce qui la fait paraître si affreuse de nos jours, c'est cette Crainte superstitieuse et ignorante dont nous l'avons entourée ; dans tous les temps les Philosophes ont su mourir en une parfaite indifférence, et véritablement l'admiration qu'on leur prodigue en cette circonstance est assez déplacée : ils savaient où ils allaient, et depuis longtemps étaient Maîtres d'eux-mêmes : comment auraient-ils pu se troubler ?

Nous n'avons qu'à élever notre Moi à leur hauteur — ce qui est non seulement notre Droit, mais, bien plus, notre Devoir — et, comme eux, libre de toutes Crainte, conscients de notre intangibilité éternelle, de notre incréation, nous passerons heureux dans l'Invisible, avec la Foi de nous rapprocher ainsi un peu davantage du but sublime qui nous est assigné.

Énonçons maintenant quelques conséquences importantes de l'ensemble qui précède :

85. — Les Pensées peuvent être cultivées, développées sans limite, par la Répétition ou la Simultanéité (par exemple, la Chaine magnétique).

86. — En général toute vibration synchrone, harmonique, développe et vitalise, tandis que toute vibration discordante, dégradante, tend à produire un « Mal, » une maladie et une Inharmonie.

87. — On peut toujours, par l'application de la Volonté et des moyens auxiliaires décrits plus loin, transmuter le long de sa propre échelle une Vibration inharmonique ou de polarité négative en une Vibration harmonique de polarité positive.

88. — En général, on peut dire que toute **Vibration harmonique** prend la forme verbale d'une **Affirmation**, tandis que les **Vibrations inharmoniques** s'expriment par **Négation**.

89. — Toute pensée vitalisée suivant l'art est le germe d'une réalisation par un intellect féminin quelconque (66 et seq.).

90. — Pratiquement, donc, il faut toujours émettre les pensées que l'on désire voir se réaliser, tant sur soi-même que sur ses propres affaires ou celles des autres, et **tuer** catégoriquement toute pensée négative à celles-là qui pourrait tenter de prendre naissance dans le Mental.

91. — Il faut faire attention à ce qu'on lit, à ce qu'on écoute, etc.; nous portons en nous un mental **féminin inconscient**, toujours prêt à être fécondé sans notre aveu, et à nous faire subir les conséquences quelquefois déplorables de son « *inconséquence* » tant que nous n'avons pas acquis une Culture Psychique suffisante.

92. — Il est impossible de cultiver, ou d'arriver à la **Vérité** par des **moyens** dont la **polarité** est contraire à son **essence**. Par des **moyens de Mal**, on n'atteindra jamais que l'erreur : c'est suivre la gamme dégradante des **vibrations du vrai** : s'en éloigner.

Et de plus « *Non sunt admittenda mala ut eveniant bona* » nous dit le Droit Canon et Naturel : « *Le Mal ne peut être permis parceque l'on en attendrait un Bien.* » (ROBIANO, *Névrurgie*, p. 17).

93. — La Prière. — Il n'est peut-être pas inutile de remarquer que toutes les causes d'efficacité de la **Prière** proviennent de la **ferveur**, qui se traduit par l'**Attention** et la **Concentration mentale**, et de sa **Répétition** (7).

La formule de la **Prière** en elle-même est d'une parfaite indifférence pourvu que l'on ait la *Foi* la plus entière dans la formule dont on se sert.

Il en est bien ainsi, car les Prières ont la même efficacité prouvée et reconnue dans toutes les religions, et chez tous les Mystiques des Sectes les plus diverses et même les plus opposées.

Avec la **Foi**, qui est, nous le verrons, beaucoup l'absence de Contre-Suggestions rétrogrades ; l'**Attention**; la **Concentration mentale**; et la **Répétition** ; l'**Efficacité** de toute Prière est inévitable.

III

DIEU ET L'HOMME

94. — Aum. — Tous les Métaphysiciens, de toute époque et de toute nation s'accordent sur ce point : **Dieu est Un, Omniscient, Omnipotent, Omniprésent.**

95. — **Dieu seul existe réellement** : « *Brahma is true, the World is false : the Soul is Brahma and nothing else.* » (Max MÜLLER, « *Six Systems of Indian Philosophy,* » 1899, p. 159-160); en français : « *Dieu est Vérité, le monde est Erreur; l'Esprit est Dieu et rien autre.* »

Donc, si l'Esprit existe réellement, c'est uniquement parcequ'il est Divin, parcequ'il est Dieu. Ce point est important dans la pratique de la Guérison Métaphysique.

96. — Attributs de l'Infini. — Les trois attributs de l'Infini (Omniscience, Omnipotence, Omniprésence) correspondent à ses trois degrés d'Émanation successifs : Mental, Vital, puis Matériel : ou en Sanscrit, Chitta, Prana, et Akasa.

Ces trois termes Sanscrits sont fort importants et fort commodes pour classifier les Phénomènes étudiés dans le « Traitement Mental. »

Chitta, c'est l'Élément subtil auquel tout Intellect est puisé.

Prana, c'est le Principe de l'Énergie Universelle, ou de la Force Vitale, qui en est la manifestation : la Lumière Astrale, ou le Fluide Universel.

Akasa, c'est l'Éther Universel, qui remplit tout l'Espace.

Ces trois Principes se fondent, pour ainsi dire, l'un à la suite de l'autre, l'un dans l'autre, sans démarcation bien tranchée, comme les couleurs dans le Spectre Solaire.

On peut dire encore que la Matière, ou l'Akasa est de l'Énergie condensée, du Prana concentré ; que le Prana lui-même, la Force-Vie, est de l'Intellect condensé ; et enfin que le Chitta, ou Intellect est une forme de concentration de l'Esprit divin transmuté.

97. — Le Prana. — Parmi les Trois Émanations de l'Infini, il en est une, l'Intermédiaire, le Prana, qui va nous retenir quelques instants, parcequ'elle est la **Matière** même de tout le **Psychisme**.

Toutes les Manifestations de la **Vie** se produisent **nécessairement** et l'on peut dire **exclusivement** par l'intermédiaire de cet Agent.

On pourra remarquer notre prédilection pour son titre sanscrit : « *Prana :* » elle vient de ce qu'il est un terme à la fois plus général et plus précis que nous n'en possédons dans notre langue.

Prana englobe la **Lumière**, le **Magnétisme vital** sous **toutes** ses formes, aussi bien dans l'Aimant minéral que dans l'Homme ; l'Électricité dans toutes ses manifestations ; la **Vie**, en un mot, dans tout l'Univers.

Tous les auteurs « *occultes* » s'en sont occupés et chacun l'a baptisé à sa manière ; à titre de curiosité, voici quelques-uns de ces noms :

La **Lumière Astrale** : — l'Od (de Reichenbach) qui a acquis une certaine célébrité en France par les travaux du Colonel de Rochas à son sujet ; — le **Magnétisme animal**, vital, ou Humain, — le **Fluide** des Magnétiseurs ; — la **Force Neurique** « rayonnante » du Dr Baréty et d'autres ; etc.

Il serait inexact de dire que le **Prana** c'est **Tout** l'Astral, ou **Tout l'Invisible** — mais cependant le **Prana** est l'**étoffe** dont est fait cet Astral ou cet Invisible, de la même manière que l'**Akasa** est l'Étoffe du Monde Matériel, Physique, Visible, où nous vivons présentement.

Les deux termes sont caractéristiques : le premier, **Prana**, de l' « *immatière* ; » le second **Akasa**, de la *matière*.

Le **Prana** acquiert des propriétés particulières suivant la **Forme de Matière**, la source physique, par l'intermédiaire de laquelle nous l'obtenons tant que nous sommes sur la Terre.

Il y a le **Prana** des Quatre éléments : celui du **Feu,** le plus subtil ; celui de l'**Air**, la principale source du **Fluide magnétique** ; celui de l'**Eau**, qui se révèle dans le Corps Humain composé de près de **huit dixièmes** de ce liquide ; celui de la **Terre**, enfin, manifesté par la Nourriture que tout Être vivant est contraint d'en tirer.

Le **Prana** revêt une forme spéciale, déjà un peu plus haute dans le règne végétal, où la **Vie** commence à être un peu plus active ; puis il atteint encore plus de force manifestée dans les Animaux, avant de s'épanouir complètement dans l'Homme, le premier des Êtres pourvu de **Conscience**.

Le **Prana** est la **Cause** et l'**Essence de la Vie**, de la **Germination**, du **Développement** de **Tout**, consécutif à la **Loi** d'**Évolution**.

C'est à ce titre qu'il nous est si important à bien connaître : en le **maîtrisant, nous maîtrisons** notre propre **Évolution**.

Le **Prana** dans la Matière inanimée donne lieu parfois à certaines manifestations curieuses dont nous allons examiner deux, entre autres, qui se rapportent plus spécialement à notre sujet.

98. — Le **Pharmaco-Magnétisme** du Dr VIANCIN, cité dans le très intéressant volume et classique des Docteurs BOURRU et BUROT (p. 277), n'est autre chose, bien entendu, que l'emprunt à une Drogue quelconque du **Germe-Pensée**, du **Prana** spécialisé qui la constitue, et sa projection par la Volonté d'un Magnétiseur dans l'Agglomérat Psychique du Patient.

Cette étude est des plus intéressantes parcequ'elle donne (à qui sait la voir, bien entendu) l'explication

du mode d'action de tous les médicaments inanimés, sans exception : nous disons inanimés parceque les sérums, par exemple, agissent légèrement
autrement.

Les premiers surajoutent à l'Agglomérat psychique du Patient un Parasite dont les effets sont
contraires à celui d'un autre parasite d'où provenait
la maladie : ils rétablissent l'équilibre de la balance,
non pas en déchargeant le plateau le plus chargé,
mais bien en surchargeant le plateau le plus léger.

99. — Psychométrie. — La Psychométrie
est, dans un autre ordre d'idées, un peu le même
phénomène : l'emprunt, ou l'usage d'un Germe-Pensée matériel pour féconder la partie féminine de la
Mentation : le Subconscient, et lui faire développer immédiatement la Vision de toute la Vie condensée, latente, dans ce Germe.

Puis, par un contrôle toujours croissant du Subconscient, le Psychomètre peut passer d'une simple
suggestion mentale au dédoublement du Moi plus
complet, et peut devenir susceptible de diriger ses
Visions, s'il sait pratiquer la Maîtrise psychique.

100. — A tous ces faits intéressants de Suggestion matérielle — ou plutôt « pranique, » se rattache
aussi cette prescription invariable dans tous les
« Grimoires » de Sorcellerie d' « employer toujours
des objets « neufs, » ou bien « n'ayant jamais servi à
aucun usage. » C'est tout bonnement pour éviter
l' « interférence » de Suggestions praniques antérieures avec celles que l'on veut créer.

101. — De l'ensemble de ce qui précède, il résulte
que l'Homme, en ce qui concerne ses relations avec

le **Prana**, ne l'engendre jamais au sens propre du mot : le **psychiste** ne **crée pas** le **Fluide** qu'il emploie constamment : il le **puise** dans l'ambiance et le **projette transformé** : c'est tout.

Il y a là une différence analogue à celle qui se rencontre en Électricité entre une **génératrice** et un simple **transformateur** : la première nécessite une grande **Force** pour agir : le second n'en demande apparemment aucune, et se « *nourrit* » du courant qui le traverse, sous forme d'une légère chaleur.

L'Homme possède la faculté ontogénique, innée, de discerner, de sélectionner, de trier dans le **Prana** le genre de courant, de **Fluide**, qui lui est nécessaire, puis de le **capter** et de le **transformer** ainsi **intuitivement** avant de le projeter suivant sa **Volonté**. Il ne **donne** rien de sa substance propre.

102. — La Création. — L'ensemble de la Création est l'analogue, dans l'**Absolu**, d'une **Pensée** dans le Monde Créé. En d'autres termes, l'**Univers** entier est une simple pensée de l'**Infini**. L'**Univers** n'est donc pas **Dieu**, mais il pense de Sa Pensée, vit de Sa Vie, et est de Sa Matière.

103. — La **Création** s'est effectuée par **Involution** c'est-à-dire par la Projection en existence d'un **Chaos** de Principes Indivis.

104. — L'**Évolution** est le retour de ces mêmes Principes à leur Source Primitive, l'Absolu, et cette Évolution s'effectue en un Triage, en une Différenciation des Principes poussés jusqu'à leur extrême limite.

105. — Quand, par l'**Évolution**, un Groupement,

un tourbillon de ces Principes est devenu capable d'Individualisation, il reçoit un Rayon de la propre Essence de l'Absolu, et un Homme naît à l'Être.

106. — L'Homme est donc, pour ainsi dire, le fruit d'un **second degré de création**, plus rapproché de l'Infini.

107. — Toutefois, l'Homme contenant en lui un Rayon de l'Infini (et celui-ci étant **Indivisible**), contient par cela même un **Principe** *qui n'a jamais été créé*, et qui, par conséquent, est **Éternel**, au même titre que l'**Absolu** dont il procède. L'Homme est donc bien le **Fils**, le Diminutif de l'Infini.

108. — L'Homme est en rapport direct et constant, **en harmonie intégrale** avec son Père, dont il émane directement, c'est-à-dire avec l'**Infini**.

109. — Cette Harmonie ne peut s'altérer que quand l'Homme, de lui-même, applique en rétrograde la **Loi de polarité**, et incline vers la Matière, au lieu d'accélérer le retour de cette même Matière vers sa Source.

110. — Cette Harmonie est parfaite quand, au contraire, l'Homme applique dans leur Sens Direct Toutes les **Lois de la Vie**. Dans cet état, l'Homme est entièrement soustrait au Joug de la Matière.

111. — L'Évolution de l'Homme s'effectue par Étapes successives que l'on nomme « *Réincarnations.* » C'est la **Loi de Métempsychose** (84).

112. — **Individualité, et Personnalité.** — La **Loi de Métempsychose** engendre la distinction capitale entre l'Individualité et la Personnalité.

113. — L'Individualité est, comme nous l'avons vu (105), le rayon indivis de la propre essence de Dieu, et absolument Pur Esprit, éternelle comme son Créateur, et au même titre, parceque n'ayant jamais été créée.

114. — La Personnalité n'est que la manifestation terrestre de cette Individualité, enveloppée dans une gaîne matérielle plus ou moins dense, plus ou moins évoluée.

115. — La Personnalité est donc susceptible d'un perfectionnement indéfini, sous la Loi d'Évolution, tandis que l'Individualité est éternellement Immuable, Invariable et Parfaite.

116. — L'Homme invisible, ou le Tourbillon Psychique qui se matérialise sous la Forme d'Homme se compose donc de **Deux Principes** essentiellement distincts, l'un éternel : l'**Individualité**; l'autre mortel, la **Personnalité**.

117. — La Personnalité, à son tour, peut se subdiviser en un grand nombre de « *principes* » empruntés aux degrés divers d'évolution qu'elle représente. Pour notre usage présent nous ne considèrerons que deux de ces Principes : l'**Intellect** dont le **Chitta** (96) est l'Essence ; et la **Vitalité** dont le **Prana** (96) est la source. Le troisième principe, **Akasa**, se rapportant à la Matière seule du Corps Humain.

118. — Par la Loi d'Évolution, la Personnalité se délivre continuellement et de plus en plus des Enveloppes matérielles qui emprisonnent l'Individualité qu'elle recèle.

119. — Conscience Cosmique. — Cette Évolution se produit toujours graduellement et insensiblement en général, sauf à un point limite, ou *Point Neutre* entre l'Esprit et la Matière (11), où l'Homme commence à pénétrer dans le Monde purement spirituel, Monde où la Connaissance s'effectue *sans Pensée,* par Intégration, pour ainsi dire, avec l'Univers entier.

120. — Ce point neutre constitue ce que les ouvrages anglais modernes nomment, généralement, « *Cosmic Consciousness :* » *Conscience Cosmique.*

121. — L'accession à la Conscience Cosmique est présentement le But le plus élevé que nous puissions percevoir, vers lequel tend notre Évolution.

122. — La Conscience Cosmique est le **Nirvana** des Buddhistes, le **Samâdhi** des Yogis, l'**Extase,** ou le **Royaume de Dieu** des Mystiques, le **Christ** de saint Paul, le **Gabriel** de Mahomet, la **Béatrice** de Dante, et enfin le **Spécialisme** de Balzac. (BUCKE : « *Cosmic Consciousness.* »)

123. — Notre Race actuelle (la Cinquième Race d'Hommes) en est actuellement dans son Évolution, exactement à ce Point Neutre de l'accession à la Conscience Cosmique.

124. — Le but vers lequel doivent tendre tous nos efforts du physique et du mental est donc parfaitement précis : l'accession la plus directe possible à la Conscience Cosmique.

125. — Ce but étant atteint nous serons délivrés du joug de la Matière et nous posséderons le Bonheur Parfait.

126. — **Égoïsme et Orgueil.** — L'Egoïsme est le développement de la **Personnalité matérielle**, (114), l'établissement de sa suprématie sur l'Esprit (113), un acte Rétrograde, donc un Mal. L'orgueil est un sentiment analogue.

127. — La Culture Psychique, au contraire, tend à l'Émancipation du **Moi Divin**, à sa séparation consciente, volontaire et définitive de toute matérialité. Et comme le **Moi Divin** est par définition (107) *Indivis*, elle conduit forcément à la **Synarchie**, à la **Fraternité universelle.** Elle est radicalement incompatible avec tout sentiment d'Orgueil ou d'Egoïsme.

128. — **La Conscience.** — Nous prenons ce mot, non pas dans son sens **Moral**, comme représentant en nous, pour ainsi dire, la science du Bien et du Mal, mais dans son sens **Métaphysique**, de sentiment du moi, de sentiment intime.

129. — En pratique, on peut considérer la **Conscience** comme la Scène d'un Théâtre où se jouent nos Pensées, avec le **Moi** comme unique Spectateur. Cette figure donnera une certaine clarté aux exposés qui suivent.

130. — Le **Moi** (composé de l'Union de notre **Individualité** et de notre **Personnalité**), est, comme dans tous les Théâtres, à la fois Spectateur et plus ou moins Collaborateur de ce qui s'y joue.

131. — L'Attention sera représentée par le centre de la Scène de la Conscience.

132. — La Concentration mentale sera la Mise en Mouvement vers ; la Projection en Activité vers ; la Focalisation sur : le centre de la Scène, de tous les Courants Psychiques, de toutes les Pensées, de tous les Acteurs, du champ mental conscient et inconscient.

Les coulisses de ce Théâtre figurent assez bien l'Inconscient, tant supérieur qu'inférieur : c'est là que s'élabore l'action avant de se dérouler devant nous.

133. — **La Volonté.** — La Volonté est un attribut du **Moi Divin**, de l'Esprit immortel, du Superconscient, qui le relie à la Matière, par l'intermédiaire de l'Intellect conscient ou inconscient, au moyen, pour ce dernier, de la Culture Psychique.

En d'autres termes, la Volonté est presque l'*unique Organe* que possède l'Esprit pour agir sur la Matière.

Cet « *organe* » étant partie intégrante de l'Esprit est, comme lui, Eternel et incréé; il est donc parfait de sa nature, et radicalement immuable.

De même qu'on ne peut augmenter le Moi Divin, on ne peut augmenter la Volonté : nous la possédons tous Parfaite : il ne s'agit que de la Développer, de la débarrasser de ses enveloppes, de ses entraves.

C'est ce que réalise la Culture Psychique.

134. — Quand nous disons que la Volonté est l'unique organe de l'Esprit, nous entendons par là que son intermédiaire est nécessaire à la *manifestation* des autres Facultés de l'Esprit qui sont pour nous : la Conscience (128), et l'Amour (31 et seq.).

Cette énumération des Facultés de l'Ame nous semble plus nette que les classiques « *intelligence,*

3*

sensibilité, et volonté : » car l'Intelligence *n'est pas* une Faculté de l'Individualité, mais bien de la Personnalité, et la Sensibilité n'est que la Manifestation de la Loi d'Amour.

135. — **Karma.** — Le Karma est l'application à l'Homme de la VI° Loi de Cause et d'Effet (20), ou de Justice absolue.

C'est par l'opération inéluctable de cette Loi que nous souffrons, non pas pour, mais par, les fautes que nous avons pu commettre. Nous sommes tout à la fois dans ce tribunal le Prévenu, le Juge et le Bourreau.

Chacun de nos actes est la création d'un potentiel de Vie, que la Loi contraint à se dépenser intégralement sur son auteur — en bien comme en mal — en direct comme en rétrograde.

Heureusement, la Loi d'Evolution nous élève sans cesse vers la Lumière, par l'opération de la Loi d'Amour, ou d'Attraction vers l'Infini ; et, avec la Conscience plus parfaite de notre Être, le «*Karma se consume,* » comme l'expriment les Yogis, c'est-à-dire que la faculté s'acquiert de se **polariser** de plus en plus dans le **Positif** et l'Actif, et de résister avec un succès toujours croissant au mouvement rétrograde.

Quand l'Homme arrive à tuer en lui le désir du fruit de ses actes, il est le **maître de la Loi de Karma**, et elle n'agit plus pour lui.

Ses **Pansées** sont toujours des **Germes** puissants pour les autres — mais pour lui, elles n'engendrent que suivant sa Volonté.

136. — **Dharma.** — Le Dharma est un mot sanscrit à peu près intraduisible, dont le sens voisine avec les mots « *Vertu,* » « *Devoir,* » « *Justice,* » mais qu'aucun ne traduit exactement : c'est le Bien en Actes : le « *Bien-Agir,* » la Moralité en Action.

Le **Dharma** d'un Homme est la **Règle de conduite** la meilleure qu'il puisse adopter au point de son développement qu'il a déjà atteint, et la plus profitable à son Évolution future.

Le **Dharma,** donc, s'épure, s'élève, à mesure que la Personne se développe, et, si étrange que cela puisse paraître au premier abord, ce qui est très bien pour les uns peut être très mal pour d'autres plus évolués.

La Science du **Dharma** est étudiée en Philosophie sous le nom de **Morale** ou d'**Ethique**, et sous trois points de vue bien différents : ceux de la **Révélation**, de l'**Intuition**, et de l'**Utilité**.

L'importance principale du **Dharma**, pour notre présent sujet, est la concordance de ses enseignements avec ce que nous avons déjà effleuré (16, 48 et 86) : le **Problème du Bien et du Mal.**

L'étude du **Dharma** corrobore exactement notre précédente affirmation de la **non-existence du mal dans l'Absolu,** et de son existence purement transitoire et instable dans le Matériel.

Et, conséquence intéressante, elle enseigne que la **Morale** suit l'**Homme** dans son **Evolution,** et évolue avec lui.

Le **Bien** parfait n'existe que dans l'Absolu ; le **Mal** n'existe pas : tel est le résumé à retenir.

137. — Les Archées. — Le grand médecin Belge Jean Baptiste Van Helmont a nommé « *Archées* » les Intellects, les « *Mentals* » pour ainsi dire, des divers organes du corps qui correspondent dans l'Homme à ce que l'on nomme les « *Élémentals* » dans la Nature.

138. — Il distinguait l' « *Archée principal,* » « *Archeus faber,* » l'Archée-Fèvre, l'Archée Artisan, qui détermine, fabrique et conserve la Forme générale du Corps, et maintient l'Harmonie, l'ordre et l'activité des divers organes ; puis les Archées secondaires : l'Archée du Cerveau, l'Archée du Cœur, celui de l'Estomac, etc.

Ce sont ces Archées qui, dans le perpétuel renouvellement des cellules qui nous composent, déterminent la forme et le fonctionnement stables des organes auxquels ils président.

Ce sont eux aussi qui, sous l'influence de « *Pensées parasites* » ou « *Maladies,* » matérialisent des troubles fonctionnels divers, en produisant sur le Plan Physique ce qu'ils pensent, ou ce qu'on les force à penser, sur le Plan Mental.

139. — Les Hindous, nos maîtres dans les Sciences Psychiques, nous apprennent que ces Archées ont des caractères et sont de véritables personnages.

D'après eux, l'Archée du Cœur est très intelligent, et obéit activement aux commandements de l'Archée principal ; celui du Foie, en revanche, est lourd, peu intelligent et a besoin d'être traité énergiquement, presque brutalement, comme un âne ou une mule. L'Archée de l'Estomac est d'une compréhension moyenne.

140. — En règle générale, on peut considérer, au point de vue pratique, les Archées comme autant d'Êtres enfantins, ou animaux invisibles, auxquels on peut s'adresser comme tels, en leur donnant des ordres nets, simples et précis, sans guère d'explications.

141. — Ce sont les **Hatha Yogis** de l'Inde qui les ont surtout étudiés et sont arrivés à leur faire exécuter les plus invraisemblables acrobaties (RAMA-CHARAKA «*Hatha Yoga* » et « *Psychic Healing*» passim).

142. — Le Guérisseur Psychique a grand intérêt à connaître la Maladie dont souffre le patient qu'il traite, parceque cela lui permet d'approprier son langage suggestif mental à l'intellect de l'Archée particulier auquel il s'adresse plus particulièrement ; mais, faute de connaître cette maladie, il projette son pouvoir directement sur l'Archée Principal.

143. — Il est assez curieux de signaler, en passant, l'accord de cette théorie qui a subi victorieusement l'épreuve des Siècles, avec les plus récentes Doctrines Matérialistes modernes, qui elles aussi donnent une âme à la Matière.

144. — Cette esquisse métaphysique de **Dieu** et de l'**Homme** nous démontre clairement combien sont impropres ces termes si communs : « *Plaire à, irriter, offenser Dieu.* » Et encore, ce comble : «*vengeance de Dieu.* »

Ce sont là de purs **blasphèmes métaphysiques**, qui impliqueraient l'existence d'une commune mesure entre l'Absolu et l'Homme.

Quiconque réalise, comme on doit le faire, que nous sommes de simples bulles de savon, pour ainsi dire, maintenues dans l'Être uniquement par la seule Pensée de l'Infini, possède l'intime et indispensable

persuasion que nous sommes aussi uniquement ce
que le **divin Amour** nous permet d'être.

La Vengeance, l'Irritation, la Vindicte sous toutes
ses formes ne sont pas des attributs de l'Infini. Ce
sont des **Négations**.

Nous représentons, par rapport à **Dieu**, ce que des
Rayons de Lumière figurent par rapport à la Source
d'où ils émanent : ils en sont partie intégrante, sans
pourtant être la Source elle-même ; et comment ces
rayons pourraient-ils contrecarrer leur Génératrice ?

Que des causes étrangères les réfractent et les dis-
persent momentanément, c'est un fait possible, mais
leur Essence propre, leur Être, restera toujours le
même, prêt à reprendre sa Pureté primitive, une fois
les causes perturbantes supprimées.

Ces considérations sont de la plus haute importance pour arriver à l'extirpation radicale et permanente de la **Crainte**, cette irréconciliable ennemie
de toute Evolution, et il faut se pénétrer profondément de leur indiscutable Vérité.

Pour **Dieu**, pour notre **Père Eternel**, nous devons
toujours ressentir l'**Amour** le plus pur : **Jamais la
Crainte**.

145. — Terminons enfin ces considérations générales par quelques mots sur la **Loi de Genre** manifestée dans la Race Humaine.

Conformément à cette **Loi**, les **Intellects** de
l'**Homme** et de la **Femme** possèdent des Attributs,
des capacités différents, généralement en rapport
avec les **Sexes**.

Dans le Mental de l'**Homme** prédomine la Puissance Créatrice masculine : la Faculté d'émettre les
Germes-Pensées.

Dans celui de la **Femme**, c'est la puissance d'assimilation développatrice et amplificatrice qui se manifeste surtout, par la Fécondité du Verbe, le pouvoir de développer indéfiniment, d'augmenter les Pensées acquises.

Les conséquences de ces tendances, en ce qui concerne le **Traitement Mental**, peuvent se résumer ainsi : toutes choses étant égales d'ailleurs, l'Intellect **masculin** est plus apte à exercer le **Traitement Mental** purement **métaphysique**, par simple **Concentration et Suggestion mentales**.

La **Femme**, d'autre part, sera un **Sujet** plus facilement amenable aux méthodes de Traitement mental que l'Homme.

Considérée comme **Opérateur**, pour agir par émission fluidique ou suggestion verbale, toutes choses étant égales d'ailleurs, il est vraisemblable que l'infériorité de la Femme en puissance génératrice de **Germes-Pensées** sera compensée par sa **Fécondité** plus grande dans la Projection de **Fluide-Pensée** moins individualisé, et qu'il se produira sur le Patient en traitement des effets analogues à ceux d'un Traitement par un Homme, mais dus à une plus grande quantité de **Fluide-Pensée** à une moins haute **tension** : à un moins haut **potentiel**, dirait un électricien.

Bien plus, dans certains cas d'épuisement nerveux, de Neurasthénie, par exemple, l'avantage sera peut-être du côté du Traitement Féminin, qui inondera le Patient d'un **Fluide-Pensée** moins actif, mais plus abondant, et obligera sa propre Vitalité à un moindre effort de récupération, de réaction vers la Santé.

146. — Il y aurait bien d'autres conséquences phi-losophiques à tirer de ce rapide exposé des grandes lignes des Mentalismes des deux Sexes de l'Espèce Humaine, — mais elles seraient étrangères à notre étude, et nous laisserons le plaisir de les appro-fondir à ceux que le sujet pourrait intéresser.

DEUXIÈME PARTIE

CULTURE PSYCHIQUE

147. — La Yoga. — La Culture Psychique est cette Science si complexe et si variée qui se pratique aux Indes de temps immémorial sous le nom de Yoga.

Son but est bien simple : étendre progressivement le **domaine de la Conscience** jusqu'à lui faire absorber totalement : tant la **Subconscience** que la **Superconscience** (11 et 26). Ce résultat acquis, l'Homme, cesse d'être **un Homme**; il est presque **un Dieu**; en tout cas un **Sur-Homme**.

Très certainement ce sont les Hindous qui, à l'heure actuelle, nous offrent les plus utiles enseignements, pratiques et éprouvés, pour atteindre la **Connaissance** et la **Maîtrise de soi**.

Les résultats que l'on peut obtenir par ces pratiques sont absolument **sans limites**, et dépassent tout ce que l'imagination la plus vaste peut rêver : *« on peut ce qu'on veut »* est une proposition vraie au pied de la lettre ; seulement, il **faut savoir vouloir et persévérer**.

148. — L'escalier des Sages. — Le grand Hermès n'était pas prodigue de ses mots (du moins dans ceux d'entre eux qui nous sont parvenus) et si la **Loi de Transmutation mentale** qu'il a formulée énumère tant d'étapes à parcourir pour atteindre la Perfection, c'est que la **Voie de Perfection** est, pour ainsi dire, divisée en **Gradins** qu'il faut franchir un à un.

Les Forces Humaines bien qu'illimitées dans l'Individu, ne le sont pas dans la **Personnalité**, et, comme nous sommes provisoirement liés à cette dernière, il faut en tenir compte et ne pas la détruire sous prétexte de la cultiver par trop énergiquement. **La modération en tout** est le premier Principe de la Vraie Science : c'est elle qui renferme l'**Harmonie** et l'**équilibre**. Ne l'oublions jamais.

Le premier degré de la **Culture Psychique** est ce que les Hindous nomment : « *l'entrée dans le silence.* »

149. — Entrée dans le silence ou Relaxation Générale. — L'entrée dans le silence est, en réalité, une forme du Quiétisme de Molinos et de Mᵐᵉ Guyon, une variété fructueuse de Méditation.

C'est l'âme qui, repliée en elle-même, y cherche, et finit par y trouver, si elle en a la patience, ce qu'elle a trop souvent vainement cherché ailleurs : la **Paix** et le **Bonheur**.

On pourrait définir l'Entrée dans le Silence :

150. — Une détente absolue, physique et mentale, dans un effort positif à atteindre un état mental supérieur. Une relaxation intégrale, physique et mentale.

Et il ne faut pour cela que peu de chose (en appa-

rence du moins) : supprimer tout mouvement involontaire tant du Corps que de l'Intellect, et principalement, produire le calme dans l'Océan plus ou moins
agité du Mental.

151. — Pratique. — Pour les débuts, il faut
faire choix d'une chambre ou d'un lieu écarté, tranquille, où l'on ait la quasi-certitude de ne pas être
dérangé ; si c'est une chambre, on s'y enferme à clef.
Il est bon qu'il y règne une demi-obscurité, et qu'on
puisse s'installer confortablement sur un fauteuil,
une chaise ou un lit de repos.

D'aucuns conseillent de s'isoler en s'enveloppant
d'une étoffe de laine ou de soie : ce n'est pas indispensable, et sert surtout à frapper l'imagination. De
même on peut, si on le veut, s'orienter suivant le Magnétisme terrestre (assis ou couché : le Visage ou la
Tête au Nord) : pour les Sensitifs inhabitués à user
de Volonté, cela peut être utile au début.

Une fois bien installé, il ne s'agit plus que d'affecter la plus exacte immobilité et de détendre intégralement tous les muscles.

Mais, pour atteindre ces deux résultats de façon
heureuse, nous remarquerons d'abord qu'il faut
s'accoutumer en tout temps à réprimer les mouvements involontaires du corps, tels que : agiter les
pieds, tambouriner avec les doigts, hausser les épaules,
se mordre les lèvres, agiter sa langue dans sa bouche,
serrer les dents, siffler, fredonner, rire ou sourire
nerveusement, sans raison, et tous les autres tics
similaires.

Il faut s'habituer progressivement à ne pas se retourner, à ne pas sursauter à un bruit inattendu, dé-
tonation, porte qui claque, ou coup de sonnette violent

152. — Il est bon aussi (nous y reviendrons plus loin), d'arrêter le clignement involontaire des paupières ; et, pour cela, de les fermer plus ou moins.

153. — La Respiration, le souffle, se discipline sur un rhythme simple, comme nous le verrons plus loin.

Il faut enfin rester là en une *apparente* inertie, ou, comme le disent les Orientaux : « *se rendre aveugle, sourd et muet, et immobile comme un morceau de bois.* »

154. — Voilà pour l'apparence, et l'extérieur ; mais cela ne suffit pas : il faut maintenant effectuer la **Relaxation intérieure.**

Pour cela, on parcourt intérieurement, par la pensée, toutes les régions du corps : bras, jambes, poitrine, cou, tête, l'une après l'autre, en y inspectant, pour ainsi dire, mentalement, par le sens interne, les muscles qui s'y rencontrent, et en *voulant*, doucement mais avec fermeté, qu'ils se détendent complètement et renvoient aux Centres nerveux l'Énergie qu'ils détiennent par leur contraction.

Les **Yogis** se livrent à cet exercice de **Relaxation,** de préférence dans la position couchée, et varient les positions, successivement sur le dos, puis sur un côté et sur l'autre.

Dans cette pratique, on aspire, pour ainsi dire, on concentre en son **Point d'Emergence**, en son **Foyer Principal**, toute la **Force-Vie**, tout le **Prana** répandu dans les divers Organes ; et il faut continuer itérativement ce travail centripète jusqu'à ce qu'on sente qu'il soit momentanément impossible de faire mieux.

Cet état de **Relaxation Musculaire** parfaite est indispensable à atteindre avant de s'inquiéter du Mental.

155. — Une fois qu'elle est plus ou moins bien obtenue (et plutôt mal que bien, problablement, la première fois, mais cela ne doit en aucune façon décourager),on passe à la Relaxation **Mentale** qui est le même procédé appliqué à l'Intellect.

156. — Le Dr Paul-Émile Lévy, dans son intéressant ouvrage : « *L'Éducation de la Volonté,* » cite le système suivant, dû à un de ses élèves :

« *J'écarte doucement, patiemment, toutes les Idées,*
« *tous les souvenirs, les sensations qui m'assiègent ; je*
« *fais ainsi, peu à peu, place nette dans mon esprit, et*
« *réussis enfin à amener en moi le calme et le sommeil.* »

A part le dernier mot, qui ne répond pas au but que nous poursuivons, la description est fort bonne.

Il faut, en effet, s'efforcer de former et de maintenir, sans aucune tension d'esprit, un vide et un calme complets dans le Mental, c'est-à-dire conserver le champ de la Conscience : — son Théâtre — absolument désert, en écartant doucement, mais avec une opiniâtreté invincible, toutes les idées qui se présentent pour l'encombrer.

Il ne faut pas se dissimuler que cet état, dans toute sa perfection, est fort difficile à atteindre, et encore davantage à conserver quelque temps ; mais même dans l'état imparfait, il produira, joint à la Relaxation musculaire, une sensation de repos extraordinaire et extrêmement bienfaisante.

157. — **Abolition de l'éréthisme idéatif.**
— C'est ce que l'on appellerait dans le jargon psy-

chologique moderne : « l'Abolition **Volontaire de l'Éréthisme idéatif** » (Edme Tassy). La suppression de tout éréthisme, ou excitation cellulaire quelconque est, en effet, la condition primordiale de toute **Relaxation.**

158. — Au début, cette sensation délicieuse pourra même aller jusqu'au sommeil, dont il ne faudra pas s'étonner, et que l'on vaincra par une pratique continuée, et plus tard.

159. — Nous avons vu (129) que, commodément, la **Conscience** de l'Homme pouvait s'assimiler à la Scène d'un Théâtre où se joueraient ses Pensées : dans la pratique, je pousse cette image, pour moi séduisante, à un point tel, que mon procédé le plus rapide pour arriver à un **Vide** parfait de cette partie de mon Mental, consiste à me représenter l'image d'une sorte de Baguette ou de **Balai**, en opération active et méthodique, qui, sur cette scène, repousse et balaye alternativement dans les Coulisses de droite et de gauche, tous les Acteurs-Pensées qui occupent la place. Quand il a passé dans ses fonctions à deux ou trois reprises, la scène est à peu près nette en moi.

Cette image fait aussi facilement saisir comment un **Nettoyage** de ce genre fréquemment répété produit les plus heureux effets sur la partie du Mental qui en est l'objet : pour elle c'est à peu près ce qu'un bon bain stimulant est pour l'ensemble du corps : il rafraîchit et donne de nouvelles forces.

160. — Les premières séances de relaxation mentale doivent se répéter au moins une à deux fois par jour, et durer de cinq à dix minutes chacune, non compris le temps d'installation et la relaxation musculaire préliminaire.

L'imperfection des premiers résultats ne devra en aucune façon étonner : toute la Culture Psychique exige une **Persévérance** active, qui d'ailleurs s'acquiert automatiquement par sa pratique même.

La faculté de **Relaxation Totale** (musculaire et mentale) arrive à se développer assez facilement à un point tel qu'on peut l'exercer au milieu de n'importe quel bruit ou agitation : on arrive à s'isoler par la force de volonté, et à se soustraire complètement aux influences ambiantes.

161. — Dans cet état, les natures humaines bien douées arrivent à percevoir une tendance à la séparation du Mental et du Physique : il leur semble quelquefois planer au-dessus de leur corps, ou en tous cas, ne plus sentir celui-ci que très faiblement : ce sont des symptômes très favorables pour des progrès rapides dans la Culture Psychique.

162. — **Pranayama ou la Science du Souffle.** — Comme la Culture Psychique, cette Science comporte deux branches, l'une réellement **Physique**, corporelle, et l'autre d'une très grande élévation **Psychique** ou Mentale.

Après avoir parcouru des ouvrages sans nombre sur le sujet, nous pensons ne pouvoir mieux faire que de donner un résumé succinct et précis de celui d'entre eux que nous considérons comme le plus pratique et le plus élevé tout à la fois : il est écrit, en anglais, par le Yogi RAMACHARAKA et intitulé : « *The Hindu-Yogi Science of Breath.* » Quiconque s'intéresse à ces sujets et peut comprendre l'anglais retirera des

enseignements fructueux de cette remarquable petite brochure de 73 pages seulement.

163. — La Respiration. — La Respiration est
la plus importante des fonctions corporelles, et on
peut dire que toutes les autres en dépendent étroite-
ment : si l'on peut vivre assez longtemps sans manger, et moins longtemps sans boire, on ne peut
même pas vivre quelques minutes sans respirer.

Les organes de la respiration se composent, comme
chacun sait, des Poumons et des conduites d'air qui
s'y rattachent. Par les mouvements respiratoires, le
sang est refoulé dans les poumons au contact d'air
sans cesse renouvelé, dont l'oxygène brûle plus ou
moins complètement les détritus qu'il charrie, et
produit de l'acide carbonique. Le sang purifié est
alors refoulé à nouveau dans les artères, et on estime
que, dans une journée de vingt-quatre heures, il
passe dans les **quinze mille litres** de sang par les
Poumons ; ce sang artériel, dans des conditions d'oxygénation favorables, contient jusqu'à 25 0/0 d'Oxygène libre.

164. — Ces données physiques semblent déjà
d'une capitale importance, mais elles ne sont que
peu vis-à-vis des capacités **psychiques** de la respiration : cette fonction est en effet notre principal Col-
lecteur de **Force-Vie, de Prana** dans le Kosmos (et
entre parenthèses, c'est pour cela que sa suppression
entraîne si promptement la mort) ; c'est elle qui nous
rattache directement à la **Vitalité universelle.**

165. — Et de plus il nous est possible d'emmagasiner ce **Prana** exactement comme un Accumulateur
électrique absorbe l'Électricité. En une autre paren-

thèse, ceci est encore la raison pour laquelle certains Fakirs Hindous entraînés, et saturés de Prana, arrivent à vivre des temps extraordinaires sans respirer. Pour nous, sans doute, tel n'est pas notre but, mais le fait d'accumuler en soi le Prana détermine chez celui qui s'y livre une Puissance magnétique plus ou moins intense, suivant sa Capacité (mot exact ici s'il en fût jamais) et lui concède le pouvoir de dégager, de projeter cette Vitalité à son gré.

166. — Ce Prana accumulé en l'Homme acquiert une « personnalisation » spéciale et est connu sous une multitude innombrable de vocables, tous plus curieux les uns que les autres : c'est toujours le Magnétisme animal de MESMER ; l'Od de REICHEMBACH ; la Force Neurique rayonnante du Dʳ BARÉTY ; bien entendu c'est aussi le « *fluide* » des Magnétiseurs en général, etc.

167. — Toute Pensée, tout Acte, tout effort de Volonté, tout Mouvement musculaire nécessite la dépense d'une certaine quantité de Prana. Et comme la Respiration est notre principale Source d'Alimentation de ce Fluide, on saisit aisément la capitale importance de la Science du Souffle.

168. — D'après les Yogis, c'est le Plexus Solaire, le « *Cerveau Abdominal* » qui est le grand Centre d'Accumulation du Prana, et c'est de là qu'il se redistribue dans les autres centres nerveux. Le Plexus solaire est situé vis-à-vis le creux de l'estomac, et tous les magnétiseurs connaissent la sensibilité de ce point à l'action magnétique.

169. — **Respiration nasale.** — Tout le

4

monde sait qu'on peut respirer soit par le **Nez**, soit par la **Bouche** ; mais ce qu'on sait moins généralement, c'est que le fait de respirer par la bouche est un véritable danger pour la Santé.

La Respiration par la bouche expose à contracter toutes les maladies contagieuses, outre les rhumes et les fluxions de poitrine : dans ces deux derniers cas, l'air n'étant pas réchauffé avant d'arriver aux poumons.

Les narines sont des sortes de filtres et de réchauffeurs d'air, récupérateurs de chaleur aussi, destinés par la Nature à protéger les Poumons contre toute invasion brusque d'impuretés ou de froid. Les poumons sont construits pour ne recevoir que de l'air partiellement purifié et réchauffé de la sorte, et se dessèchent en se refroidissant si l'on agit autrement.

De plus les Narines, si on cesse de les utiliser, s'engorgent fatalement et deviennent la proie d'affections nasales variées.

Bref, la première étape dans la Culture de la Respiration, c'est de **respirer toujours et exclusivement par le Nez.**

170. — Différents modes de respiration. — Examinons maintenant avec un peu de détail comment nous respirons : le mouvement respiratoire s'effectue forcément par dilatation puis contraction des surfaces qui entourent les poumons. Et d'après la position de ces organes, on comprendra facilement que ces mouvements respiratoires peuvent, ou non, *être partiels*. c'est-à-dire n'intéresser qu'une partie de la cage thoracique au lieu d'en faire fonctionner intégralement toute la capacité. De là ces divisions en *Respiration Claviculaire* dans laquelle, par le seul mouvement d'élévation des épaules et des clavicules, on arrive à effectuer un tout petit mouvement d'air dans le sommet des poumons, en dépensant beaucoup de force : c'est, employée seule, la plus mauvaise méthode de toutes; elle donne le moindre rendement pour un maximum de force dépensée. Puis vient la *Respiration Costale* dans laquelle les côtes seules effectuent leur mouvement normal. Puis la *Respiration Abdominale* déjà meilleure que les précédentes (parcequ'elle ne peut pas s'exécuter sans les mettre rudimentairement à contribution). Et enfin la *Respiration Diaphragmatique*, qui s'effectue par un mouvement d'enfoncement, pour ainsi dire, du diaphragme vers les intestins.

171. — La bonne Respiration. — Nous pensons qu'il est superflu pour nous d'étudier le détail de ces divers mouvements : il n'y a qu'une chose à retenir : quand nous respirons, c'est de **faire jouer avec le plus grand soin** *Tous les modes* ci-dessus énumérés de respiration, sans exception, c'est-à-dire d'utiliser **toute** la **capacité** de nos poumons.

172. — Au fond, il n'y a que **deux** modes de Respiration : le **bon**, qui utilise intégralement, méthodiquement la **capacité intégrale** de ces organes ; et le **mauvais** qui en laisse de côté une portion plus ou moins grande ; il n'y a pas d'autre secret que celui-là dans l'art physique de respirer.

Nous donnerons plus loin une série d'exercices physiques, gymnastiques, de respiration. Voici toutefois immédiatement la description de la **Respiration intégrale des Yogis** d'après le livre déjà cité.

173. — La Respiration intégrale. — 1er
temps. — Se tenir debout ou assis, bien droit. Aspirer
l'air par le nez d'un mouvement continu, en dilatant
d'abord la partie inférieure des Poumons, par l'abais-
sement du **Diaphragme** qui vient presser doucement
les organes abdominaux, puis par l'avancement de la
paroi antérieure de l'abdomen lui-même. Ensuite
remplir la partie moyenne des Poumons en dilatant
les côtes, le sternum et tout le thorax dans toute leur
expansion. Enfin terminer par le remplissage du
haut des Poumons en avançant le haut de la poitrine
et en l'élevant le plus possible, ce qui entraîne dans
le même mouvement les six ou sept paires de côtes
supérieures. Pendant ce dernier temps, l'abdomen
se rentrera un peu de lui-même ; ce qui donnera un
support plus ferme aux poumons, et aidera au remplissage de leur partie supérieure.

Au premier abord on pourrait croire qu'il s'agit de
trois mouvements distincts : mais il n'en est rien ;
l'Inhalation doit être continue ; toute la cavité thoracique depuis le diaphragme à son point le plus déprimé jusqu'aux clavicules à leur maximum d'élévation
doit pratiquer son expansion dans un mouvement
uniforme. Il faut absolument éviter une inspiration
saccadée et acquérir un mouvement régulier et continu. La pratique amènera la perfection et la facilité.

2me temps. — Retenir la Respiration quelques secondes, les poumons intégralement remplis.

3me temps. — Expirer lentement en maintenant la
poitrine ferme et en rentrant un peu l'abdomen, puis
en l'élevant légèrement et lentement, au fur et à mesure que l'air quitte les Poumons. Quand l'expiration
est bien complète (ce à quoi il est aussi impor-

tant de veiller) détendre la poitrine et l'abdomen.

Comme on le voit, cette méthode embrasse en elle tous les modes de respiration connus, et consiste simplement à emplir méthodiquement et délibérément les Poumons de tout l'air qu'ils sont susceptibles de contenir, en agissant d'un seul mouvement continu.

174. — Il est recommandé, pour pratiquer la **Respiration Intégrale** (comme pour tous les Exercices Gymnastiques, d'ailleurs), de se placer sans vêtements, devant une glace, afin de s'assurer qu'on exécute bien correctement les divers mouvements.

175. — Bienfaits de la respiration intégrale. — Les effets physiologiques de la **Respiration Intégrale** sont des plus étendus et des plus bienfaisants; d'abord elle développe forcément la poitrine dans toute son ampleur; ensuite elle rend absolument invulnérable aux rhumes, fluxions et toutes autres affections de poitrine, y compris la si redoutée tuberculose. Mais son effet ne s'arrête pas à la poitrine seule : l'oxygénation intense du sang qu'elle effectue se répercute en une vitalité plus grande de tous les organes, le mouvement de massage qu'elle imprime à toute la cavité thoracique intensifie encore cette circulation bienfaisante, et stimule doucement le foie, l'estomac et tous les viscères.

176.— Il faut pratiquer la **Respiration Intégrale** autant de fois qu'on le peut dans la journée, et principalement s'en faire une règle le matin et le soir au lit (ou avant de s'y mettre), devant une fenêtre ouverte.

4*

C'est un complément indispensable des Exercices d'Assouplissement que nous décrirons plus loin.

177. — Différentes formes de la respiration. — Nous allons maintenant donner diverses formes de respiration en usage chez les Yogis, qui ont porté la Science du Souffle à son plus haut degré de perfection.

178. — Souffle purificateur ou de repos. — Les Yogis exécutent cette forme de Respiration pour purifier et ventiler à fond les Poumons : ils terminent en général tous leurs exercices respiratoires par cette forme, qui tend à reposer les organes fatigués.

1). — Inhaler une **Respiration Intégrale.**

2). — Retenir l'air quelques secondes.

3). — Contracter les lèvres, comme si l'on voulait siffler (mais sans gonfler les joues), puis chasser avec force un peu d'air par l'ouverture des lèvres. S'arrêter un moment en retenant le reste de l'air, puis faire une nouvelle chasse d'air, et ainsi de suite jusqu'à épuisement de tout l'air inhalé. Agir en un mot un peu comme lorsqu'on souffle une bougie de très loin, en plusieurs fois.

Cet exercice doit être pratiqué fréquemment : il repose et redonne des forces quand la fatigue se fait sentir.

179. — Respiration percutée. — Cette forme de Respiration a pour objet de stimuler les cellules des poumons, mais il faut avoir soin de ne pas en abuser au début, et surtout de ne pas l'exécuter trop vigoureusement. Quelquefois elle produit un léger étourdissement les premières fois; il faut alors cesser l'exercice immédiatement, se promener un peu à l'air, puis recommencer plus doucement quelques instants après.

Voici le procédé :

1). — Se tenir debout, dans la position correcte.

2). — Inhaler tout doucement et bien graduellement.

3). — Pendant toute la durée de l'inhalation, percuter doucement tout le thorax du bout des doigts, en changeant constamment le point frappé.

4). — Quand les poumons sont pleins, retenir le souffle tout en continuant la percussion, avec le plat des doigts si l'on veut.

5). — Expirer l'air d'un seul coup, par la bouche grande ouverte.

6). — Pratiquer le Souffle Purificateur.

Cet exercice est surtout excellent pour ramener énergiquement à la vitalité convenable des cellules pulmonaires longtemps négligées, et lentes à répondre aux autres moyens de développement.

180. — Cordial nerveux. — Les Yogis considèrent cet exercice comme un des plus puissants stimulants nerveux connus. Il développe à la fois la Force Nerveuse, l'Énergie et la Vitalité.

1). — Se tenir debout.

2). — Inhaler une Respiration Intégrale.

3). — Étendre les bras droit devant soi, sans aucune raideur ni tension, avec juste assez de Force nerveuse pour qu'ils se tiennent tendus.

4). — Ramener lentement les mains vers les épaules, en contractant peu à peu les muscles et en y projetant graduellement de la Force, de telle façon que, quand les poings arrivent aux épaules, ils soient serrés et causent une sorte de tremblement général.

5). — Puis, les muscles toujours tendus, porter les poings en avant, lentement, pour les ramener vivement de nouveau aux épaules, les muscles toujours en tension. Répéter plusieurs fois ce jeté.

6). — Expirer l'air vigoureusement par la bouche.

7). — Pratiquer le **Souffle Purificateur.**

Une modification de cet exercice est la suivante :

1). — Se tenir droit.

2). — Inhaler et retenir une **Respiration Intégrale.**

3). — Se pencher légèrement en avant et saisir à deux mains un bâton ou une canne, en travers devant soi, en mettant graduellement toute sa force à l'étreindre.

4). — Relâcher l'étreinte, revenir à la position 1, et expirer.

5). — Répéter les mêmes mouvements.

6). — Pratiquer le **Souffle Purificateur.**

181. — Souffle retenu. — Cet exercice est fort important à pratiquer parcequ'il développe les muscles respiratoires, en même temps que les Poumons, et sa pratique continuelle développe toute la poitrine.

Le **Souffle Retenu** tend à purifier complètement les poumons de l'air stagnant qu'ils peuvent contenir, et à les purger, pour ainsi dire, lors du mouvement d'expiration. En voici le procédé :

1). — Se tenir droit.

2). — Inhaler une **Respiration Intégrale.**

3). — Retenir l'air aussi longtemps qu'on peut le faire confortablement.

4). — Expirer vigoureusement par la bouche grande ouverte.

5). — Pratiquer le **Souffle Purificateur**.

La pratique conduit à pouvoir retenir son souffle ainsi de plus en plus longtemps, mais il faut avoir soin de pas faire d'efforts trop considérables au début : on pourrait se faire du mal.

182. — Exercice promenade. — Marcher en se tenant bien droit, le menton rentré, les épaules en arrière, et d'un pas court, mesuré et régulier.

1). — Inhaler une **Respiration Intégrale**, en la répartissant sur un espace de **huit** pas, par exemple, et en comptant mentalement : **un, deux, trois, quatre, cinq, six, sept, huit**, un nombre par pas.

2). — Retenir son souffle pendant **quatre** pas, comptés toujours de même.

3). — Expirer l'air pendant un espace de **huit** pas, comptés toujours de même.

Ce Rhythme se maintient jusqu'à ce qu'on sente une légère fatigue ; on le cesse alors un moment pour le reprendre ensuite dans le cours de la promenade. C'est un excellent commencement de pratique de la **Respiration Rhythmée**, dont nous allons maintenant nous occuper en détail.

183. — Respiration rhythmée. — Les Lois de **Vibration et de Rhythme** (6) et (17) nous ont exposé que tout dans l'Univers n'était que **Vibrations rhythmées**. Or le **Souffle de l'Homme** est justement la manifestation du **Rhythme** selon lequel il puise indéfiniment sa propre **Vie** dans le **Prana** du Monde.

Lorsque, volontairement, consciemment, il suit par la Pensée, nettement manifesté dans sa **Cons-**

cience, ce **Rhythme vital**, sur une mesure régulière et continue, il arrive à absorber une quantité toujours croissante de **Prana**, dont il peut ensuite disposer à son gré. Tout l'**Être Humain** se met à vibrer, à s'harmoniser intégralement à ce **Rhythme voulu**, et dans cet état, l'**Inconscient** tout entier devient d'une docilité parfaite et directe aux ordres de la **Volonté**.

Le **Souffle rhythmé** est donc la base de tout **Traitement Mental** énergique, aussi bien **Magnétique** que Suggestif, ou purement Mental et **Métaphysique** : tous opèrent par un effet du **Prana** — de la **Vie** — dont la **Cause** motrice seule diffère.

D'après la Tradition des Yogis, le **Souffle Rhythmé** se base sur la **Pulsation du Cœur** de l'Opérateur.

Il se pratique en comptant mentalement un nombre égal de **Pulsations** pendant l'Inhalation et l'Exhalation et la moitié seulement de ce nombre de mêmes pulsations à la suite de chacune de ces deux périodes.

Nous recommandons d'apporter la plus exacte attention à sa pratique constante, car son emploi est, pour ainsi dire, continu dans toutes les branches, tant de la **Culture Psychique** que du **Traitement Mental** : même si (par impossible) nous omettons de le spécifier, toutes les fois qu'il s'agit de faire un effort mental quelconque, d'office la **Respiration** doit affecter la forme **Rhythmée**, harmonisée sur les **Pulsations du Cœur**.

184. — **Pratique.** — Voici donc l'Exercice qu'il faut pratiquer jusqu'à familiarité absolue :

1). — S'asseoir bien droit, quoique sans raideur, et faire une attention particulière à maintenir la colonne vertébrale dans une ligne aussi droite que

possible, exactement comme dans le premier exercice
de Gymnastique Suédoise que nous verrons plus loin :
le menton un peu rentré, les épaules un peu en arrière et les mains posées naturellement sur les cuisses.
C'est ce que les Yogis appellent : « *s'asseoir sur ses
côtes.* » Il est impossible de pratiquer convenablement le **Souffle Rhythmé** avec la poitrine rentrée et
le ventre saillant.

2). — Inhaler lentement une **Respiration Intégrale**
en comptant six pulsations du Cœur : 1, 2, 3, 4, 5, 6.

3). — Retenir l'air dans les Poumons en comptant
trois battements du Cœur : 1, 2, 3.

4). — Exhaler lentement l'air par le nez, en comptant, comme la première fois **six Pulsations du
cœur** : 1, 2, 3, 4, 5, 6.

5). — Compter **trois Pulsations** les Poumons
vides : 1, 2, 3.

6). — Répéter le même Cycle indéfiniment, mais
surtout ne pas se fatiguer à l'excès dans les débuts.

7). — Au moment de cesser définitivement cet
exercice, pratiquer le **Souffle Purificateur**, pour
dégager et reposer les Poumons.

Par la pratique on arrivera assez vite à pouvoir
augmenter graduellement le **Nombre de Pulsations**
compris dans le Cycle, en comptant progressivement
huit pulsations pendant l'Inhalation, **quatre** durant
la retenue de l'air et **huit**, puis **quatre** encore, dans
les deux derniers Temps du Cycle.

Il faut toujours conserver la proportion donnée
entre les divers Temps : comme 2 est à 1 entre les
Périodes d'Inhalation et d'Exhalation d'une part et
les Périodes intermédiaires de l'autre.

On arrivera ainsi jusqu'à **Quatorze** ou **quinze** Pulsations comme Temps initial, nombre qu'il ne faudra

pas dépasser, parce que la **Régularité du Rhythme** est plus importante que la Durée des Périodes.

Il faut pratiquer jusqu'à ce qu'on arrive à *sentir* en soi le balancement du Rhythme et les Vibrations de tout le corps. Cela demande évidemment beaucoup de persévérance, mais cette qualité est inséparable de toute Culture Psychique; et d'ailleurs les premiers résultats sont tels qu'il devient rapidement *impossible de ne pas persévérer*, tellement on se trouve bien des efforts accomplis.

185. — Équilibre du Potentiel vital. — Cet exercice tend à la fois à augmenter le Potentiel Vital (la quantité de **Prana** accumulée dans la personne) et à le répartir également dans tout le corps.

Son exécution est tout indiquée lorsqu'on se sent fatigué ou déprimé mentalement ou physiquement.

Voici le procédé :

S'étendre confortablement sur le sol, sur un lit de repos, etc., et commencer par pratiquer la **Relaxation intégrale** (149 et seq.), puis plaçant les mains sur le creux de l'estomac, sur le **Plexus Solaire**, commencer la **Respiration Rhythmée**. Dès que l'effet du Rhythme commence à se faire sentir, procéder à l'**Action mentale**, et pour cela, attirer **par la volonté** le **Prana de la Source Universelle** en même temps que l'air de chaque Inspiration, et le diriger consciemment dans le **Plexus solaire**.

Puis, à chaque Expiration, répartir ce **Prana** consciemment dans tout le corps, dans chaque organe, dans chaque membre, dans chaque muscle, dans chaque cellule, dans chaque atome; du sommet de la tête jusqu'à la plante des pieds, pour recharger tous les Centres Nerveux, vivifier et stimuler tous les nerfs, et en un mot vitaliser énergiquement tout le Système.

Pendant toute la durée de l'Effort de Volonté, il faut évoquer une **Image mentale du Prana** vous envahissant par les Poumons et s'absorbant instantanément dans le **Plexus Solaire**, puis dans l'exhalation, il faut le voir se répandre dans tous les organes et les vivifier.

L'**Effort de Volonté** n'a pas besoin d'être de caractère violent et contracté, bien au contraire : il doit être tranquille, mais opiniâtre et conscient de sa toute puissance.

Il faut simplement commander attentivement ce que l'on veut voir réalisé, avec une Foi entière dans l'efficacité de son acte.

Une Volonté calme soutenue par la **Projection d'une Image Mentale** bien nette et bien soutenue est de beaucoup supérieure à une volonté forcée, qui au contraire est sujette à dépenser de la **Force-Vie** plutôt qu'à en acquérir.

Inutile d'insister sur l'importance capitale de cet exercice, qui (comme presque tous ceux que nous décrivons, d'ailleurs), est d'une application constante et plus que quotidienne.

Quand on n'a pas le loisir de s'étendre pour le pratiquer, et que l'on éprouve le besoin d'une **Recharge** immédiate, il est bon, assis ou debout, de rapprocher les pieds jusqu'au contact le plus complet possible, d'unir les mains de la manière la plus commode, afin de « *fermer le circuit des extrémités,* » puis de pratiquer la **Respiration Rhythmée**, comme il vient d'être expliqué.

186. — Souffle isolateur. — Quand on se trouve

en présence de personnes dont le voisinage exerce sur nous une influence déprimante, et que nous nous sentons incommodés par leur Ambiance, il est possible de nous isoler entièrement et de nous rendre impénétrables à cette action : il suffit de pratiquer la **Respiration Rhythmée** jusqu'à ce qu'on sente son effet naissant, puis de **Projeter l'Image mentale** d'une sorte de **Coque** psychique, une **Aura** de forme ovoïde, dont nous nous enveloppons consciemment et volontairement, pour nous protéger de toute influence perturbante. Nous reviendrons plus loin en grands détails sur la **Projection d'Images mentales**, qui est une des parties les plus importantes du **Traitement** de ce nom.

187. — Transmutation de l'énergie sexuelle. — Les Yogis possèdent des connaissances profondes sur les Principes de la Génération Humaine. Ils ont découvert que l'**Énergie sexuelle** et le **Magnétisme Personnel** n'étaient que deux modes de manifestation de la **Vitalité** accumulée en nous, de sorte que l'on peut dépenser cette **Vitalité à volonté**, soit dans l'une, soit dans l'autre de ces deux branches, mais que, aussi, l'usage de l'une de ces facultés épuise l'autre, tout autant que si on l'exerçait en nature.

De là la **Chasteté** que s'imposent les **Psychistes** : elle est une nécessité s'ils veulent accumuler la **Vitalité** nécessaire à leurs travaux.

Toutefois, et principalement dans les débuts, la **Force Vitale**, généralement accoutumée à être dépensée en **Énergie Sexuelle** bien plutôt qu'en **Puissance Psychique**, se porte avec excès dans les Organes du Sexe, qui en sont, en tout temps, les Accumulateurs principaux.

Dans ce cas, il est possible, et relativement aisé, de transmuter cette Force en Force nerveuse ordinaire par le procédé suivant :

188. — Après Relaxation générale, fixer l'Attention fermement sur l'idée d'Énergie en contradistinction radicale avec toute idée de Sexualité, ou de tout ce qui s'y rapporte. Si ces idées persistent à pénétrer dans le Champ de la Conscience, ne pas s'en étonner, ni s'en décourager : il faut un commencement à tout, c'est par la Pratique répétée qu'on arrive au succès.

Au bout d'un moment de calme relatif, attacher fermement sa Volonté à l'acte de puiser consciemment l'Énergie sexuelle dans son organe, et de l'accumuler, transmutée, dans le Plexus solaire, où elle se comporte comme le Prana pur et simple qu'elle est en réalité.

Simultanément pratiquer la Respiration Rhythmée et établir l'Équilibre du potentiel vital comme il a été expliqué (185), avec la seule différence que l'Action Attractive se dirige sur l'Énergie Sexuelle, au lieu de s'adresser à la Source Universelle de toute Énergie.

Au bout d'un moment de pratique, on sentira la Force se déplacer et on pourra à volonté la diriger dans toute autre partie du corps qui se trouverait à court de Vitalité : le Cerveau, ou tout autre organe.

Toute personne œuvrant de son Cerveau ou de ses Bras possédera par ce moyen la possibilité d'employer son Énergie Sexuelle à ses Travaux, ce qui en facilitera indéfiniment l'exécution ; mais, en cela comme en toute chose, il faut user de modération et ne pas s'épuiser de cette sorte non plus que d'aucune autre.

Le Maniement du Prana est sujet aux Lois d'Équilibre, comme tout Fluide, et, pour le dépenser, il faut nécessairement être capable de l'acquérir.

Les Yogis, habituellement, penchent légèrement et naturellement la tête en avant pendant la pratique de ce procédé de Transmutation.

189. — Exercice nasal. — Le mode de Respiration qui suit est employé beaucoup dans le but de stimuler l'action du Cerveau pour obtenir des Idées claires et de bonne tenue. Il a de merveilleux effets pour éclaircir le Cerveau et purifier le Système Nerveux : il permet, à la fois, de fournir un travail mental supérieur, et de reposer l'intellect après un effort de pensée. Voici le procédé :

190. — Commencer comme il a déjà été expliqué (184), en ayant bien soin de se tenir parfaitement droit, et pratiquer la **Respiration Rhythmée**, mais, au lieu de le faire par les deux narines ensemble, **fermer la Narine gauche** avec le pouce et **aspirer par la narine droite seule**. Retenir l'air comme il a été dit, mais en **bouchant les deux narines avec le pouce et l'index**. Expirer ensuite l'air par la narine gauche seule qu'on débouche à ce moment. Après le temps de repos aspirer l'air par cette même narine gauche qui vient de servir à expirer l'air, et continuer ainsi alternativement, par l'une, puis l'autre Narine, sur le Rhythme indiqué précédemment (184).

Cette méthode est une des plus célèbres à cause de l'originalité apparente de la posture qu'elle fait prendre ; c'est une des plus anciennement pratiquées et recommandées.

191. — Grand souffle psychique des Yogis.

— Nous arrivons maintenant à des formes de Respiration qui supposent chez le **Psychiste** un bon commencement d'entraînement pour être pratiquées avec succès.

Il n'y a pas d'inconvénient à les essayer, pourvu que ce soit dans de bonnes intentions et dans le recueillement; mais, sans quelque entraînement préalable leur effet sera faible et plutôt insignifiant.

Toutefois c'est un exercice des plus constamment pratiqués par les plus hauts **Psychistes** : le voici :

1). — S'étendre en état de **Relaxation parfaite** (149 et seq.).

2). — Pratiquer la **Respiration Rhythmée** jusqu'à établissement parfait du **Rhythme**.

3). — Puis durant les Temps d'Inhalation et d'Exhalation, projeter l'image mentale du **Souffle du Prana** attiré à travers les os des Jambes, puis refoulé à travers ces mêmes os; puis à travers les os des Bras; puis à travers le sommet du Crâne; puis à travers l'Estomac; puis à travers les Organes sexuels; puis circulant de haut en bas et de bas en haut le long de la Colonne Vertébrale; puis enfin comme si le Souffle, ou le **Prana** était alternativement attiré puis refoulé à travers chaque pore de la peau, le corps entier étant saturé de **Prana** et de **Vie.**

4). — Ensuite (toujours en **Respiration Rhythmée**) projeter le **Prana** dans les Sept Centres Vitaux successivement, en projetant chaque fois l'Image Mentale correspondante :

a). — Dans le Front.

b). — Dans le derrière de la Tête.

c). — Dans la Base du Cerveau.

d). — Dans le Plexus Solaire.

e). — Dans le Sacrum (Partie inférieure de la Colonne Vertébrale).

f). — Dans la Région du Nombril.

g). — Dans les Organes Sexuels.

Terminer en balayant tout le corps, du haut en bas, d'un courant continu et ininterrompu de **Prana**.

5). — Terminer par le **Souffle Purificateur** (178).

192. — Souffle spirituel. — Avec ce Souffle, nous nous élevons de plus en plus dans ce que les Occultistes appellent l'Ésotérisme du Souffle, c'est-à-dire que nous nous éloignons de plus en plus de sa Matérialité.

Les Yogis emploient la Force du **Rhythme Respiratoire** à activer avec intensité l'**Évolution Humaine**, à produire un **Développement Spirituel** accéléré.

Nous avons vu, d'ailleurs, que dans toutes les Méthodes de Culture Psychique, la Respiration Rhythmée jouait un rôle prépondérant : c'est que son Rhythme soumet, comme nous l'avons dit, le corps entier au contrôle direct de, et à une Harmonie parfaite avec, la Volonté, organe du **Moi Supérieur**.

On profite de cet état de docilité particulier de la partie matérielle de l'Être, de son état de **Charme**, pour ainsi dire, pour dégager l'Esprit des liens matériels qui le retiennent normalement et déplacer le Centre de la Conscience vers les régions les plus hautes de l'Invisible.

Pour cela, il faut pratiquer : d'abord une **Relaxation Générale**, puis la **Respiration Rhythmée** jusqu'à établissement parfait du Rhythme; cela fait, et sans interrompre le Rhythme, on projette l'Image Mentale du **Moi** en tant qu'Entité absolument indépendante du Corps, bien qu'y habitant momentanément, et possédant le Pouvoir de le quitter à volonté. On se représente soi-même comme un Être indépendant, libre, usant du corps comme d'un accessoire temporaire.

Pendant toute cette Méditation, il faut se détacher entièrement et ignorer volontairement l'Existence même du Corps, et alors on finira par en devenir absolument inconscient, et par s'en isoler, s'en séparer en réalité, pour y rentrer de son plein gré en mettant fin à l'exercice.

C'est le Succès de cette Pratique qui confère la Maîtrise absolue de l'Esprit sur le corps, puisqu'on peut s'en débarrasser à volonté.

193. — Conscience Cosmique. — Nous voici arrivé au terme de toute Culture Psychique actuelle, au point le plus élevé que puisse atteindre l'Homme dans son état présent. Plus on s'élève, bien entendu, et moins la Forme des exercices présente d'importance : leur efficacité réside de plus en plus entière dans la puissance de Pensée, dans le Développement Spirituel qu'il n'est au pouvoir d'aucun Livre de conférer : chacun doit l'acquérir, à plus ou moins grande peine, par soi-même.

Toutefois il est loisible d'exposer, autant que cela se peut, les conditions les plus favorables à faciliter l'Expansion de l'Esprit, et voici la Méthode suivie par nos Maîtres les Yogis :

Commencer, comme toujours, par la Relaxation générale et l'établissement du Rhythme Respiratoire.

Puis concentrer tout son Mental sur l'Union intime en laquelle on est avec tout l'Univers, sur l'Unité en laquelle on vibre avec le Grand Tout. Voir Tout dans la Grande Unité, et le Moi comme un Rayon de cette Grande Unité.

Suivre ensuite de la Pensée le Rhythme Respiratoire de la façon ci-après :

a). — Pendant chaque Inhalation, ATTIRER en soi consciemment l'Énergie et la Puissance de l'Esprit Universel.

Pendant chaque Expiration, PROJETER consciemment dans les Autres cette même Énergie.

En même temps se sentir débordant d'Amour pour tous les Êtres et leur formuler le souhait de partager les mêmes délices dont on se sent pénétré. Faire circuler en soi l'Énergie Universelle.

b). — S'élever à un état de recueillement profond, méditer sur la Grandeur de l'Esprit Universel ; ouvrir son Esprit à l'Influx de l'Éternelle Sagesse qui vous inonde ; puis en projeter le flot sur tous les Humains dans un élan d'Amour et de Charité.

194. — Est-il besoin d'ajouter que cet Exercice est au niveau de la plus Haute Religion, et qu'il ne faut le pratiquer que dans un Esprit de Pureté et d'Élévation complet ?

Le fait seul de railler ou de tourner en dérision les choses de haute Spiritualité est en soi un danger réel, par les perturbations mentales qu'il détermine. Mais il est superflu d'en dire plus sur un aussi triste sujet.

Ici finit notre résumé de la remarquable brochure du Yogi RAMACHARAKA, dont nous n'avons fait qu'effleurer les principaux points, pour les incorporer en notre Méthode générale de Culture Psychique.

195. — Le regard. — Ce n'est pas sans raison

que les Yeux ont été appelés les Miroirs de l'Ame.
Non seulement ils sont l'organe du plus subtil, du
plus éthéré de tous nos sens, mais encore ils possèdent la remarquable propriété d'être à la fois Ré-
cepteurs et Transmetteurs de Vibrations.

Tout le monde connaît ce que l'on appelle « *un
Regard assuré* » et certes, à ce moment, les Yeux
cessent d'être des organes passifs.

En réalité, le Regard est (ou peut devenir) un
Foyer puissant d'émission de Fluide Vital, de Prana.

Il réfléchit, pour ainsi dire, la Vitalité de l'Individu, et en donne la mesure.

Comme tous les Organes et toutes les Facultés, le
Regard est susceptible d'éducation, et celle-ci est même
absolument indispensable à la Culture Psychique :
c'est à ce titre que nous nous en occupons maintenant.

196. — Regard magnétique. — Tout individu
peut (et doit) développer en lui ce que les Américains
ont nommé le « *Regard magnétique,* » qui est en
les termes mêmes de Mr. W. W. ATKINSON (« la
Force-Pensée » p. 39) : « *l'expression d'une volonté*
« *forte, par des Yeux dont les Muscles et les Nerfs ont*
« *été développés progressivement, et qui sont arrivés à*
« *un degré de fixité et de force exceptionnel.* »

Les procédés pour l'entraînement du regard sont
assez simples et se résument à une habitude prise
progressivement de ne pas cligner les paupières pendant un temps absolument indéfini, tout en fixant
avec intensité un même point.

En cela comme en toute chose, il faut agir progressivement : la brutalité et le surmenage sont
essentiellement contraires à toute Méthode de Culture rationnelle.

5*

D'autre part, en dehors des qualités psychiques qu'ils confèrent, les exercices que nous allons décrire développent et perfectionnent considérablement l'Organe Physique auquel ils s'adressent, et lui communiquent une Force et une Santé parfaites.

Voici la Gradation à observer dans les Exercices Pratiques :

197. — 1°. — La cible. — Dessinez à l'encre ordinaire, ou au crayon Conté, un petit cercle noir, grand comme une pièce d'un franc, sur un carré de papier d'une vingtaine de centimètres de côté.

Fixez, par un moyen quelconque, cette sorte de Cible à la hauteur de l'Œil, quand vous serez assis en face d'elle ; puis, vous étant bien installé devant elle, fixez le rond noir pendant, tout d'abord, une demi-minute de suite, sans cligner les Paupières, et d'un regard parfaitement franc, fixe et assuré.

Reposez-vous et recommencez de même, cinq ou six fois de suite ; — davantage, si vous ne ressentez aucune fatigue ; mais pas plus d'une dizaine de fois, à la première séance.

Pratiquez entre temps, ou dans une seconde reprise, la Gymnastique oculaire dont voici les Principes :

1). — Quand les yeux commencent à se lasser de leur fixité, et que le besoin de cligner les paupières devient trop fort, **faire le mouvement inverse**, c'est-à-dire ouvrir les yeux plus grands encore et les ramener à leur ouverture normale.

2). — Quand, au bout de quelques jours d'entraînement, on est parvenu à fixer la cible posément pendant **une minute**, ou même davantage, sans trop d'effort, entrecouper ces temps de fixation par un **mouvement de rotation** des Globes Oculaires, vul-

gairement appelé « rouler les yeux, » qu'on exécute
lentement, délibérément, tantôt dans un sens, tantôt
dans l'autre, en donnant au mouvement toute l'amplitude qu'on peut.

3). — Dans un but analogue, pour exercer à la fois
les Muscles des Yeux et ceux du Cou, on s'accoutume,
tout en maintenant le Regard fixé sur la Cible, à détourner la tête, en l'animant d'un mouvement de rotation continu, tel que les Yeux roulent dans leurs
orbites, sans que leur ligne de vision cesse d'être
attachée au point noir.

4). — Sans le secours de la cible, et sans remuer
aucunement la tête, que l'on conserve droite et fixe,
en position correcte, on s'exerce à lancer le regard
méthodiquement, successivement, vers toutes les limites du mouvement des Yeux : en haut, en bas, à
droite, à gauche, en diagonale, etc.

Inutile d'ajouter que, pendant tous ces exercices,
l'Attention doit être concentrée sur ce qu'on fait :
nous verrons tout à l'heure que cette règle psychique
ne comporte jamais d'exception : faites ou ne faites
pas une chose, à votre gré; mais, si vous la faites,
mettez-y toute votre attention : en latin : « Age
quod agis. »

198. — 2°. — La boule cristalloscopique.
— On a remarqué de temps immémorial que le Cristal, soit de Roche, soit tout simplement au plomb,
possède des propriétés d'accumulation de Prana
remarquables, et est suceptible, pour ainsi dire, de
le condenser dans sa substance.

Les Hindous en ont conclu qu'il présentait des
avantages à être employé au lieu de la simple Cible
noircie précédemment décrite, et, de fait, son em-

ploi dans la Fixation visuelle aide à communiquer au Regard cette **Fixité intense**, ce pouvoir de **Fascination**, qui sont inséparables du **Regard Magnétique**.

La **Boule de cristal** s'emploie à peu près comme la **Cible** : le **Psychiste** s'installe commodément, de façon que la Boule soit à peu près à la hauteur de son œil, à peut-être cinquante centimètres devant lui.

Puis, pour perfectionner l'exercice, il pratique d'abord une **Relaxation générale**, et la **Respiration Rhythmée** sur un Rhythme facile, et enfin tout le temps qu'il fixe la Boule, il **projette mentalement des Germes-Pensées**, des **Affirmations** appropriées au Regard **Magnétique** qu'il travaille à développer : nous reviendrons en de grands détails sur ce dernier sujet des **Germes-Pensées**, qui est comme la **Clef de Voûte** de la **Culture Psychique**.

L'Entraînement à la Boule de Cristal peut durer d'abord de une minute et demie à deux minutes, non compris les périodes de **Relaxation** et d'établissement du Rhythme.

Au bout d'une huitaine de jours, on prolonge les Reprises jusqu'à deux ou trois minutes ; au bout d'une quinzaine, on atteint quatre ou cinq minutes ; puis on augmente toujours, **Très progressivement**, jusqu'à ce qu'on atteigne des durées de quinze, vingt, trente minutes et même davantage, toujours sans cligner les paupières, et le regard parfaitement fixe.

Cet entraînement ne se fait pas sans efforts, ni sans faire pleurer les yeux, principalement au début, mais il n'en faut pas moins appliquer une persévérance sereine à tous ces petits incidents, et laisser couler les larmes sans s'en inquiéter autrement.

199. — Dans la journée, il est bon de se laver,

à plusieurs reprises, les yeux à l'eau bouillie, très chaude, où on aura, si on veut (mais cela n'est pas indispensable) fait infuser très peu de camomille ou ajouté quelques gouttes d'eau de roses.

L'**Eau Magnétisée** est aussi un très bon remède quand on peut se le procurer facilement.

On peut aussi, en cas de besoin, pratiquer le **Massage Oculaire** (314).

Au bout de quelques mois on aura atteint une parfaite **Maîtrise du Regard**, et on sera amplement rétribué de ces quelques efforts.

Inutile d'ajouter qu'il ne faut jamais abandonner complètement ces exercices, sous une forme ou sous une autre, car la **Maîtrise du Regard**, comme tout résultat d'entraînement, se perd quand on ne pratique plus.

On peut varier la forme des exercices, et même cela n'en vaut que mieux, mais toujours il faut les exécuter journellement.

200. — 3°. — Le miroir ordinaire. — Les deux exercices qui précèdent sont la base de l'Entraînement du Regard; celui qui va suivre est plutôt objectif, et permet de s'exercer un peu à utiliser les capacités acquises par les précédents. Il constitue, en plus, un des meilleurs remèdes contre la **Timidité**, en donnant une **Assurance parfaite**, qui est l'apanage indispensable de tout **Psychiste** exercé.

Il consiste simplement à s'installer devant un miroir ordinaire comme on l'a fait devant la **Cible** et la **Boule**, puis à fixer sa propre image, exactement à la racine du nez, entre les deux sourcils, à un point dont nous verrons toute l'importance psychique et que les Hindous nomment l' « *Œil de Siva.* »

On exécute cette **Fixation** exactement comme précédemment, par périodes toujours croissantes, sans trop se fatiguer, et après avoir établi la **Relaxation** et la **Respiration Rhythmée**.

Cet exercice accoutume admirablement à soutenir sans broncher le regard d'autrui, et au besoin, à influencer les patients que l'on traite.

Il permet aussi de s'assurer que la physionomie possède bien une **Expression Correcte**, parfaitement calme, sereine et reposée, comme si l'on suivait avec un intérêt soutenu quelque scène agréable et attrayante.

Aucun **Effort** ne doit jamais se trahir dans la Physionomie du **Psychiste**, quelle que soit la Puissance qu'il développe intérieurement.

Nous ne saurions trop insister sur l'importance capitale de cet exercice : il est impossible de posséder une **Puissance Psychique** quelconque et de papilloter des yeux ou de les baisser quand un quidam vous regarde. Les **Psychistes** entre eux se reconnaissent invariablement au regard, car personne ne possède le **Regard Magnétique** sans avoir fortement développé ses **Pouvoirs Psychiques**.

201. — L'Attention. — Nous sommes maintenant en possession des procédés qui nous permettront, par la pratique, d'arriver à un contrôle toujours croissant de la partie physique de notre Être, et nous pouvons commencer à entreprendre le Maniement, un peu plus délicat peut-être, parceque plus éloigné des sens, de notre **Être psychique**.

La plus importante de nos facultés Psychiques est sans contredit l'Attention : elle est le premier résultat de notre Volonté, et quelquefois même se produit involontairement : mais dans les deux cas, elle est indispensable à toute action psychique.

L'Attention résume, en réalité, le Contrôle du Mental.

Sa caractéristique la plus importante, c'est d'être la Participation de la Volonté à l'Acte qu'on accomplit.

Chaque fois que l'on fait Attention, on développe, on cultive, on exerce sa Volonté.

L'Inattention, la Distraction, par contre, c'est l'atrophie de la Volonté. Cet état dégradant, poussé à l'extrême, finit par devenir la Désagrégation Psychologique, si savamment étudiée par le Docteur et Professeur Pierre Janet en son immortel ouvrage : « L'automatisme psychologique. »

Développer sa Volonté, c'est Évoluer : l'atrophier, c'est Rétrograder. On voit donc clairement, je l'espère, comment il est possible à l'Homme d'accomplir toute son Évolution sans même s'en douter, comme Mr Jourdain faisait de la Prose, simplement en s'étudiant à appliquer toute son Attention, toutes ses Facultés mentales, toute son Activité, aux circonstances quelles qu'elles soient où la Vie — son Karma — l'a placé.

C'est là une des Voies de la Yoga Hindoue : Karma Yoga.

Le Karma Yogi s'applique uniquement à remplir exactement les devoirs de la position où son Karma l'a placé : à vivre en homme de bien, donnant Consciemment toute son Attention à toutes ses affaires, et il accomplit ainsi simplement et sûrement son Évolution dans le Monde.

202. — Attention involontaire. — Pour en revenir à notre examen de la nature de l'Attention,

remarquons qu'il existe une **Attention** dite **Involontaire**, qui est un mécanisme analogue, mais n'atteignant pas notre partie Spirituelle, notre **Vrai Moi**,
notre **Individualité** et fonctionnant uniquement dans
la Sphère intellectuelle de notre **Personnalité**.

Son office est de suppléer à l'absence de l'**Attention Volontaire** et d'accomplir les mêmes actes,
mais, bien entendu, **sans** le Développement correspondant de la **Volonté**. L'une est **Consciente** : l'autre
Inconsciente.

Il est bon de retenir cette différence des deux
Attentions : car presque tous les **Psychistes** prescrivent une Série d'exercices pratiques qui n'ont
d'autre but que de **transmuter** l'Attention involontaire en l'autre. Nous avons déjà dit que la **Culture
Psychique** consistait uniquement à **réduire l'Inconscient en Conscient**, à les harmoniser en une **Interpénétration intégrale**.

203. — Pratique. — Nous espérons avoir convaincu le **Psychiste** de l'importance primordiale,
pour son Art, de **cultiver son Attention**; voici
maintenant les Exercices Pratiques qui conduisent à
ce résultat :

1°. — C'est d'abord l'Exercice que nous avons décrit sous le nom de **Relaxation Mentale** (155 et seq.)
succédant à la **Relaxation Physique** préliminaire.
On remarquera en le pratiquant — surtout sans jamais effectuer de violents efforts répressifs — que le
Mental finit par s'épuiser lui-même dans sa course
échevelée, et que, au bout d'un temps plus ou moins
long (mais toujours décroissant par la pratique persévérante) il s'apaise de lui-même et se met, pour
ainsi dire spontanément, aux ordres du **Moi**.

2°. — La Relaxation Générale étant obtenue, fixer la pensée sur le Moi réel, sur l'Individualité, qu'on se représente comme une Entité parfaitement indépendante du Corps : immortelle, invulnérable, éternelle, réelle.

Puis, continuant et développant ces Pensées, se représenter le Moi comme si parfaitement indépendant du Corps qu'il peut parfaitement exister sans son enveloppe de chair. Méditer un instant sur ce point, puis concentrer graduellement la Pensée sur le Moi, en tant qu'indépendant et supérieur à l'Intellect, et le gouvernant.

Cette Méditation rendra le Mental de plus en plus calme et serein, et éloignera de plus en plus les influences disturbantes du Monde Visible.

3° — Continuant la même Méditation, considérer l'Unité du Grand Tout, et son Union Intime avec le Moi, dans l'Être, dans l'Esprit, dans l'Intellect, dans la Vie.

4° — Enfin, s'élevant toujours plus haut dans cette Méditation ou plutôt Spéculation de la Métaphysique la plus élevée, arriver à s'isoler intégralement de toute Pensée ou Sensation du Monde Visible ; à s'isoler du Corps et des Pensées elles-mêmes, le Psychiste concentrant son Esprit uniquement sur l'Idée d'ÊTRE en ce qui le concerne : Focaliser toute son Attention sur le Centre de l'Être qui est en nous, et y ramener toute notre Énergie Mentale au lieu de lui permettre de s'éparpiller sur les Objets extérieurs.

C'est dans cet exercice que le Psychiste cherche (et finit par trouver) la Lumière Intérieure qui réside au « Centre » de tout Homme, par cela même qu'il est « Homme. » Il atteint ainsi l'Illumination, l'Extase.

204. — L'attention et l'intérêt. — Nous venons de voir (201) les relations étroites qui unissent la Volonté à l'Attention, si bien que la première condition pour le développement de la première est l'existence constante de la seconde; mais réciproquement, une Volonté cultivée se manifeste toujours par une Attention persistante.

D'autre part, un facteur puissant de l'Attention, c'est l'Intérêt : s'intéresser à ce qu'on fait développe l'Attention, aussi bien que l'Attention développe l'Intérêt. En faisant attention à ce qu'on fait, on y découvre quantité de choses intéressantes qui passent ordinairement inaperçues, et diminuent l'effort à faire pour persévérer dans l'Attention.

En cela comme en toutes choses, seuls les débuts réclament un petit effort : par la suite, le Mental fonctionnera presque de lui-même ; seulement il fonctionnera dans la bonne Voie, au lieu d'errer au hasard.

205. — L'attention et la mémoire. — Bien que la Culture de la Mémoire n'entre pas dans notre sujet, disons cependant que l'Attention est la condition primordiale d'une bonne Mémoire. La Mémoire « *Machinale* » se développe sur l' « *Attention Inconsciente* » et c'est pour cela qu'elle est si instable et généralement infidèle : la Mémoire du Psychiste, au contraire, est toujours fidèle, parcequ'elle se développe sur une Attention consciente et volontaire, en même temps que sur un ensemble de Facultés Mentales rationnellement disciplinées.

206. — La Capacité intellectuelle d'un Homme est donc mesurée directement par le développement

possible de son **Attention**, et tous les Hommes
« *Grands* » en quelque branche que ce soit possè-
daient dans cette branche une Capacité d'Attention
supérieure à celle du commun des mortels.

207. — Nous espérons avoir incrusté dans l'Intellect du lecteur l'importance capitale de la faculté
d'**Attention**. S'il n'en est pas ainsi, c'est que réellement, il n'a pas accordé à sa lecture l'**Attention**
qu'elle méritait, et nous ne pouvons que lui conseiller de la réitérer.

Mais s'il en a saisi toute l'importance, peut-il ne
pas voir l'urgence pour lui de cultiver une telle faculté même, au prix de quelque léger effort? Faut-il
réellement insister encore sur ce principe éternel
que les Latins exprimaient par : « **AGE QUOD
AGIS ?** » *Fais ce que tu fais ?*

Car l'**Attention** consiste tout simplement à penser
et à exécuter une seule chose à la fois : c'est si
simple et si important !

La **partie pensante** et la **partie agissante** du
Mental doivent agir en Harmonie simultanée, — et
non successive — et c'est tout.

208. — **Développer l'attention.** — On peut
s'exercer à développer l'**Attention** dans le Monde Visible par une diversité de moyens parmi lesquels
nous citerons :

1° Prendre un objet quelconque, commun et familier, le placer devant soi et l'examiner attentivement sous tous les rapports : en extraire toutes les
impressions que sa vue peut faire naître en nous.
Noter sa forme, sa couleur, sa dimension, et tous
ses détails ; s'appliquer à pouvoir le reconnaître d'un

coup d'œil au milieu d'autres objets semblables. Étudier en détail toutes ses parties : le diviser en autant de celles-ci qu'il est possible et les examiner séparément.

Puis, quand on pense bien posséder la connaissance de l'objet, le retirer de la vue, et, de mémoire, en écrire une description la plus complète possible ; quand on l'a terminée, la comparer avec l'objet lui-même qu'on reprend, et constater ce qu'on a oublié de noter.

Le lendemain, recommencer le même exercice sur le même objet ; on constatera que les impressions qu'il détermine ont beaucoup augmenté, et qu'un grand nombre de détails nouveaux surgissent à la conscience.

Cet exercice développe naturellement la Mémoire en même temps que l'Attention, car ces deux Facultés (de même que la Perception avec elles) sont inséparables : la constatation de l'Attention ne peut se faire que par la Mémoire ; et sans Perception, ni l'une ni l'autre ne peuvent fonctionner utilement.

2° Une variante de ce premier exercice consiste à entrer dans une chambre quelconque, à jeter un regard rapide autour de soi, puis à noter tous les détails qu'on a pu recueillir dans ce rapide coup d'œil. On sera surpris des progrès rapides qui suivront cet entraînement. On peut encore exécuter le même exercice sur les étalages des magasins, dans la rue, comme le faisait, paraît-il, ROBERT HOUDIN, le célèbre prestidigitateur.

209. — La Concentration mentale ou Dharana. — Après avoir tant soit peu développé la Faculté d'Attention, on peut passer à la Concentra-

tion Mentale, qui est une Focalisation temporaire-
ment maintenue des Courants Mentaux de l'Intellect, tant Conscient qu'Inconscient.

Cela paraît peut-être facile, et l'est en réalité
pourvu que l'on ne soit difficile ni sur la quantité et
la puissance des courants mentaux, ni sur l'exactitude absolue de leur direction, ni sur la durée de leur
commande. Mais lorsqu'on veut amener ces différents
points à leur perfection, la chose cesse d'être aisée.

Les Courants mentaux ont une tendance naturelle
à onduler et à se dévier sur des objets environnants,
et encore davantage, peut-être, à se disperser insensiblement jusqu'à disparaître totalement sans laisser
de traces.

Il faut distinguer aussi la Faculté Volontaire de
Concentration Mentale, et sa branche Involontaire,
qui se rencontre parfois, par exemple chez beaucoup
de personnes appelées improprement « distraites, »
ou mieux « absorbées, » qui pratiquent réellement
une Concentration Mentale assez bonne en elle-
même, mais dont ils ne sont pas les maîtres, c'est-
à-dire qui s'empare d'eux, pour ainsi dire, et dont
ils sont les esclaves plus ou moins dociles. Ils font
des Rêveurs et des déséquilibrés, incapables d'utiliser le pouvoir qui est en eux.

Le Psychiste cultive les mêmes états, mais il leur
commande, au lieu de les subir. Il est Maître de son
Mental et non Esclave de ses Dispositions du moment.

L'ignorant se plonge machinalement jusqu'à s'y
perdre dans des réflexions qui l'absorbent : le
Psychiste agit par son Moi et dirige la Concentration
de son Intellect volontairement sur tel ou tel objet ou
sujet.

Retenons la différence pour en faire notre profit.

210. — Pratique. — On peut pratiquer les exercices suivants comme premiers pas dans la science de la Concentration Mentale :

1° Concentrer l'Attention sur quelque objet familier ; un crayon est le paradigme classique. **Fixer le mental sur lui**, à l'exclusion de tout autre Objet.

Considérer sa grandeur, sa couleur, sa forme, son bois. Ses usages, ses buts ; les matières qui le composent ; sa manufacture, etc., etc. Bref **focaliser** sur le sujet Crayon le plus grand nombre de **Courants Mentaux**, de **Pensées**, possible, en laissant peu à peu l'Intellect suivre des courants parallèles, comme par exemple, l'étude du **graphite** dont la mine est faite ; de la **forêt** d'où provient le bois ; de l'histoire des crayons et des autres objets employés pour écrire ; enfin épuiser totalement le sujet : **Crayon**.

On conseille de suivre l'ordre ci-dessous dans la suite des considérations de l'objet :

a). — L'objet lui-même.

b). — L'endroit d'où il provient.

c). — Son usage ou son but.

d). — Ses associations.

e). — Sa fin probable.

Est-il utile de dire qu'il ne faut pas se laisser rebuter par les apparences insignifiantes de ces exercices : quiconque a jamais fait de la gymnastique sait comment des mouvements en apparence oiseux et inutiles finissent par produire un surprenant développement des muscles : il en est de même du Mental.

Il ne faut pas s'arrêter à l'exercice lui-même, mais considérer le but qu'on poursuit.

2° Concentrer l'Attention sur une partie du Corps,

la **Main**, par exemple, et, comme précédemment, fixer sur **Elle** tout le mental, à l'exclusion absolue de toute sensation d'autres parties du corps.

Outre un excellent exercice de **Dharana**, cette pratique stimule et fortifie la partie du corps considérée ; c'est pour cela qu'il faut la varier dans la suite des exercices et faire profiter du stimulant toutes les parties du corps successivement.

3° **Après** avoir acquis un peu de pratique, aborder la **Concentration** sur un sujet un peu abstrait qu'on choisit naturellement intéressant, et de nature à se prêter au développement mental. Considérer ce sujet en toutes ses phases ou branches, en suivant toutes les voies parallèles jusqu'à épuisement des connaissances. On sera surpris de constater combien on sait de choses sur un sujet quelconque, et combien d'idées jaillissent de coins inexplorés de l'Inconscient.

Non seulement cet exercice développe la faculté de **Concentration**, mais encore aussi la **Mémoire** et tout le **Mental** en général.

211. — Nécessité de la concentration. — Comme on peut le conclure sans plus de développements, la **Concentration** est également, au même titre que l'**Attention**, un pilier du **Développement de la Volonté**. Cette dernière faculté est, dans nos études, d'une importance tellement capitale que tous nos efforts, pour ainsi dire, se groupent autour d'elle, afin d'arriver à l'étreindre de toutes parts.

On acquerra de la sorte une **Volonté** homogène de développement dans toutes ses parties, et non pas une de ces *Volontés-Phénomènes* dont toute la croissance s'est portée d'un seul côté, au détriment des autres, comme il arrive dans le Physique à certains gymnastes peu adroits qui, tout en développant leurs muscles, trouvent moyen de périr de phtisie.

Nous pensons que les exercices proposés sont praticables à peu près à tous les Intellects; toutefois, si d'aucuns y éprouvaient quelque difficulté, ils pourraient les modifier dans le sens qui suit :

Si l'on éprouve de la difficulté à concentrer ses Pensées sur un sujet abstrait, commencer par le faire sur un sujet banal auquel on est accoutumé dans la vie ordinaire, et s'habituer à y tenir consciemment son Mental pendant une ou deux minutes de suite, en augmentant progressivement les durées au fur et à mesure des progrès.

Ne pas s'impatienter si l'on n'y arrive pas tout d'abord ; mais, par-dessus tout, ne pas se fatiguer en des efforts stériles : si la Concentration est impossible à un moment donné, abandonner entièrement toute pensée de cet exercice pour une heure ou deux, faire autre chose, n'importe quoi, puis y revenir avec un Mental rafraîchi.

212. — Quant aux circonstances matérielles dont on peut s'entourer durant ces exercices, elles comportent, bien entendu, la **Relaxation Générale**, la **Respiration Rhythmée**, et la tranquillité la plus grande possible.

213. — **Concentration Christologique.** — Voici un intéressant petit extrait (traduit) du livre « *Christian Science Instructor* » par Oliver C. Sabin :

« *Je m'assieds dans ma chaise, la tête haute, les* « *épaules bien d'aplomb, les deux pieds à plat par* « *terre, les mains sur les cuisses. Je ferme les yeux et* « *concentre mon Mental sur mon cœur. Je fixe exclusi-*

« *vement tout mon Intellect là, sur mon cœur. Au bout*
« *de quelques minutes une petite étincelle devient visible*
« *et peu à peu cette petite étincelle devient une petite*
« *flamme bleue, et je vois une petite lueur bleue qui*
« *brûle dans mon cœur. Avec un peu de pratique, on*
« *apprendra à maîtriser son Mental et à le con-*
« *centrer.* »

214. — Développement de la volonté. — La
Volonté est la Clef de Voûte de toute Culture Psychique. Comme nous ne cessons de le répéter, elle
est le Centre auquel tout aboutit dans notre Méthode.

Sa Source Éternelle est dans le Moi Divin, et elle
en rayonne jusqu'à la Matière elle-même.

Un Effort de Volonté est une Projection Consciente de cet Organe du Moi Divin dans le Mental,
puis de là dans le Physique, suivant les cas, pour
accomplir l'objet en vue.

La simple Pensée : « *Je Veux* » déclanche automatiquement, pour ainsi dire, ce Mécanisme de Projection, et, comme pour toute chose vivante, ainsi que
nous le savons, la Faculté de Vouloir se développe
par la Répétition ou l'Exercice soutenu, incessant.

La Volonté elle-même ne se déplace jamais : elle
est toujours au Centre du Moi, mais elle oriente,
elle gouverne l'Intellect à son gré, et celui-ci à son
tour dirige le Prana ou la Force-Vie de la même
manière.

215. — Il s'ensuit qu'il n'existe pas à proprement
parler de moyen de « *cultiver la Volonté :* » Elle est immuable et parfaite comme notre Moi Divin lui-même :
c'est au contraire toutes les autres Facultés qu'il s'agit

d'assouplir et de rendre plus dociles à son influence :
c'est là tout le but de la **Culture Psychique.**

C'est pour cela que nous avons soin de toujours employer le terme « *développement* » de la Volonté, car
il s'agit bien en effet, simplement de la débarrasser,
de la « *développer* » des enveloppes qui entravent sa
libre action.

Or ces **Enveloppes** sont toutes constituées par le
Subconscient dans l'ensemble de ses ramifications :
c'est cette singulière agglomération de toutes les Pensées que nous avons accumulées autour de nous dans
le cours de nos existences successives qui agit comme
Frein (et combien puissant parfois !) à la libre **Projection** de notre **Volonté.**

216. — Nous préférons ne pas étudier ici le **Subconscient** et les **Lois Mentales** qui le régissent : il
nous faudra le faire en détail dans l'étude approfondie de la **Suggestion,** qui en est la Particularité saillante, et qui est en même temps le **Centre** du Sujet
de cet ouvrage.

Le **Subconscient,** comme nous le verrons, possède,
pour ainsi dire, un « *Langage* » particulier, qui n'est
pas sans rapports avec celui des peuples tout à fait
primitifs, des nègres, par exemple.

Le **Subconscient** ne connaît pas le **Doute** : il croit
toujours ce qu'on lui dit, et l'exécute sans juger
(fonction qui d'ailleurs n'entre pas dans ses aptitudes); comme nous le verrons, avec lui, il faut procéder par **Affirmations**; quelquefois, mais beaucoup
plus rarement par **Négations,** et autant que possible
être bref, concis et tranchant.

Si bien que le seul moyen de « *développement de
la Volonté* » est de déblayer ce qui l'entrave, et pour

cela d'agir sur le **Subconscient** par les moyens appropriés.

217. — Pour le présent, il nous suffira de savoir que le fait de pratiquer la **Relaxation Générale** et la **Respiration Rhythmée**, en même temps que la **Concentration Mentale sur les Affirmations** qui suivent (à titre d'exemple purement et simplement, et n'ayant aucun caractère absolu), est le meilleur moyen de **Développer** progressivement et sûrement notre **Volonté**, en rendant le **Subconscient** de plus en plus docile à sa direction.

218. — **Affirmations négatives ou Négations.** — Il peut se rencontrer des cas (et cela est même assez fréquent) où l'on aide à la promptitude des résultats, en adjoignant aux **Affirmations Positives**, la **Négation** explicite des **Inharmonies** qu'elles ont pour but de combattre ou de prévenir.

L'usage des **Négations** est beaucoup plus limité que celui des **Affirmations**, surtout dans la **Culture Psychique** pure et simple ; mais dans le **Traitement des Maladies**, il devient d'une utilité souvent réelle, parcequ'il s'adjoint aux **Affirmations** à la manière d'une Force qui, dans le Matériel, pousserait un Objet tandis qu'une autre tirerait le même Objet dans la même direction.

La **Direction** suivie est plus sûre à maintenir quand on tire, et c'est le cas de l'**Affirmation** ; mais il n'en est pas moins vrai que le progrès est plus actif quand, simultanément, une autre Force pousse.

Cette figure, bien qu'assez peu satisfaisante, fera néanmoins saisir, nous l'espérons, les nuances bien marquées de l'emploi des deux moyens.

219. — La Négation ne doit jamais s'employer seule, et doit toujours se terminer par une AFFIRMATION de la Polarité opposée à ce qu'elle débute par nier.

220. — De même qu'un Chimiste sait extraire de corps composés leurs éléments constituants, qui possèdent, étant séparés, des propriétés souvent éminemment distinctes de celles qu'ils offrent à l'état de combinaison, de même le **Psychiste** exercé sait rompre la cohésion d'une Pensée quelconque, et la réduire en ses éléments ultimes : **Prana et Chitta**, qu'il dirige à son gré, en **polarisant** leurs **Vibrations** d'accord avec les **Lois d'Évolution**, ou quelquefois aussi d'**Attraction**, et en plus par l'opération de sa **Volonté**.

En cela, comme en toute chose, bien entendu, il faut s'entraîner progressivement, avec la ténacité continue et persévérante, qui caractérise tout Athlète, aussi bien de la Pensée que du Muscle.

Il est déjà capital de posséder l'intime connaissance de ce Pouvoir immense ; il ne faut ensuite que l'appliquer judicieusement, en choisissant d'abord les circonstances où l'on sait que le Succès est certain.

On le dirigera donc au début sur ces Pensées de faible puissance, généralement qualifiées de « *petits mouvements* » de Surprise, de Répulsion, de Colère, d'Envie, d'Impatience, etc.

En se mettant rapidement dans un état de **Relaxation** aussi parfait que les circonstances le permettront, et en pratiquant autant que possible la **Respiration Rhythmée** et la **Concentration Mentale**, on **projettera** en **pensée** une Négation composée dans le genre de celle que nous allons donner, et qui est le type de ce genre, contre la Crainte.

Elle est à peu près la seule, aussi, qui puisse être d'un emploi aussi général et c'est ce qui nous l'a fait choisir.

Nous n'ignorons pas que certains auteurs ont préconisé une méthode d'«Absorption» des mauvaises passions en se les incorporant résolument après les avoir tuées par un simple effort de Volonté; mais nous croyons plus sage, dans les débuts, de rester sur une calme Défensive.

Voici donc un Type de Négation du genre que nous préconisons :

221. — Négation de la Crainte. — Je suis de la *Substance même* de l'Éternel, *immatériel et incréé* comme lui.

Je *nie* donc intégralement l'*existence* même de la *Crainte* sous toutes ses formes, et je l'*anéantis* expressément, définitivement, sans possibilité de retour, dans toutes ses manifestations, en tout ce qui me concerne.

Je *désagrège* consciemment les *Vibrations* rétrogrades qui la constituaient ; je les convertis par ma *Volonté*, en leur *polarité positive de Bravoure, de Courage, d'Intrépidité*, et je les *inhibe* définitivement sous cette forme *transmutée*.

Toute *forme de Crainte* est une *Négation vaine et inexistante*, une *Ombre fugitive et irréelle* que je dissipe instantanément, que je *repousse à tout jamais* dans le *Néant*, en me *polarisant inébranlablement* dans ma FOI *intégrale en l'amour absolu* de mon *Père Éternel* qui m'a créé de Sa propre Substance *incréée*.

6*

222. — Voici maintenant toute une série d'**Affirmations**, qui peuvent (et doivent) être, sous une forme ou sous une autre, d'usage quotidien — et même davantage — et qui embrassent, nous le croyons, tout l'ensemble d'une Culture Psychique bien équilibrée.

**223. — AFFIRMATIONS QUOTIDIENNES.—
Volonté.** — Ma *Volonté* est *libre*, toute-puissante, intégralement projetée dans tout mon *Être psychique* qu'elle régénère radicalement ; elle le *maîtrise*, le domine, le calme et le *guide* en une inébranlable *Sérénité.*

Irrésistiblement, elle le *polarise* pour toujours en un mode *attractif*, *actif* et *positif* toujours croissant.

Elle active la *Transmutation permanente, intensive,* de toutes mes *Vibrations constitutives* en vibrations du Kosmos supérieur, et accomplit ainsi *consciemment* mon *Évolution* heureuse, rapide, directe, dans, et vers, la *Lumière, l'Éternelle Sapience, la Réintégration voulue dans l'Unité de l'Être.*

224. — Force et santé. — Je suis constamment, *essentiellement* plein de *Force,* de *Santé,* de *Jeunesse,* de *Beauté,* rayonnant de toute la *Vitalité* du Kosmos. Je rassemble, j'amasse, *j'accumule* consciemment en moi l'*Énergie,* la *Force-Vie* de l'Univers, le *Prana,* avec une capacité toujours croissante, par ma *Polarisation* permanente dans le *Mode attractif, actif* et *positif ;* par la *Transmutation* définitive de toutes mes *Vibrations Constitutives* en Ondes du Kosmos supérieur, et par l'*Effort Intégral* d'Expansion de ma *Volonté* dans toute mon *Agglomération Psychique* pour l'ouvrir à l'Influence de la *Vie Intensive*, pour accomplir heureusement mon *Évolution consciente, heureuse,* accélérée, au sein d'une Ambiance en Évolution heureuse et accélérée.

225. — **Évolution rapide.** — Je suis un *Centre Conscient d'Attraction* toujours croissante, d'*Accumulation intense de Force-Vie*, de *Prana* dans toute sa pureté : je suis un Foyer attractif, conscient et toujours croissant, de Convergence, d'Élaboration de *Force Cosmique Mentale*, de *Chitta*, qui m'éclaire, m'illumine, me sature, me *régénère intégralement ;* qui me polarise dans un Mode Attractif, Actif et Positif toujours croissant ; qui *transmute* intégralement et définitivement mes *Vibrations Constitutives* en Vibrations Cosmiques supérieures ; qui me transporte directement jusqu'à la *Conscience Cosmique, la Réintégration voulue dans l'Unité* de *l'Être, l'Union définitive* avec mon *Père, l'Absolu,* avec ses Ministres, les Esprits, avec toute la *Nature.*

226. — Que tous les Êtres soient heureux... Que tous les Êtres soient en paix... Que tous les Êtres soient bienheureux... Que la grande Évolution s'accomplisse en paix...

Je m'enveloppe d'une *Aura* pure, subtile, lumineuse, toute de Vibrations les plus élevées du Kosmos ; toute rayonnante d'*Amour*, de *Bonté*, de *Charité* envers tous les Êtres ; tout entière *Harmonie, Équilibre, Pureté,* dont les *Vibrations* en Évo-

lution rapide et accélérée me *transportent* directement à l'*Émancipation*, la *Conscience Cosmique*, la
Réintégration voulue dans l'Unité de l'Être.

227. — Culture psychique du corps. — Je
suis le *Maître Conscient* de mon *Royaume Intérieur*, du
Tourbillon Conscient et *Divin* qui me fait *Homme*. Je
suis l'*Architecte* conscient, diligent, actif, de toute
ma structure *Psychique et Physique*. Consciemment,
volontairement, je projette hors de Moi l'*Éclair* de
mon Pouvoir Créateur, le *Germe-Pensée* de mon
Esprit Divin, Masculin, Spirituel, Positif, dans toute
la *Réceptivité* de ma *Mentalité Féminine, Subconsciente,
Négative* ; je la féconde, je la sature intégralement et
exclusivement ; j'en détermine la *Germination*, l'*Éclosion* immédiates, l'*Accroissement*, le *Développement*
rapide, intensif, entièrement conformes à ma *Volonté* ; je réalise ainsi définitivement le *Grand Androgyne Hermétique* : la *Transmutation Vibratoire de la
Matière en Pensée*, le premier degré d'expansion de
l'*Esprit* dans la *Matière*, avant son *Expansion définitive* dans tout le *Kosmos*, par la *Conscience Cosmique*,
la *Réintégration Volontaire dans l'Unité de l'Être.*

J'ouvre largement tout mon *Être Psychique*, pour
l'accélération de son *Accroissement*, à l'action des
flots vivifiants du *Prana* du *Kosmos* guidés par ma
Volonté.

L'*Archée Principal*, le *Maître des Formes*, régé-
néré par la *Force-Vie*, le *Prana*, que j'infuse en lui
à un Potentiel toujours croissant, exprime, concrète,
matérialise en moi l'*Harmonie* sous toutes ses
formes, la *Force*, la *Santé*, la *Jeunesse*, la *Beauté.*

Toutes les nouvelles *Cellules* qui se procréent en moi obéissent à l'*Influence directe de ma Volonté*, et vibrent à l'*Unisson* des *Ondes* supérieures du Kosmos.

Mon *Cerveau* s'épanouit dans toute l'ampleur de sa maturité parfaite. Toutes ses *Cellules*, dociles à l'influence de ma *Volonté*, s'orientent exclusivement vers les *Vibrations* les plus élevées du Kosmos.

Tous mes *Centres nerveux* : mon *Plexus solaire*, tous mes *Neurones* sont saturés de la *Force-Vie*, du *Prana* que je puise pour eux constamment, en abondance toujours croissante, dans les *quatre Éléments* : dans le *Feu*, par l'*Électricité*, *la Lumière*, *la Chaleur* solaires et ambiantes ; dans l'*Air*, par la vertu de mon *Souffle Rhythmé*; dans l'*Eau*, par le contact et la Boisson ; dans la *Terre*, par mes Aliments, de Pureté choisie.

Mes *Poumons* s'épanouissent dans toute l'ampleur de leur efficacité ; ils projettent directement et sans cesse le *Prana* dans mon *Plexus Solaire*; ils régénèrent radicalement tout mon *Sang*, le *Vitalisent*, le *saturent* d'oxygène, brûlent intégralement tous les résidus, toutes les impuretés qu'il charrie, le renvoient parfaitement *pur* et *vivifié* dans le torrent circulatoire.

Mon *Cœur* développe toute l'expansion de sa vitalité : il fonctionne puissamment, régulièrement, entièrement pénétré de la seule influence de ma *Volonté*, et inaccessible à toute autre influence. Il inonde tout mon *organisme* d'une *Circulation régénératrice* qui le reconstruit en *Cellules* directement soumises à ma *Volonté* et vibrant harmonieusement à l'Unisson des Ondes Supérieures du Kosmos.

Mes fonctions d'*Alimentation*, d'*assimilation*, de *nutrition* sont actives et parfaites.

Ma *Digestion buccale* est énergique, complète, et projette directement le *Prana* dans mes centres nerveux.

Mon *Estomac* digère rapidement, puissamment, complètement, procrée des *Cellules* dociles à l'influence directe de ma *volonté* et vibrant à l'Unisson des Ondes supérieures du Kosmos.

Mon *Intestin* échange, élimine méthodiquement en une régularité, une activité parfaites.

Tous les *Organes* de mon Corps agissent harmonieusement de concert sous la direction et l'impulsion actives et énergiques de l'*Archée principal*, baignés sans relâche, par l'effort constant de ma Volonté, dans les flots vivifiants du *Prana* du Kosmos.

228. — Culture psychique de l'Intellect.
— Toutes mes *Facultés Mentales* s'épanouissent dans toute leur *amplitude*.

Mon *Attention* est pénétrante, puissante, indivisible ; elle se fixe inébranlablement et sans défaillance sur le point où la dirige ma *Volonté*, et s'y attache activement jusqu'à accomplissement de l'objet, épuisement du sujet, ou rappel conscient de ma *Volonté*.

Ma *Concentration Mentale* est profonde, intégrale, absolue ; elle réunit, elle discipline, elle coordonne tous les courants psychiques qui sillonnent en tous sens, en abondance toujours croissante, mon

Champ Mental; elle les *dirige,* elle les *focalise* intégralement sur le point précis occupé par mon
Attention, et les y stimule en opération active et
continue jusqu'à accomplissement de leur objet,
épuisement du sujet, ou rappel conscient de ma
Volonté.

229. — Culture psychique des Sens. —

Toutes les *Perceptions* de mes *Sens* sont développées
jusqu'à leur ultime acuité.

Ma *Vue* est régénérée par le courant de vie qui
en jaillit continuellement. Toutes les *Cellules* de
mon œil vibrent directement sous l'influence de ma
Volonté, et à l'unisson des Ondes supérieures du
Kosmos. L'accommodation, le champ, la profondeur
de ma vue, sa puissance de projection des images
visuelles sont d'une exquise perfection.

Mon *Regard* est tout entier *Force, Vie, Santé;* tout
entier aussi *Douceur, Amour, Bonté, Puissance
Magnétique vitalisante.* Il fascine, il charme, il attire,
par sa *Force d'Amour;* il domine, il subjugue, par
la *Puissance d'Amour.* Par lui, ma *Volonté* se projette en un *tube psychique* presque matériel, qui
relie à moi directement l'objet sur lequel je le projette, et le soumet invinciblement à ma *Puissance
Magnétique.*

Tous mes autres *Sens* se développent parallèle-
ment :

Mon *Ouïe, mon Ödorat, mon Goût, mon Tact* sont
d'une exquise délicatesse et s'unissent à mes sens
correspondants de l'*Invisible.*

Mon *Organe télépathique masculin, mon Sens Créateur*

et divin, le Projecteur Vibratoire des Germes-Pensées
est épanoui dans toute sa luxuriante floraison
sous la culture passionnée que je lui prodigue
intensive, enthousiaste, continue, toujours croissante. Les *Germes-Pensées* qu'il projette sont *Créa-*
teurs, Vivaces, Irrésistibles. Ils fécondent, ils
saturent intégralement et exclusivement tous les
intellects féminins en lesquels je les projette. Ils
y déterminent une *Germination* instantanée, une
Éclosion immédiate, un *Épanouissement* rapide et
intensif, une réaction active et durable.

Ils conduisent une *Vague de vie* irrésistible qui
transporte, élève à un degré d'*Évolution* supérieur
et permanent l'*Intellect* en lesquels je les projette,
autant de fois que je réitère leur *Projection*.

Mon *Organe Télépathique Féminin* est exclusivement orienté vers les ondes les plus élevées du Kosmos. Il les inhibe en un *Flot* toujours croissant qui
envahit mon *Mental Conscient* et *Inconscient*, qui
l'inonde, le sature exclusivement et éloigne définitivement toutes les *Vibrations inférieures.*

230. — Culture de la Mémoire. — Ma
Mémoire est entièrement régénérée par la perfection de toutes mes autres facultés. Fidèle, exacte
et méthodique, elle projette avec intelligence dans
le champ de ma *Conscience* le reflet astral Précis
de tous les *Records de l'Invisible* qui me concernent.

231. — Prospérité Matérielle. — Toutes
mes *Affaires Terrestres*, les contingences de ma
présente *Évolution Terrestre* sont invariablement

prospères, florissantes, fructueuses : je porte avec
moi l'Union, l'*Amour*, l'*Harmonie* et le *Succès* dans
toutes mes entreprises.

232. — **Invocation finale.** — Absolu, infini,
un et tout, ô mon Père Éternel l'Unique, Omniscient, Omnipotent, Omniprésent, Toi qui m'as créé
de ta substance incréée, Toi en qui je vis, je me
meus et j'existe, accorde-moi la jouissance de
l'apanage éternel que Tu m'as constitué en me
donnant l'être ; du Bien commun à tous les
hommes : réintègre-moi pour toujours dans Ta
grande Unité ; réunis-moi en pure communion spirituelle à Ton être unique et infini. Abrège, ô
Amour absolu, la période de transition qui me
reste encore à franchir avant l'expansion définitive de mon Moi, avant sa réintégration finale,
définitive, dans la grande, dans la seule Unité de
Ton Être.

233. — **Aum.** — Il est très bon aussi de joindre
à cette pratique la Projection en vibrations verbales du mot sacré AUM.

Nous avons déjà vu (8) que les vibrations du mot
sacré, psalmodié sur les notes de l'accord parfait,
déterminaient une « *ascension vibratoire* » si l'on peut
ainsi dire, une « élévation » évolutive graduelle de
toutes les vibrations constitutives de l'être.

Pour s'en procurer les bienfaits, il suffit, après avoir
accompli les conditions de Relaxation générale, et
de Recueillement préliminaires, d'inhaler une Respiration intégrale, puis de prononcer le mot sacré,
durant l'Exhalation, en le psalmodiant d'une voix

7

profonde, sur les trois notes de l'accord parfait :
do... mi... sol...

On peut continuer cet exercice de trois à dix minutes, suivant l'effet produit. On sentira les Vibrations s'emparer de tout l'être et une sensation de
Calme et de Spiritualité régner avec une intensité
croissante.

Par une pratique prolongée de cette sorte de Chant
Religieux, on arrive parfois à produire les phénomènes psychiques les plus étranges.

234. — Mentation subconsciente. — L'em-
ploi de la Mentation subconsciente dans la Culture
Psychique est encore une conséquence des Lois qui
régissent le Subconscient ; les Yogis ont remarqué
qu'une infinité de problèmes que nous nous posons
dans le champ de la Conscience ne sont pas résolus
dans ce champ, mais bien dans celui de l'Inconscient, dans sa partie inférieure.

Qu'il nous suffise de rappeler les « *Nuits qui portent
conseil*, » les « *Illuminations soudaines*, » voire même
les procédés de calcul des « *calculateurs prodiges* »
pour prouver notre assertion.

D'ailleurs ceci n'est guère un livre de Preuves,
c'est un Livre de Pratique. Les preuves de ce qu'il
avance sont dans les documents auxquels il renvoie,
et les résultats qu'on obtient en suivant ses préceptes ; pourrait-on en offrir de meilleures ?

La Mentation subconsciente consiste à employer
volontairement la Faculté que possède notoirement
le subconscient d'agglomérer, de coordonner, dans
certaines conditions de mise en action, tous les documents, toutes les données qu'il possède enfouis dans
ses insondables profondeurs : « *insondables*, » pour la

conscience, bien entendu, car pour lui, il s'y retrouve
avec une étonnante précision, et une mémoire qui
ne connaît aucune défaillance.

235. — On donne au Subconscient un travail à
exécuter, et, pourvu que ce soit dans les limites de
ses capacités, il l'exécute comme le bon employé
qu'il est, et en présente le résultat à son maître le
Conscient.

La pratique de cet exercice tend naturellement à
resserrer de plus en plus les liens qui unissent les
diverses branches du mental, et c'est à ce titre que
nous nous en occupons ici.

236. — Le Subconscient possède le pouvoir de
se tendre dans la direction d'un objet matériel ou
mental donné et de l'examiner, d'en tirer des connaissances par des moyens qui lui sont propres.

Pour mettre en action ce pouvoir, tout ce que le
Psychiste a à faire (et peut faire) est de concentrer
son Attention sur cet objet.

Ensuite par l'emploi Volontaire de l'Attention
Involontaire ou Subconsciente, le travail se pour-
suivra de lui-même dans les profondeurs du mental
et continuera ainsi d'après les Yogis, durant des mois,
des années, toute la vie s'il le faut, et même bien plus,
dans certains cas, d'une incarnation à l'autre, tant
qu'il ne sera pas arrêté par la Volonté qui l'a mis en
activité. Ce processus, exécuté souvent sans le savoir
et sans y attacher d'importance, se rattache étroite-
ment aux lois de Karma et d'Évolution : mais ceci
est étranger à la pratique qui nous intéresse seule
en ce moment.

237. — **Pratique.** — Pour procéder par Menta-

tion Subconsciente, on commence par pratiquer la
Relaxation générale, la Respiration Rhythmée, et
la **Concentration Mentale** sur le sujet que l'on désire
éclaircir, ou sur le problème à résoudre. On étreint
mentalement le sujet fermement et fixement, et on
le projette en image mentale comme nous le verrons un peu plus loin ; puis, quand on a atteint un
maximum de netteté mentale, **on le passe au Sub-**
conscient par un **Effort de Volonté,** exactement
comme dans la Projection télépathique que nous
allons voir.

Pour aider cette projection, on peut se représenter
le sujet comme un objet matériel, une espèce de
ballot qu'on soulève et qu'on précipite par une sorte
de trappe dans les oubliettes du **Subconscient,** où il
disparaît.

En même temps, le **Psychiste** suggère à son propre
Subconscient, en lui parlant comme s'il s'agissait
d'une personnalité distincte :

« Il faut analyser, classifier et élaborer à fond (ou
toute autre chose) ceci, et quand ce sera fait m'en
rendre compte. Faites le nécessaire. »

Bien entendu, comme nous le verrons dans l'étude
de la **Suggestion,** la **Confiance,** la **Foi,** est indispensable au bon résultat de cette pratique.

En fait, comme nous le verrons, le degré du succès
obtenu est directement proportionné à la **Foi** que
l'on a en sa propre réussite.

D'un autre côté, quand on aura pris connaissance
des innombrables preuves accumulées à dessein dans
le présent ouvrage, il nous semble qu'il faudra un
Scepticisme bien robuste — disons même bien obtus
— pour ne pas ajouter foi à des procédés d'un usage
immémorial, dont l'efficacité a atteint couramment

le niveau du « *Miracle,* » et cela depuis des siècles.

238. — Nous n'insisterons pas non plus sur la nécessité d'accompagner cette pratique de tout l'intérêt et de toute la force de volonté nécessaires : ce seraient des redites inutiles : un Germe-Pensée ne peut être fécond qu'en proportion de la Vitalité qu'il contient. Il est bon, comme nous l'avons vu, d'examiner en détail chaque partie du sujet, de la saturer d'Attention, puis de réunir en pensée tous ces morceaux épars et de leur accorder une dose supplémentaire et générale d'Attention et de Concentration, enfin de l'envoyer au Subconscient avec ces mots : « *Élaborez-moi ces matériaux.* »

Autre recommandation : il est parfaitement inutile de s'efforcer de commencer consciemment le travail donné au subconscient : cela ne l'aidera en rien, et ne peut que nuire au résultat. Il ne faut pas non plus, cela va sans dire, se laisser obséder par le sujet en question : une fois passé au subconscient, il ne faut plus s'en occuper, ni lui permettre d'occuper le champ de la conscience.

Enfin, il ne faut pas non plus imiter ces enfants qui, après avoir semé une graine, la déterrent deux fois par jour ou davantage pour voir si elle a poussé : il faut donner au travail le temps raisonnable de se faire : autant que possible une nuit. Ce n'est pas en vain qu'on l'a dit : « *la nuit porte conseil :* » pendant que l'on dort, le Subconscient, lui, est le plus à l'aise pour travailler.

Si le sujet ne revient pas de lui-même le lendemain dans la conscience, on peut le reprendre, le traiter de nouveau (on le trouvera déjà notablement éclairci), puis le repasser au Subconscient comme la première fois.

239. — La Mentation Subconsciente peut aussi s'employer avec beaucoup de succès pour retrouver dans la Mémoire ce qu'on sait y être contenu, mais qu'on est incapable de se rappeler. On agit exactement comme il a été dit, en se remémorant en Concentration Mentale le plus de circonstances concomitantes possible du fait oublié et à rechercher.

Si l'on veut bien se rappeler à nouveau que la Conscience ne représente certainement pas plus du Dixième du mental, on comprendra toutes les possibilités de cette méthode.

240. — Projection Télépathique. — C'est là un sujet de la plus éminente importance dans le Traitement Mental effectué à distance, car ce sont ses procédés qu'il emprunte.

La Projection Télépathique consiste à effectuer consciemment et volontairement ce qui constitue des « *prodiges,* » des « *apparitions,* » lorsque les phénomènes sont produits inconsciemment. C'est la Flèche d'Or que le Scythe ABARIS, prêtre d'Apollon Hyperboréen, laissa en présent à Pythagore.

Ainsi qu'on a déjà pu le remarquer, la Culture Psychique ne consiste guère, en somme, qu'à régulariser, à utiliser, si l'on peut dire, des phénomènes qui se sont produits de tout temps et dont les règles avaient échappé à tous, sauf aux Psychistes les plus élevés.

La Projection Télépathique rentre tout à fait dans ce cas : au fond, elle n'est ni plus ni moins qu'une sorte de « *Télégraphie sans fil* » naturelle à l'homme, mais qui, dans les circonstances actuelles, fonctionne assez irrégulièrement.

La Culture Psychique, dans son ensemble, vient

nous offrir les moyens de canaliser, pour ainsi dire, de développer, cette faculté latente et de la tourner à des usages éminemment pratiques : par exemple, la Guérison des maladies à distance, et même à l'insu des malades.

241. — Nous donnons dans la troisième partie de cet ouvrage des témoignages si parfaitement irréfutables, et si contrôlables à volonté, actuellement et dans tous les pays du monde, qu'à moins — tel GORGIAS — de récuser en bloc et à priori tout témoignage humain (et même Divin, puisque la Bible en fait foi), il faut admettre comme chose parfaitement exacte, réelle, et incontestable, la cure de maladies à distance, à l'insu même du malade ainsi traité.

Mais, pour l'instant, ne nous occupons que de la technique du procédé.

242. — **Pratique.** — Ainsi que nous l'avons fait pressentir (237) cette technique se rapproche beaucoup de celle de la **Mentation Subconsciente** : seulement, au lieu de projeter l'**Image en soi**, dans le **Subconscient**, le **Psychiste** la projette en la personne qu'il veut influencer télépathiquement.

La **Projection Télépathique** comprend donc cinq phases :

1°). — **Relaxation Générale** (149 et seq.).
2°). — **Respiration Rhythmée** (184).
3°). — **Concentration Mentale** (209 et seq.).
4°). — **Élaboration du Germe-Pensée.**
5°). — **Projection de ce Germe-Pensée.**

Les deux dernières phases n'ont pas encore été exposées dans leurs détails et nous allons le faire maintenant.

243. — L'élaboration du Germe-Pensée se fait en donnant à une pensée la plus nette possible la plus grande vitalité possible.

Outre, bien entendu, la profondeur de la Concentration, la Netteté d'une pensée dépend de la Précision de l'Image Mentale que l'on s'en fait et il est de la plus haute importance d'acquérir la faculté d'engendrer des images mentales parfaitement nettes et vivides : c'est là le Moule, en quelque sorte, où se coule le Germe-Pensée.

Il faut arriver à ce qu'il se présente dans le Mental une image nette, claire, précise, vivante, de ce qu'on veut projeter.

Non seulement, il faut voir la scène, mais encore il faut entendre les bruits, sentir les odeurs, goûter les saveurs, et toucher les objets pour ainsi dire, c'est-à-dire qu'il faut faire contribuer tous les Sens à l'acte en élaboration : il faut que tout l'être participe à la Création qui s'exécute, et s'y intéresse d'un puissant Intérêt, d'une absorption complète.

Bien entendu, il faut, comme nous l'avons détaillé dans la Mentation Subconsciente, projeter attentivement tous les détails l'un après l'autre, avec toute l'exactitude, toute la netteté possibles ; puis, quand ils sont bien tous saturés d'Attention, les coordonner en un ensemble bien homogène, bien précis, que l'on traite à nouveau d'une période d'Attention intense, et auquel on communique consciemment volontairement, en un appel, un Élan passionné et vibrant de tout l'Être, la Vie et le Mouvement.

Nous avons vu que l'être humain était tout entier Conscience, Amour et Volonté : il faut user simultanément de toutes ces facultés en un effort suprême de Création Consciente d'un Germe-Pensée, et pour cela s'envahir soi-même, volontairement, d'une profonde Émotion d'Amour (quand il s'agit du Traitement des Maladies, par exemple) qui communiquera une Vitalité encore plus intense au Germe-Pensée, en le saturant d'une Passion pure et bienfaisante.

Cette Émotion, cette Passion devra toujours accompagner la Projection Télépathique, et être d'un ordre élevé, parfaitement détaché de tout sentiment bassement matériel ; suivant les cas, sa nature, son Parfum, pour ainsi dire, pourra varier : ce sera le plus souvent l'Amour, ou la Foi, qui sont les moteurs les plus puissants, mais parfois aussi le Courage, ou plutôt, l'Intrépidité, la Bravoure, qui est d'une extrême importance dans la Pratique de cette science ; plus rarement d'autres passions encore, d'autres émotions, d'autres sentiments : la Santé ; la Force ou Puissance, ou Énergie ; la Bonté, l'Enthousiasme, le Désintéressement ; etc.

Il faut, en d'autres termes, imiter un acteur au théâtre, t comme les plus illustres d'entre eux, s'incarner, s'identifier intégralement pour le moment présent dans la Pensée que l'on projette.

244. — Le Tube Psychique et la Mise en Rapport. — Il existe des moyens auxiliaires de réaliser ces importantes conditions : ils ont tous pour base ce que l'on pourrait appeler le Tube Psychique, fiction qui consiste simplement à se figurer mentalement la scène que l'on projette comme si on l'examinait dans le champ d'une lorgnette, au bout d'un Tube Optique.

Cette fiction doit son efficacité à ce qu'elle est une description matérielle de ce qui se passe réellement dans l'invisible lors des phénomènes télépathiques : en effet, l'acte seul de projeter télépathiquement, détermine dans l'invisible la formation d'un **Lien** fluide, plus ou moins résistant, à proportion du **Prana** que le **Psychiste** est capable de mettre en action, et c'est le long de ce **Câble** ou **Tube** de fluide que voyagent les **Vibrations** constituant le **Message Télépathique.**

L'établissement de ce lien constitue ce que les Mesméristes et les magnétiseurs en général appellent : **« se mettre en rapport. »** Et par son intermédiaire se produit toute une série de phénomènes psychiques : la **« Clairaudience, »** la *Clairvoyance*, etc., entre autres, qui toutefois ne concernent pas directement notre présent sujet.

Le **Tube Psychique** — la **Mise en rapport** — s'établit généralement par la seule Volonté du **Psychiste** exercé ; — mais il peut aussi s'établir **inconsciemment** par un désir, par une émotion violente, par une passion, en un mot par tout ce qui détermine un mouvement actif de **Vie**, c'est-à-dire de **Prana.**

Dans le premier cas, le **Psychiste**, ayant réalisé les trois premières conditions ci-dessus (242), élabore consciemment son **Germe-Pensée**, en le **voyant se former**, en le voyant **naître à l'existence**, comme s'il le considérait dans un télescope. Dans le second cas, le même phénomène se produit identique, mais à l'insu de son auteur.

245. — Cristalloscopie. — La **Boule de Cristal** dont nous avons vu les usages (198) est souvent d'un grand secours dans l'établissement du **Tube Psychique** : par sa forme même elle suggère heureusement celle du champ d'un télescope, et beaucoup de voyants s'en servent avec avantage : **activement**

ils projettent volontairement ; — passivement ils perçoivent involontairement, dans la Boule, les Messages ou Projections Télépathiques.

Le mécanisme du phénomène est le même dans les deux cas : à l'Actif dans le premier ; au Passif dans le second : il s'agit toujours d'un Lien psychique établi, et d'une Transmission de Pensée.

Le Psychiste qui veut utiliser la Boule dans la Projection télépathique, y fixe son regard pendant l'évocation de l'image mentale, et, avec de l'entrainement, arrive à la voir dans la Boule, plus ou moins distinctement, plus ou moins détaillée, et plus ou moins colorée.

246. — Quand, par l'emploi de l'une ou l'autre des méthodes précédentes, le Lien Télépathique est établi entre le Psychiste et son Sujet, le premier perçoit une sensation de proximité vis-à-vis du second : il s'en sent plus rapproché, plus près : il sent qu'il est *en rapport* avec lui.

Le sujet, de son côté, éprouve généralement une impression d'inquiétude légère, de nervosité, d'énervement peu prononcé, et assez souvent perçoit dans sa pensée l'image du Psychiste, d'une façon marquée et répétée, sans d'ailleurs se rendre compte de ce qui se passe en réalité.

247. — Quand l'opérateur est sûr d'être en rapport avec son sujet, il procède à la projection proprement dite, ce qui est la partie la plus simple de tout le processus.

Réunissant, condensant tout son Effort de Volonté en une ultime conclusion, le Psychiste veut, — comme lui seul, ou ses pareils savent vouloir, — que le **Germe-Pensée** qu'il a créé dans son mental soit projeté dans tel **Intellect Féminin** qu'il désire, et qu'il y développe, qu'il y évoque, qu'il y engendre les **Vibrations** conformes à sa **Volonté.**

248. — Attitude générale à cultiver ou Dharma du Psychiste. — Il est bien évident qu'un **Psychiste** suffisamment éclairé pour mériter ce nom doit se tracer une **Règle de Conduite,** un **Dharma** qui soit conforme à l'**Évolution Accélérée** que sa **Volonté** a décidé d'effectuer.

Ce serait une erreur profonde de s'imaginer que le seul fait de **Savoir** est suffisant à produire des résultats pratiques : il faut **savoir,** c'est certain, avant d'**agir,** mais c'est la **Pratique** seule qui peut conduire à la **Maîtrise de soi.**

Et cette pratique ne doit pas se borner à la **Série d'Exercices** et de **Méditations** que nous avons exposés en détail : elle doit se manifester sans interruption dans toute la **Vie du Psychiste.**

Il ne s'agit pas ici de s'intéresser à apprendre plus ou moins une **Théorie,** si belle soit-elle et, ensuite, comme on a une fâcheuse tendance à le faire généralement, de donner à sa conduite générale (ou de lui laisser conserver) une direction diamétralement opposée.

La **Culture Psychique** ne peut donner de résultats sérieux que si le **Psychiste** se conforme en tout, et **toujours,** dans toute sa **Vie,** aux **Lois** et **Principes** sur lesquels elle est basée. Elle n'est pas comme un masque que l'on peut mettre et ôter à volonté : elle est une **Habitude** supérieure à toutes les autres, qui les commande toutes, et doit toujours les commander toutes, sous peine d'être plus nuisible qu'utile.

Car quiconque agit mal *sans le savoir* est absous par les **Lois Psychiques**, mais quiconque, non seulement fait le **Mal**, mais encore seulement manque à faire le Bien qu'il doit faire, le sachant et le pouvant, accumule sur sa tête un **Karma** qui, infailliblement, l'obligera plus tard à des Efforts d'autant plus grands que sa faiblesse aura été plus prononcée. Il ne s'agit là ni de récompense ni de punition : c'est tout simplement l'Opération Normale de la **Loi de Cause et d'Effet** (19).

Nous allons donc résumer brièvement quelques points pratiques résultant de l'ensemble de la Doctrine que nous avons exposée, et qui est, nous le répétons, au-dessus de tout doute possible, tant par son accord flagrant avec l'**Intelligence** la plus développée, que par son **Antiquité**, qui aurait permis de connaître les objections possibles s'il en existait.

249. — Tout d'abord, donnons une vieille règle Pythagoricienne, dont l'utilité n'a pas diminué à travers les temps : c'est celle de l'habitude d'un **Examen mental** Régulier, quotidien, le Matin et le Soir, pour se rendre compte à soi-même tant des Progrès accomplis (le Soir) que des Efforts à effectuer dans la Journée (le Matin).

Il serait en dehors de notre sujet de nous étendre sur cette pratique qui est des plus utiles : dans sa forme la plus simple, c'est un **Examen de Conscience** répété deux fois par jour, dont les détails se trouvent amplement développés dans un bon ouvrage de M. Marc-Antoine JULLIEN : « *Essai sur l'emploi du Tems.* »

Voici, très résumée, la Méthode de cet auteur :

1°. — Tout d'abord, classer et juger ses Pensées et ses Actes, et pour cela ne jamais parler ni agir sans se demander : «*oui bono?*» «*à quoi bon ?*» sans avoir un but conscient (Op. cit. p. 117).

Ce **Criterium** appliqué loyalement est déjà à lui seul un notable pas vers la Perfection. Tout ce qui ne tend pas vers le bien doit être immédiatement exclu du champ de la Conscience, pour ne s'y représenter à nouveau jamais.

2°. — **Faire un Examen journalier des Actes du jour précédent,** ce qui n'est en réalité que **mesurer** l'**Efficacité** de la **Volonté** appliquée à l'exécution des **jugements** qui précèdent. En employant les **Méthodes** de **Culture Psychique** que nous indiquons, on sera surpris de la rapidité des progrès effectués.

3°. — **Tenir un Journal,** plus ou moins concis, des **Progrès** accomplis, des **Efforts** dont ils sont la suite, des **Méthodes** qui se sont révélées plus ou moins fructueuses. Ouvrir, en un mot, une sorte de **Comptabilité Psychique,** où les vingt-quatre heures du jour sont comme des **Matériaux** que la **Vie** nous fait mettre en œuvre. Voulons-nous en édifier un **Palais** ou une **Masure ?** ou, plus inconsciemment encore, entasser, amonceler des décombres pour nous y enfouir ?

Telle est l'**Éternelle Question** qui confronte l'Homme toute son Existence.

M. JULLIEN donne d'excellents conseils pratiques pour ce **Journal** : nous en avons en grande partie extrait l'idée suivante que la pratique a consacrée, pour notre usage :

a). — Employer un **Carnet Annuel,** comportant de préférence 365 pages ou un peu plus : une par jour. La pagination se confondra ainsi avec le numéro d'ordre des jours à partir du 1er Janvier, chose très commode.

b). — Adopter, en conséquence, pour chaque page ou jour, ce qui est la même chose, la numérotation ci-dessus, qui sera le nombre de jours écoulés depuis le 1er Janvier.

c). — Réserver dans chaque page une assez grande marge à gauche et une Toute petite à droite : celle de gauche servira à intituler, à repérer les paragraphes ; celle de droite, à contenir, vis-à-vis des articles, les numéros d'ordre des pages contenant d'autres articles semblables, précédant et suivant immédiatement celui-là, sur le même sujet : on corrigera ainsi l'incohérence de l'ordre chronologique par une série continue de renvois permettant de suivre un même sujet, dans la direction du passé, ou dans celle du cours naturel du temps, à volonté.

Un tel Journal est un auxiliaire précieux en Culture Psychique : c'est un Témoin des Progrès réalisés, et un record de faits souvent des plus intéressants. Il nous paraît à peu près indispensable, tout au moins dans les débuts.

250. — Optimisme, pessimisme. — Voici maintenant une conséquence importante, d'abord de la Constitution de l'Homme (105 et seq.) puis des Lois d'Amour et d'Évolution (28 et 45). Un Psychiste éclairé ne peut pas hésiter sur l'Attitude à prendre dans la Vie : il est OPTIMISTE INÉBRANLABLE, de par sa seule Connaissance des Lois de l'Univers : en effet il sait, de connaissance certaine, que rien ne peut atteindre son Vrai Moi : que lui, Homme, est de sa nature un « *Fragment de Dieu,* » pour ainsi dire, éternel et incréé au même titre que son Père : il sait en outre que Tout suit la Norme de l'Évolution ; que le Mal n'est qu'une apparence éminemment transitoire et illusoire, qui ne peut le toucher en aucune manière, pourvu qu'il se conforme à la Loi qu'il connaît et pratique. Comment dès lors pourrait-il être autrement qu'**Optimiste**?

Nous aurons beau chercher les cas les plus invraisemblables, **Rien** ne peut abattre ce raisonnement si simple et si vrai: « **Je suis en mon Essence même éternel et incréé comme mon Créateur ; je suis comme Lui au-dessus de toutes les contingences possibles, qui sont transitoires et périssables, je sais que tout évolue suivant une Loi immuable à laquelle rien n'échappe. Donc je ne suis l'inférieur de rien que de mon Créateur, qui me rapproche constamment de Lui, par son Amour attractif infini.** »

Quelle excuse un Être pensant, pénétré de cette Vérité, pourrait-il avoir pour être **Pessimiste**? Nous avouons ne pas en trouver.

Donc le **Psychiste** est, par essence même, un **Optimiste** ; tout ce qui peut lui arriver de déplaisant dans la Vie, il sait qu'il ne doit s'en prendre qu'à son **Karma**, et que, pour en éviter le retour, il n'a qu'à pratiquer la Loi qui lui en offre le moyen ; il n'ignore pas non plus que le seul moyen d'attirer le Bonheur c'est de le vivre de par sa Volonté, quelles que puissent être les circonstances ambiantes, de manière à, par ce seul fait, les modifier si elles ne sont pas ce qu'elles lui paraissent devoir être. Mais que tout Pessimisme, toute Récrimination, toute Plainte sont le moyen sûr et infaillible de perpétuer à l'Infini un État déplorable en lui-même : c'est alimenter l'Incendie qui vous consume, et le prolonger de propos délibéré.

Encore une fois nous avouons qu'il passerait notre

compréhension qu'un **Psychiste** pût être autre chose qu'un **Optimiste** convaincu — et supérieur à la plupart des autres en ceci : c'est qu'il sait sur quoi se basent ses convictions, et qu'il sait que ces **Bases** sont inébranlables. Il ne tient qu'à lui d'en faire la **Preuve Matérielle** tous les jours.

251. — Cet **Optimisme** raisonné du **Psychiste** le conduit à adopter un certain nombre de **Règles Pratiques,** dont les plus importantes sont les suivantes :

a). — Rechercher **Systématiquement** le **Bien** qui est en toute chose et **ignorer** froidement et méthodiquement toute manifestation d'**Inharmonie** qui peut tenter de se présenter à notre **Attention** : la tuer nette en **niant son Existence** : c'est un **Parasite,** qui ne peut subsister que si nous lui permettons de **vivre à nos dépens.** Lui permettre d'occuper le Champ de la **Conscience** comme si c'était une **réalité,** c'est justement le **nourrir** et en préparer le **retour, indéfiniment.**

b). — Appliquer ce qui précède à nos **Lectures.** Dans tout **Livre,** rechercher systématiquement le **Bien** qui y est contenu, y donner toute notre **Attention.** Au contraire, passer légèrement — et **volontairement** — sur toutes les **Erreurs** qui peuvent s'y rencontrer : **ne pas leur accorder d'Attention.**

C'est, pour ainsi dire, une Application du Principe de **Polarisation dans le Rhythme** (10), (17) et (18).

c). — Cultiver systématiquement l'**Enthousiasme** raisonné ; c'est une **Force** des plus importantes, qui accoutume le **Prana** dont nous sommes saturés, à s'accumuler avec une *« rapidité explosive »* sur le point auquel nous accordons notre **Attention,** si l'on peut employer ce terme.

Il nous habitue à des **Mouvements d'Ame rapides**, qui, lorsqu'ils sont bien sous le contrôle de la **Volonté**, confèrent une énorme **Force Psychique**.

252. — Intrépidité et crainte. — Mais il ne suffit pas d'être **Optimiste**, il faut encore tirer de cette conviction heureuse toutes ses conséquences qui ne le sont pas moins.

La première est le **bannissement de toute Crainte**, tant dans l'ordre mental que dans l'ordre physique. Pour les raisons qui nous ont servi à asseoir inébranlablement notre **Optimisme**, la **Crainte** nous devient un **Sentiment impossible**, inconciliable avec nos convictions : rien ne nous est supérieur en réalité, que notre seul **Créateur**, et Il n'a pour nous qu'un **Amour infini** : dans ces conditions, que pourrions-nous bien craindre ?

La **Mort**, qui est généralement considérée comme le plus important — et le dernier — des événements de la **Vie**, n'a plus du tout pour le **Psychiste** la même signification : pour lui, c'est un simple changement de vêtement ; et, que celui qu'il quitte soit un peu plus, ou un peu moins usé, peu lui importe. Il sait parfaitement où il va (sa vie se passe à s'entraîner à Y aller) ; comment le fait de faire une fois de plus ce qu'il exécute couramment pourrait-il lui inspirer de la **Crainte** ?

Quant aux sous-variétés de cette détestable émotion, la **Crainte**, elles s'évanouissent avec leur **Chef de File** : quelle **Timidité** pourrait bien ressentir un **Psychiste** ? A part son **Créateur**, il sait de **Conviction** prouvée que **Rien** ne lui est d'**Essence Supérieure**. Il sait (et lui seul sait) que tous les **Hommes** sont égaux, et comment ils sont égaux.

Faut-il faire le même raisonnement pour les **Appré-hensions**, les **Tourments**, les **Tracas**, etc. ?

L'Homme devenu **Psychiste** se retourne pour voir où il les a laissés, et il ne les aperçoit même plus : car en **eux-mêmes ils n'existent pas** : c'est nous seuls qui les forgeons à notre usage. Cessons de les forger, et ils rentrent dans le **Néant** qui est leur **Essence**.

253. — Tout le monde sait que les Somnambules naturels peuvent, endormis, se promener sur les toits et dans les situations apparemment les plus périlleuses, sans qu'il leur en advienne aucun mal, si on les abandonne à eux-mêmes, mais qu'il serait fort dangereux de les éveiller brusquement au milieu d'une de ces situations anormales, simplement parce que, saisis de Crainte, ils perdraient subitement leur Faculté d' « *ignorer le danger.* »

Ainsi donc, il est bien démontré que c'est la Crainte seule qui nous empêche de pouvoir exécuter en toute sécurité les acrobaties familières aux Somnambules.

On peut juger par là de l'Empire extraordinaire qu'elle exerce sur nous inconsciemment, sans que nous nous en doutions, en général, et de l'urgence qu'il y a à l'extirper radicalement de notre Mental.

Un autre exemple du même genre est celui d'un novice à bicyclette qui éprouve presque toujours un phénomène particulier : s'il craint un obstacle devant lui et s'il y attache son Attention, il va régulièrement s'y jeter, malgré sa Volonté de l'éviter. La Crainte, là encore, est plus forte que la Volonté.

Il en est exactement de même dans le Monde de la Pensée.

Craindre quelque événement et y concentrer son Attention serait, nous l'avons vu, le bon moyen de l'amener à se réaliser.

On voit donc de quelle importance primordiale est, pour le Psychiste, cette suppression radicale de la Crainte.

254. – Amour, bienveillance, sérénité. –

Mais heureusement les conséquences de l'Optimisme ne sont pas seulement négatives, et ne se bornent pas à « évaporer » ces Fantômes irréels de la Crainte et des Tourments : le Psychiste débarrassé de toutes ces entraves malignes à l'expansion naturelle de son Moi, se sent tout naturellement pénétré d'un Amour illimité pour tous les Êtres, ses compagnons dans une Marche qu'il sait invariablement heureuse vers la plus grande Lumière. Sa Bienveillance envers eux est inébranlable, parcequ'il connait les Lois, les Liens, qui l'unissent à eux. Les Hommes, il sait que ce sont des Frères, plus ou moins développés ; les Animaux, il sait que ce sont des Frères inférieurs, qui l'égaleront un jour sous une autre forme pareille à la sienne actuelle ; les Végétaux, les Minéraux mêmes, il sait qu'ils possèdent la Vie, et qu'à ce titre, ils s'élèvent indéfiniment dans l'échelle des Êtres : Tout, en un mot, est le sujet de sa Bienveillance Universelle.

Et le Psychiste parfait, l'Homme qui a atteint cet Optimisme d'Amour, de Bienveillance, de Bonté parfaits, comment pourrait-il être autrement que d'une infinie Sérénité ? Quelle autre image du Bonheur pouvons-nous nous représenter que celle-là ?

Quel Être humain nous est-il possible de concevoir supérieur à celui dont nous venons d'exposer les caractéristiques, déduites avec la Logique la plus serrée des Lois de la Religion Éternelle ?

255. — Hatha Yoga. — Les Lois que nous allons maintenant exposer forment dans leur ensemble la partie la plus importante d'une des branches les plus curieuses de la Yoga Hindoue : la " hatha-yoga " ou la Yoga du Bien-Être Physique de l'Homme.

Nous avons déjà vu comment les Hindous poussent jusqu'à l'extrême limite leurs recherches pratiques sur la Connaissance de l'Homme : aussi la Hatha Yoga donne-t-elle des enseignements des plus intéressants, non seulement au point de vue de l'Hygiène pure et simple, mais encore au point de vue du rétablissement de la santé, quand celle-ci a été plus ou moins compromise.

La raison qui nous porte à nous inquiéter des Lois de la Santé est qu'il est impossible d'atteindre un complet développement psychique, si le Physique ne remplit pas certaines conditions, non pas tant de santé florissante au sens vulgaire du mot, que de pureté relative, et d'affranchissement des Tares les plus grossières, parmi lesquelles nous citerons par exemple l'alcoolisme, l'usage du tabac, la morphinomanie, etc.

L'usage même de la viande comme nourriture est incompatible avec un haut développement psychique.

Par une coïncidence singulière, toutes les Habitudes que nous venons de citer sont meurtrières pour la Santé : sinon toujours pour celui qui les cultive, du moins invariablement pour celle de ses descendants.

Pour être susceptible d'entraînement, le corps doit être sain, et c'est à ce titre que nous allons nous occuper des Lois de la Santé.

Tant que nous sommes vivants sur la Terre, toute Action Psychique de notre part doit nécessairement se produire plus ou moins par l'intermédiaire de notre corps physique : de là l'importance réelle d'un entraînement spécial de ce dernier, lequel entraînement, voulu ou inconscient, acquis personnellement ou héréditaire, est indispensable à la production des Phénomènes que nous étudions.

Le corps est provisoirement l'outil, l'instrument de l'Individu (quand, bien entendu, il n'en est pas le Maître), pour lui servir de point d'appui, de Levier dans son Évolution.

256. — Respiration. — Nous avons déjà présenté (162-194) la Pratique de la Respiration dans sa Branche plus spécialement Psychique, et exposé l'importance primordiale de cette Fonction, tant au point de vue de la Culture Psychique, que de la simple Santé Physique. Toutefois, nous attachons à ce sujet une importance telle que nous préférons le détacher de la Culture Physique en général et donner immédiatement quelques simples Exercices dont nous ne saurions trop recommander l'exécution quotidienne, et même plusieurs fois chaque jour.

257. — Méthode Suédoise. — La Méthode Suédoise nous fournira un excellent début :

1). — **Position correcte.** — Se tenir debout, les pieds en équerre, les bras tombant naturellement, les doigts joints et allongés sur les cuisses, la paume de chaque main près du pantalon, le ventre rentré sans reculer le bassin, sans cambrer le dos, les épaules en arrière et effacées, la tête levée avec le menton légèrement rentré.

Cette position est la base de tout succès dans la Culture Humaine, Physique ou Mentale, car, tous les Yogis le savent bien, il est impossible de développer des Pouvoirs Psychiques élevés avec une échine courbée en avant.

Rentrer le menton, faire le « double menton » donne incontestablement une apparence de raideur : mais ce n'est que pratiquer le plus pour obtenir le moins : la partie cervicale de la colonne vertébrale s'allonge légèrement, et la tête se tient droite, sans plus, en dehors des exercices.

Tout le reste des recommandations tend à placer la colonne vertébrale le plus droit possible, ce qui est de la plus haute importance, car pour un bon développement Physique ou Psychique, la moelle épinière doit pendre librement dans son canal au centre de cette colonne vertébrale sans porter sur les parois d'aucun côté, plus qu'en les effleurant à peine.

258. — 2). — Partant de cette position, étendre les bras latéralement, puis verticalement ; puis latéralement encore et les ramener enfin en bas ; le tout sans flexion.

Durant les mouvements d'élévation on fait une Inspiration profonde : on expire l'air en les abaissant.

Pendant qu'on élève les bras, on tourne les mains de façon que la paume soit en l'air quand ils arrivent à hauteur des épaules, et qu'elles se regardent, au-dessus de la tête, dans la position d'élévation maxima.

En les abaissant, les mains se retournent en sens contraire dès qu'elles s'abaissent au-dessous du niveau des épaules.

Cette position et ce premier exercice peuvent être considérés comme la fondation de toute bonne respiration.

Il existe aussi d'autre mouvements que l'on peut également pratiquer avantageusement ; en voici quelques-uns :

259. — 1). — Saisir un bâton ou une canne, horizontalement devant soi, avec les deux mains, la paume en arrière, et les bras pendant naturellement.

2). — Par un mouvement franc et continu, élever ensemble le bâton et les deux mains aussi haut qu'on peut au-dessus de la tête, pendant le temps d'une inspiration profonde.

3). — Retenant son souffle, fléchir les coudes et ramener, sans bouger les mains, le bâton le plus bas possible au-dessous de la nuque. Conserver quelques secondes cette position, mais sans se forcer, puis expirer.

4). — Abandonner le bâton de la main gauche, abaisser les deux bras, et revenir dans la première position.

On peut exécuter cet exercice une quinzaine de fois de suite.

260. — Autre :

1). — Les mains sur les hanches, mais le pouce joint aux autres doigts, la tête rejetée en arrière, rapprocher les coudes en arrière pendant une inspiration profonde.

2). — Joindre les mains en arrière, puis, le dos étant bien cambré, tendre les bras autant qu'on le peut, de manière à faire rentrer les coudes, tout en Expirant l'air lentement.

261. — Extension de Poitrine :

Étant debout, les bras en croix (tendus horizontalement et latéralement), s'avancer progressivement
dans le coin (à angle droit) des deux murs d'une
pièce, jusqu'au fond de ce coin, les bras restant toujours au moins à hauteur des épaules, et plutôt un
peu plus haut.

Puis, quand le tronc et la tête arriveront à toucher
les deux murs, exécuter dans cette position une dizaine de **respirations profondes**.

Répéter cet exercice au moins Matin et Soir.

Bien entendu, on n'arrivera pas d'emblée à entrer
exactement dans le coin : on se contentera de s'en
approcher le plus possible, *sans se donner d'effort*,
surtout les premières fois, et on arrivera vite à l'exécuter correctement.

C'est un excellent exercice pour rejeter vigoureusement les épaules en arrière.

Ces trois exercices se rapportent plus directement
à la **gymnastique de la respiration**, et faciliteront
l'exécution de ceux, plus nombreux et plus élevés,
donnés précédemment (173-193).

262. — Bain nasal. — Avant d'abandonner ce
sujet de la **Respiration**, il est peut-être bon de signaler un petit moyen, bien connu de tous les Yogis,
pour dégager les **fosses nasales**, quand on éprouve
quelque difficulté à respirer par le nez, ou simplement, tous les matins, à titre de soin de propreté et
de stimulant agréable.

Il consiste à aspirer un peu d'eau par le nez, avec
les précautions suivantes : prendre l'eau dans le
creux de sa main, ou bien dans un verre, une
tasse, etc., y plonger le nez, et aspirer par un mou-

vement de la gorge : surtout pas des poumons directement, ce qui ne servirait qu'à précipiter la montée de
l'eau et amener un commencement de suffocation.

Si simple qu'il paraisse, ce petit procédé est d'une
très grande utilité pratique : il apporte les bienfaits
de l'eau à un organe qui en est trop souvent privé.

263.— Dormir toujours la fenêtre ouverte.

— C'est là encore un précepte invariable, mais qui
demande naturellement à être appliqué avec tact
pour débuter. Il est certain que notre intention n'est
pas de recommander à quelqu'un qui n'en a pas l'habitude, de commencer à dormir la fenêtre ouverte au
beau milieu de l'hiver. Et cependant, quand on y est
une fois accoutumé, jamais on ne dort la fenêtre
fermée, même au cœur de l'hiver.

La première condition est d'être suffisamment cou-
vert ; la seconde de ne pas se mettre dans un courant
d'air : le lit entre une porte fermant mal et la fenêtre
ouverte ; même se méfier (au début, bien entendu)
d'une cheminée qui peut faire tirage : déplacer le lit.

Enfin tâcher de commencer cette réforme dans une
saison favorable : printemps, été ou automne.

C'est un des facteurs les plus actifs dans l'endur-
cissement général, le plus salutaire pour tout le corps,
et principalement pour les poumons, qui se guérissent de la sorte spontanément de toutes leurs affections, même (et surtout) les plus redoutées : la tuberculose, etc.

Bien entendu : TOUJOURS RESPIRER
PAR LE NEZ.

264. — Nutrition.

— La nutrition, l'alimen-
tation, en général, est encore un des sujets les plus
abominablement malmenés par les habitudes, les

usages contemporains, — et cela indistinctement, dans toutes les nations, en général. Bien entendu, on rencontre partout des Végétariens et des tempérants, mais, où est la nation où ils représentent la majorité? Et, par contre, que de notions fantastiques ne rencontre-t-on pas sur ce sujet dans les pays même les plus éclairés? A quels usages véritablement renversants ne voit-on pas couramment employer l'Alcool et la Viande dans le traitement des maladies! Espérer guérir la manifestation d'une pensée erratique et dévoyée en imposant au pauvre Être qui en est affligé la sur-affliction de l'une, ou quelquefois des deux ensemble, de ces substances notoirement toxiques, ci-dessus énoncées!

Heureusement ces méthodes barbares et singulières tendent énergiquement à disparaître dans notre xxᵉ Siècle et l'Humanité éclairée commence à se refuser à se laisser empoisonner sans protestation.

Il nous est, on le comprendra, impossible de développer en détail toutes les raisons, tant philosophiques que physiologiques qui imposent au Psychiste élevé d'être un pur végétarien, un fruitarien, même de préférence.

Tous les renseignements, documents et conseils supplémentaires sur ce sujet peuvent être obtenus à la Société Végétarienne de France, 53, rue de Vaugirard, à Paris, qui se voue à la propagation de ces bienfaits.

On trouvera là les résultats d'innombrables expériences et recherches par les plus savants d'entre les Docteurs, dans toutes les parties du monde, et qui toutes, sans exception, tendent à ce fait inattaquable, que l'homme, pour vivre en bonne santé, doit être VÉGÉTARIEN.

265. — L'alimentation, pour le **Psychiste**, est un de ces facteurs que, de même que tous les autres, il doit faire converger entièrement vers les meilleures conditions pour son harmonie psychique — puisque c'est cette dernière qui gouverne, nous le savons, tant le développement que la santé du corps.

En un mot, il s'intéresse à l'alimentation en tant que **productrice** de **causes** dont les **effets** seront, par ses soins, le **bien-être** et la **santé** corporelle consécutive à la **Maitrise** psychique.

266. — **Le Prana des Aliments.** — Depuis longtemps on a remarqué que l'effet réconfortant des Aliments se faisait sentir instantanément, et bien avant que leur digestion ait eu le temps même de débuter : qu'il suffisait, par exemple, ayant très faim, de commencer à manger pour éprouver une sensation de satisfaction des plus marquées ; ou bien, ayant très soif, qu'on pouvait se désaltérer dans une certaine mesure **sans avaler l'eau**, en la prenant simplement dans la bouche puis en la rejetant après l'y avoir laissé séjourner un instant ; tous les dégustateurs ont aussi depuis longtemps établi ce fait qu'il n'était nullement nécessaire d'avaler le liquide à déguster pour en obtenir intégralement toute la saveur, mais personne (depuis le Grand Hermès ou les Yogis de l'Inde) ne s'est avisé que ces faits curieux provenaient de ce que l'**Alimentation** se fait, comme la **respiration**, en **partie double**, pour ainsi dire : **en partie visible, et en partie invisible.**

Elle extrait des Aliments leur **Vitalité**, le **Prana** qu'ils contiennent, en même temps qu'elle assimile leur substance physique à ses besoins.

Le **Prana** possède cette particularité de se dégager

(comme l'a si bien décrit le Colonel de ROCHAS dans son « Extériorisation de la sensibilité ») toutes les fois qu'il se produit un changement d'état chimique ou même physique, quelconque : à ces moments, la matière « s'évapore » pour ainsi dire, et du Prana se dégage : le dégagement peut être lent ou actif, témoin le Radium, mais il n'en est pas moins toujours présent.

Dans le cas de l'Alimentation, il est très actif, très abondant, et surtout peut être accru considérablement par l'application de la loi d'attraction, en agissant un peu comme dans la Respiration Rhythmée, et en attirant à soi volontairement ce Prana qu'on sait se dégager par l'action de manger.

Évidemment, pour cela il faut prendre ses repas dans un certain état de tranquillité et de paix qui n'est pas très habituel, mais les résultats en valent la peine. Il n'est pas nécessaire de pratiquer une relaxation en règle : une simple fixation de la volonté et un appel conscient aux phénomènes qu'on sait se produire à ce moment suffisent.

Si l'on est seul, on peut voir par la Pensée le Prana se dégager sous forme d'un Fluide violacé (Rouge et Bleu ensemble) dans la Nourriture que l'on mâche, et s'absorber directement dans les nerfs de la Langue et de la Bouche, qui le transmettent, l'emmagasinent dans les Centres nerveux.

267. — Le Prana de l'eau. — Il en est de même de l'eau qu'on boit : il faut la laisser séjourner un instant dans la bouche, y bien promener la Langue, et affirmer l'absorption intégrale, consciente, du Prana qu'elle contient.

268. — La Viande comme Aliment. — Passons maintenant à la question du choix des Aliments. Nous ne saurions trop le répéter (car c'est là la Base de tout notre Système) tout Objet Physique n'est que la concrétion d'un agglomérat psychique correspondant — et les Aliments, bien entendu rentrent forcément dans cette règle.

Or, veut-on avoir l'obligeance de s'imaginer un instant — pas longtemps — quelle sorte d'agglomérat psychique peut bien représenter la viande de boucherie, la chair des Animaux, en général ?

Se représente-t-on ces malheureuses bêtes, souvent malades, engraissées, toujours malmenées (puisqu'on va les tuer, cela n'a plus d'importance), égorgées dans une ambiance d'abattoirs (lieux notoirement malsains), dans un foyer d'abominations, de décompositions de toute sorte, puis ensuite dépecées et abandonnées à une corruption partielle (pour les attendrir), dans toutes les contaminations variées de l'atmosphère, afin, sans doute, qu'elles puissent les ajouter à leur toxicité intrinsèque ; — se représente-t-on cette chair comme une nourriture convenable à des Êtres Pensants ?

Que ce soit un idéal pour de pauvres peuplades à demi-sauvages, et généralement affamées, soit. — Et encore, dans leur cas, au moins, la Viande dont ils usent a-t-elle chance d'être saine en soi.

Mais pour nous autres, civilisés, ce serait un véritable courage — et un courage fort mal placé — que d'oser encore faire de cette innommable substance notre nourriture habituelle, après y avoir réfléchi.

Toutefois, je suis toujours d'avis qu'en cela comme en toute chose, il faut débuter avec modération.

Ce tourbillon d'Habitudes qui compose notre Être demande à être manié avec une certaine précaution : et je ne serais pas étonné qu'on ne pût s'incommoder même assez sérieusement en changeant du jour au lendemain un régime sans doute plusieurs fois séculaire, que nous suivons par habitude, et par Atavisme.

N'oublions pas que, si nous supprimions toutes nos habitudes d'un seul coup, il ne resterait à peu près rien de nous — que notre Esprit immortel, sans doute — mais Lui ne constitue que peu, malheureusement, de notre actuelle Personnalité. Donc changeons, changeons même aussi activement que nous sentons pouvoir le faire, mais sans jamais dépasser la mesure de nos forces. Nous l'avons déjà dit (148), et nous ne nous lasserons jamais de le répéter : la Voie de la perfection est divisée en Gradins qu'il faut franchir un à un.

269. — Régime préliminaire. — Mais il est nombre de choses que nous pouvons faire de suite sans aucun danger : la première, c'est de nous habituer, sans rien changer d'autre à notre régime habituel, à manger le moins possible. Simultanément, à ne plus boire pendant le repas.

270. — La Nature nous a fourni des Glandes Salivaires et Stomacales qui ont pour but de sécréter les liqueurs nécessaires à la digestion convenable des aliments. Quand nous buvons en mangeant, nous affaiblissons notre pouvoir digestif bien inutilement.

271. — La boisson. — Bien entendu, le Psychiste, en sa qualité d'être simplement pensant, renonce par cela même à faire usage de tous les poisons pittoresques offerts par les marchands de vins, distillateurs, etc., sous le nom de vins quelconques, apéritifs (!), digestifs, liqueurs, cognacs, etc.

L'Alcool sous toutes ses formes est bien plus meurtrier que n'importe quelle guerre ne l'a jamais été !

Quant aux autres décoctions de Thé, Café, etc., toutes sont nuisibles à des degrés divers ; il faut donc s'accoutumer à les supprimer peu à peu.

La seule Boisson de l'Homme, c'est l'Eau, pure et bien aérée, comme nous le verrons dans l'étude que nous lui consacrons spécialement, à cause de son importance toute particulière.

Si l'on se sent soif, après un repas sans boire, on peut le terminer par un verre d'eau ; mais si, comme nous le conseillons, on fait un libéral usage de Fruits bien mûrs, ils rafraîchiront suffisamment sans cela.

Il faudra alors *nécessairement boire entre les repas* une quantité d'eau pure : ordinairement, au moins un litre par jour, deux ou trois si l'on veut, par petites quantités à la fois, et en en absorbant bien tout le Prana comme nous l'avons dit (267).

Quant à toutes les autres boissons sans exception aucune, il n'y a qu'une seule chose de bon à en faire : les supprimer TOUTES. Invariablement elles sont la source d'un mal ou d'un autre.

Exceptionnellement on peut, cependant, consommer des Jus de fruits frais et non fermentés : c'est comme si l'on mangeait ces mêmes fruits, et cela peut avoir son utilité : mais la règle n'en est pas moins : ne jamais boire que de l'eau.

272. — Le lait. — *"Liquidons"* (c'est le cas de le dire) la question du Lait : je n'ignore pas que c'est une nourriture favorite des Grands Psychistes des Indes : mais ils possèdent deux choses qui nous manquent : d'abord du bétail probablement sain en général, ce qui n'est pas le cas en France (ni ailleurs), puis une atmosphère sans doute moins chargée de bacilles divers qui tous font du lait leur nourriture (puis incidemment leur sépulture) favorite. A tel point que l'on peut dire que le Lait ordinaire est une sorte de Bouillon de Microbes. Le Docteur KELLOGG, de *Battle-Creek* (Michigan) est fort catégorique et instructif sur ce sujet dans son ouvrage : « *The Miracle of Life.* » De sorte que, autant qu'on le peut, il est mieux de s'en abstenir ; mais ce n'est pas un poison comme les Alcools ou Vins précédemment incriminés. Le Docteur KELLOGG recommande pour le remplacer le **Lait d'Amandes**, fait en pilant ces fruits après les avoir "*blanchis*" et mondés, et en ajoutant la quantité d'eau suffisante.

Nous pensons inutile de nous étendre plus longuement sur les précautions à prendre dans les débuts d'une modification de régime rationnelle : d'abord manger le moins possible, et ne plus boire pendant les repas.

273. — Régime d'attente. — Ensuite supprimer la Viande, le Poisson et toute nourriture animale de tous les repas sauf un par jour, et s'accoutumer à consommer des Légumes, et plus encore des Fruits, surtout au premier déjeuner du matin ; des Fruits de toute espèce : frais et secs à volonté : surtout ne pas omettre d'y inclure les « *fruits oléagineux* : » Amandes, Noix, Noisettes, etc., pour suppléer à la graisse animale que l'on supprime, et au beurre qui accommode généralement les viandes.

Boire entre les repas, en autant de fois que possible, au moins un litre, et si on le désire deux ou trois, d'eau pure.

Ce **Régime d'attente** peut se continuer quelques

mois; même si l'on veut, une année entière, en le rendant plus strict à la fin.

274. — Régime végétarien pur. — Finalement, supprimer entièrement la viande (et tout ce qui est Chair, Poissons ou Mollusques, etc.) et se nourrir exclusivement de **Fruits** et de Végétaux, de Légumes de toute sorte. Préférer les substances qui peuvent se manger **crues** : la cuisson dissipe toujours du **Prana**.

Pour le **Pain**, il n'y a rien de meilleur que le **pain complet**, fabriqué avec la **totalité du blé** : on peut le faire soi-même, ou se le procurer aux adresses que la Société Végétarienne de France fournira sur demande.

On comprendra que je ne puis m'étendre ici sur les méfaits du Pain de Luxe, ou du simple Pain Blanc ordinaire, particulièrement en ce qui concerne le bon fonctionnement de l'intestin.

275. — Enfin, quand on est devenu un **végétarien endurci**, et qu'on commence à éprouver les effets bienfaisants de ce nouveau régime, il est bon de faire un choix, même parmi les légumes : de ne manger que rarement, par exemple, des Haricots secs, des Lentilles, qui se rapprochent assez de la Viande au point de vue de leur action chimique dans le corps. Mais ce sont là des détails qui ne peuvent s'exposer clairement que dans les livres spéciaux; comme précédemment nous renvoyons aux publications de la Société Végétarienne de France.

276. — Régime fruitarien. — Le régime idéal du **Psychiste** le plus élevé c'est évidemment le Régime fruitarien, où l'on ne consomme que des substances fraîchement sorties du sein de la Nature incontaminées par quoi que ce soit, et n'ayant pas nécessité de cuisson, ni de manipulation quelconque.

C'est un Idéal, et comme tel, à peu près inatteignable à l'heure actuelle dans la généralité des cas : mais on peut s'en rapprocher le plus possible avec la certitude d'être dans le vrai.

Le Régime Fruitarien détermine un rajeunissement général, une régénération organique complète qui se manifeste par une respiration plus aisée, une souplesse renaissante des articulations, une amélioration des fonctions circulatoires et sensorielles, et surtout une activité bien plus intense de la Pensée.

La mémoire redevient fidèle et prompte comme dans la jeunesse.

Le Corps est, en un mot, l'instrument docile du Mental.

277. — Cures de fruits. — A titre de simple curiosité, et d'expérience personnelle, nous allons mentionner ici les effets bienfaisants d'une cure de fruits bien conduite : ses effets se rapprochent un peu de ceux du jeûne (que nous verrons plus loin), sans en présenter les petits désagréments, et ils offrent en plus l'avantage d'une purification active de l'organisme au lieu de celle passive par absence de nourriture.

Tous les fruits, à peu près, peuvent s'employer en « cures : » seulement, bien entendu, un seul à la fois pendant chaque cure.

Nous ne pouvons nous étendre sur la cure de Citrons, l'une des plus efficaces, mais qui nécessite la surveillance d'un médecin naturiste expérimenté, sous peine de risques assez graves pour l'estomac.

Elle se fait en consommant d'abord 1 à 2 citrons par jour, et en augmentant progressivement de 1 à 2 citrons tous les jours jusqu'à un nombre parfois très considérable qui a atteint **trente citrons** par jour.

Puis on diminue progressivement jusqu'à cessation complète. Cette cure est merveilleuse dans l'arthritisme et les rhumatismes.

· Les autres **cures** courantes se font avec le **Raisin, les Fraises, les Pommes, les Cerises, les Prunes, et** enfin les **Oranges.**

Toutes agissent relativement doucement comme purificatrices de l'organisme, par une action **alcalinisante** énergique, généralement très favorable aux constitutions délabrées par le régime carné habituel de nos jours.

La première recommandation est de n'employer que des fruits bien **mûrs,** plutôt même **fondants**; la seconde est d'appliquer aux **fruits** et au **jus de fruits** même, les principes de **mastication intégrale,** ou de **digestion buccale** que nous allons exposer plus loin avec insistance.

Les **jus de fruits** remplacent avec grand avantage les *jus de viande* que l'on se croyait jadis obligé de faire absorber aux infortunés convalescents.

Pendant une **Cure de Fruits,** il faut naturellement consommer le plus possible du fruit en question, et le moins possible d'autres choses. La **Durée** moyenne d'une telle cure peut être de 20 à 30 jours.

Pour débuter, pendant un jour ou deux, on se contente de faire entrer le fruit en question dans son régime habituel que l'on rend moins copieux, sans le changer autrement.

On doit ainsi arriver à consommer de 6 à 800 grammes par jour du fruit dont on veut composer sa cure.

Vers le 3ᵉ ou 4ᵉ jour, on supprime presque entièrement son régime habituel, sauf le pain et quelques céréales, peut-être, et l'on se met à consommer à peu près un kilogramme de fruit par jour.

A partir de ce moment, chaque jour on s'efforce d'augmenter la dose de fruit de cent grammes par jour, par exemple, en supprimant d'autant sur le reste du régime.

Vers le 10ᵉ jour, on arrive de la sorte à se nourrir d'environ 12 à 1.500 grammes de Fruit de Cure. A ce moment, on supprime le pain à peu près complètement, et on se contente d'ajouter au fruit de cure le complément de « *fruits oléagineux* » (Noix, noisettes, etc., en nature, ou sous forme de préparations végétariennes : Nutto-Crèmes, Beurres végétaux, etc.), — et d'aliments sucrés (Miel ou Sucre de canne), — qui semble à peu près indispensable. On peut aussi remplacer ces aliments sucrés par des **Fruits secs** (Dattes, Figues, etc.), qui sont à peu près la même chose.

Voici, par curiosité, un menu-type de ce genre que j'ai expérimenté en une **Cure de Fraises** de 30 jours (6 Juin-5 Juillet 1911) :

Premier déjeuner :

Fraises.	350 gr.
Miel.	50 gr.

Déjeuner :

Fraises.	600 gr.
Miel.	100 gr.

9

Nutto-Crême d'Amandes	75 gr.	
et d'Arachides. . . .	25 gr.	100 gr.
Bananes Fraîches.		200 gr.

Diner : comme le déjeuner..

Soit au total, un peu plus de *quinze cents* grammes de *Fraises*, 250 grammes de *Miel*, 200 grammes de *Nutto-Crême*, et 400 grammes de *Bananes* qui servaient de « *pain.* » On peut faire une sauce avec la Nutto-Crême, le Miel, et environ un quart des fraises que l'on écrase complètement.

Le seul inconvénient de ce régime c'est sa monotonie, qu'il n'est pas facile d'éviter. Pour ma part, toutes les semaines je prenais un jour ou deux de « *repos*, » où, pendant un repas je cessais les Fraises. La consommation tombait alors ces jours-là à 6 ou 900 grammes seulement de ces fruits.

A part cela, rien d'autre que de l'eau pure n'entrait dans ce régime, dont je n'ai eu qu'à me louer ; les seules remarques à faire sont une diminution de poids n'atteignant même pas deux kilos, et une certaine tendance à sentir le froid plus que d'habitude quand il faisait frais.

Le Miel aide beaucoup la digestion de tous les fruits, et j'ai cru remarquer que, parmi les fraises, les plus grosses sont les moins actives, et partant les meilleures à consommer au début de la cure, tandis qu'à la fin il faut, au contraire, donner la préférence aux petites pour obtenir tout l'effet possible.

D'après le docteur MONTEUUIS (*L'Alimentation et la Cuisine Naturelles dans le Monde*, p. 109) la Fraise agit par les acides salicylique et silicique « *vitalisés* » qu'elle renferme.

La même autorité avise que cette cure « *peut don-*

ner l'urticaire à certains sujets prédisposés. » Dans ce cas, il n'y a qu'à en prendre son parti, ou bien choisir un autre fruit : le raisin, par exemple. On dit aussi qu'un kilogramme de fraises a sensiblement le même pouvoir alcalinisant que **neuf** grammes de bicarbonate de soude.

278. — Régime fruitarien permanent. —

A titre de renseignement, voici les constantes d'un régime fruitarien **permanent,** selon un auteur anglais, Mr. O. HASHNU HARA :

« *Tout adulte a besoin de 12 à 16 onces d'aliments par jour. Pour cela il faut* **un quart** *de livre de Noix épluchées, et* **trois quarts** *de livre de n'importe quel Fruit à l'état sec.*

Une addition à ceci de **deux à trois** *livres de* **fruits frais** *de saison complète la ration journalière.* »

La livre anglaise est d'un peu plus de 450 grammes.

L'auteur ne parle ni de sucre, ni de miel : il explique seulement qu'il faut s'habituer progressivement à ce régime en passant par le laitage et les bouillies de céréales.

Les fruits, frais ou secs, peuvent être cuits, pour varier, mais cela, nous le savons, n'est pas à conseiller.

279. — Premier déjeuner toujours fruitarien. — Le Premier Déjeuner, pour tout le monde,

végétariens ou non, est le moment de choix pour consommer les **Fruits.**

Si on en compose **exclusivement** son premier déjeuner on peut être certain de leur digestion facile et agréable, pourvu naturellement qu'ils soient mûrs, suffisamment mâchés ou « *Fletchérisés,* » et qu'on

n'en fasse pas, de but en blanc, un usage démesuré-
ment immodéré.

280. — Régime fruitarien (fin). — Pour en
terminer avec le régime fruitarien, si séduisant pour
le **Psychiste**, il peut être bon de savoir que l'on
trouve maintenant dans le commerce un assez grand
nombre de préparations purement **fruitariennes**
qui facilitent l'adoption de ce genre d'alimentation.

Outre des « *crêmes* » diverses (d'Amandes, Noisettes, même Arachides, qui celles-ci, toutefois, ne
sont pas des « fruits ») on trouve encore des « *gau-
fres* » ou plutôt des « *nougats* » composés de noix
diverses : Coco, etc., qui permettent, à la rigueur,
de se passer entièrement de pain.

Avec les crêmes on peut préparer de très bonnes
« *sauces,* » en les joignant à du jus de fruits (pêches,
fraises, raisins, etc.) et à du miel ordinaire, les trois
en poids à peu près égaux ; cette sauce peut ensuite
accompagner des fruits de même nature ou différents : bananes et abricots, par exemple, et donner
de très bonnes compotes.

Il existe dans le commerce un ustensile : la « *Presse
à fruits,* » qui permet d'extraire aisément le jus nécessaire.

Enfin, on peut varier et faciliter le régime fruitarien
en lui adjoignant sans inconvénient perceptible certains « *légumes,* » tels le concombre, la tomate, le
melon, etc., qui ne me semblent être que des fruits
sous un autre nom.

Pour   tous   renseignements   complémentaires,
s'adresser à la « *Société Végétarienne de France,* »
53, rue de Vaugirard, à Paris.

281. — Quelques principes alimentaires.
— Nous ne pouvons guère nous étendre en détail sur toutes les précautions à observer, tant pendant la période de changement de régime qu'ensuite, pour sélectionner celui le mieux adapté à notre présente constitution : c'est largement affaire d'expérience, en se guidant sur celle des autres.

Cependant, voici quelques Règles généra es fort importantes, parce qu'elles peuvent expliquer nombre d'insuccès et de contradictions-apparentes :

1). — Composer toujours un même repas du **moins grand nombre de substances possible**, c'est-à-dire de la moins grande **variété** possible, et, de plus, **manger ensemble**, autant qu'on le peut, les substances dont se compose ce même repas, afin d'éviter à l'estomac d'avoir à faire le mélange. En un mot, fournir à l'estomac une ·masse alimentaire la plus simple et la plus homogène possible, tout en satisfaisant à peu près aux exigences du goût.

Il faut éviter, par exemple, de consommer au même repas du Lait, des Légumes, des Fruits, de la Salade, du Dessert et toutes sortes de comestibles dont les « *constantes de Digestion* » variées posent à l'estomac un problème qu'il se refuse souvent à résoudre autrement que par une « *fausse digestion.* »

Plus un repas sera simple, plus on aura de chances de sa bonne digestion.

2). — Quand on débute dans le régime végétarien, ne pas oublier de consommer une quantité suffisante de **graisse** sous forme de « *fruits oléagineux :* » Amandes, Noisettes, Noix de toutes sortes, Arachides, etc., au besoin même Huile d'Olives. Faute de cette simple précaution, ce régime pourrait sembler tendre à faire devenir frileux. On trouve dans le commerce quantité de « *graisses végétales*, » de « *nutto-crêmes*, » de toute nature.

282. — 3). — **Du jeûne.** — Tout le monde connaît ces règles alimentaires vieilles comme le monde :

a). — Ne jamais manger que lorsqu'on a faim.

b). — Ne jamais boire que quand on a soif.

c). — Rester toujours sur son appétit.

Mais, ce que l'on sait moins, c'est le **moyen** d'arriver à les mettre en pratique ; nombre de personnes n'ont **jamais faim**.

Elles sont tout simplement « *en avance* » d'un ou plusieurs repas sur leur faim, ce qu'elles peuvent facilement se prouver à elles-mêmes, au grand bénéfice de leur santé, par le jeûne.

Le **jeûne**, ce moyen cher au Docteur Edward Hooker Dewey, est un des premiers moyens à appliquer dans la guérison des maladies d'estomac en général. Bien plus, non seulement c'est un puissant remède de la Nature, mais encore il offre un moyen radical, héroïque, pour soumettre à la **culture psychique** les tempéraments les plus rebelles en apparence à son action.

Il n'y a pas de **Passion** matérielle qui résiste au Jeûne suffisamment prolongé ou répété. Même quand cette Passion vous « *coupe l'appétit*, » un Jeûne systématique ramène rapidement les choses dans un état tout différent et, au lieu de l'Appétit, qui n'est qu'un artifice acquis par l'habitude, vous confère les **bienfaits de la vraie faim** et du retour à la Nature.

Dans les cas de grandes passions, on peut sans aucune crainte imposer des **Jeûnes de deux** ou **trois jours**, sans le moindre danger, bien au contraire, et,

pendant tout ce temps, ne prendre **rien autre chose**
que de l'**Eau pure**, à volonté.

Si une première période n'amène pas le résultat
voulu, il n'y a qu'à **répéter** la Cure, en laissant un
intervalle de **deux jours** entre chaque **Jeûne**. Ce
moyen, si simple, est **infaillible**.

Nous le répétons, les faits de manque d'appétit, de
maigreur, etc., n'en sont pas du tout des contre-indi-
cations ; quelque paradoxal que cela puisse paraître,
une personne maigre et qui manque d'appétit a
souvent tout bonnement besoin de **jeûner** un peu
pour permettre à son estomac de se **remettre**, de
reprendre le dessus et finalement de rétablir la nutrition dans ses conditions normales.

Toutefois, dans les cas graves, il faut, bien entendu, s'aider des conseils d'un Médecin Naturiste.

283. — Mastication des aliments. — Le
Psychiste doit attacher une importance capitale à
ce qu'on considère trop généralement comme un
détail sans importance : la **Mastication des Aliments**.

Non seulement une foule de maladies d'estomac
proviennent de la précipitation que l'on met généralement à avaler en mangeant, mais encore il est
possible de les **guérir** presque toutes en s'astrei-
gnant à **mâcher les Aliments jusqu'à complète Digestion buccale**.

Car la Digestion est bien loin de se faire uniquement dans l'estomac ; l'un quelconque des trois organes : Bouche, Estomac, Intestin, peut, dans une
certaine mesure, suppléer à l'insuffisance des deux
autres.

Et toute l'importance de la mastication se révèle

quand on songe que nous sommes maîtres de la *Bouche*, plus que des deux autres.

Bien plus encore, au point de vue **Psychique**, l'auteur qui fait autorité en matière de **Mastication**, M. Horace FLETCHER, affirme que, par l'habitude de cette pratique poussée à fond, il est possible de **Réduire la quantité des aliments d'un tiers ou de moitié** sans amener aucune déperdition de poids ni de forces. Et, à ce moment, les fonctions d'Assimilation se font avec une telle perfection que les matières fécales se présentent presque inodores, et avec l'apparence de terre glaise humide.

Bien entendu, à ce degré de perfection toute la **substance**, toute la **vitalité** est extraite de ces Aliments, avec un minimum de Fatigue, de Dépense de Forces de la part du Tube digestif.

C'est l'idéal du **Psychiste** réalisé : un Minimum de Force dépensée, pour un Maximum de Force acquise.

Une chose à remarquer, c'est que cette Méthode rationnelle de l'emploi des aliments a été préconisée en France par le Capitaine Paul MAURIES cinq ou six ans avant les recherches de M. Horace FLETCHER : seulement le capitaine MAURIES, déjà âgé alors, n'a pas donné à sa véritable découverte toute l'impulsion désirable et s'est contenté (outre sa santé recouvrée) de publier une petite brochure de 32 pages sur le sujet, sans plus s'en occuper, tandis que M. FLETCHER a mis en branle sur ce point tous les Physiologistes des Deux Mondes.

284. — Manière de manger des Yogis. —

Le plus curieux, c'est que cette méthode était connue et pratiquée de temps immémorial par les Yogis, qui eux, toutefois, n'avaient pas en vue ses heureux effets physiques, mais cherchaient seulement à extraire de leurs Aliments tout le Prana qu'ils savaient y être contenu : car, tant qu'en mâchant il se manifeste un goût dans la Bouche, le Prana est encore certainement en cours de dégagement. Ils mâchent encore plus lentement, s'il est possible, que M. FLETCHER, parce qu'ils recherchent le contact le plus intime et le plus prolongé possible de leurs aliments tant avec leur Bouche qu'avec leur Langue, qu'ils y plongent complaisamment, tout en fixant leur Pensée sur le Prana qui se dégage et qu'ils accumulent volontairement.

Nous avons déjà vu (266) l'effet réconfortant produit par les aliments mâchés, avant qu'ils ne soient absorbés : il provient, comme nous l'avons dit, du dégagement de Magnétisme qui se produit, tant que la matière mâchée produit du goût, et même encore après.

Il faut laisser les aliments fondre dans la bouche, par une trituration lente, paisible et prolongée, en conservant présente à l'esprit la Pensée que l'on est en train, non seulement de réconforter le corps, mais encore de recharger les Centres Nerveux.

D'après le Yogi RAMACHARAKA (*Hatha Yoga*, p. 68) *une bouchée de pain traitée de cette manière donnera à peu près deux fois plus de « Nutrition » qu'une autre pareille avalée à la manière ordinaire, et fournira trois fois plus de Prana-aliment.*

La chose est encore plus capitale s'il est possible en ce qui concerne le Lait : cet Aliment, qui a été le point de départ des expériences du Capitaine MAUNIES, est, en général des plus indigestes, et occasionne des renvois et des aigreurs continuels.

En le traitant par la Méthode du capitaine, c'est-à-

dire en conservant chaque gorgée dans la bouche
pendant une demi-minute au moins, et en l'y ma-
laxant avec la langue en tout sens, on arrive à supprimer tous ces inconvénients. Et en même temps
on augmente son rendement nutritif d'au moins
moitié.

Les conséquences économiques de ce système sont
si évidentes que le Gouvernement des États-Unis n'a
pas hésité à en faire l'expérience sur 20 soldats et
3 sous-officiers à New Haven (Connecticut), en octobre 1903, sous la direction du chirurgien militaire
lieutenant WALLACE DEWITT.

285. — Durées de mastication. — Mais pour
en revenir à la pratique, les aliments non liquides
doivent être retenus dans la bouche **plusieurs minutes** : quelquefois, dans les cas extrêmes, jusqu'à
cinq ou six minutes : enfin, tant qu'ils ne sont pas
réduits à l'état de **liquide insipide,** qui d'ailleurs
s'avale spontanément. Dans ces conditions, **la diges-**
tion du **pain,** des **farineux** en général, et du **sucre
ordinaire,** est tout entière effectuée **dans la bouche,**
au grand soulagement de l'estomac qui est impuissant par lui-même à digérer ces substances.

On extrait en même temps de tout ce qu'on mange
une série successive de **goûts** différents et précédemment inconnus, fort curieuse. Par la **mastica-**
tion prolongée, on arrive à détruire entièrement
le goût fort et les inconvénients successifs des radis
ou des échalotes qu'on mange : (non pas que je
conseille ces aliments, mais leur intraitabilité habituelle montre la puissance de la Méthode.)

D'autre part, **une douzaine de bouchées** avalées
d'après ce système suffisent pour un repas complet,

de sorte qu'au fond le temps passé à se nourrir n'est guère augmenté : il est seulement mieux employé.

286. — Exercices hygiéniques. — Nous n'avons ici à envisager la culture physique que comme moyen d'entretenir la santé du corps, et non pour lui communiquer un développement dit « *athlétique* » lequel serait en contradiction avec le but que nous poursuivons : l'émancipation du Mental.

Tout ce que nous recherchons est d'amener le **rapport intime, l'harmonie,** entre l'homme et son corps.

Nous répéterons encore une fois — à cause de l'importance capitale de la recommandation, — que **tout exercice doit être exécuté en y apportant toute son Attention.**

Le **Psychiste,** nous l'avons maintes fois dit, ne doit *rien* faire sans s'y donner *tout entier :* « *age quod agis :*» «*Fais ce que tu fais.* »

Il ne faut pas brusquer la Nature dans ces exercices, et arriver à se surmener : la **Modération** est la première condition de tout développement naturel.

Il ne faut pas non plus s'exercer immédiatement après un repas, ni juste avant de manger ; et enfin, il est préférable de faire plusieurs courtes séances dans la journée plutôt qu'un moins grand nombre, plus prolongées.

On peut probablement se contenter des Exercices de Gymnastique Suédoise ordinaire (voir la Bibliographie, au nom HALLING) : pour les dames, ils sont peut-être même préférables ; mais ceux que je vais donner ci-après sous le nom d'Exercices **hygiéniques** sont consacrés tout au moins par ma pratique personnelle et je n'ai qu'à me louer de leurs résultats.

Ils sont le résumé de bien des recherches dans

presque tous les auteurs qui se sont occupés de
l'assouplissement du corps humain et produisent en
même temps un très léger développement musculaire des bras et des muscles de la poitrine, convenable pour des personnes d'occupation moyennement
sédentaire, ne faisant, en dehors de ces assouplis-
sements, aucun exercice de force.

287. — Importance de l'attention. — Nous
tenons à le répéter encore, il est d'importance fonda-
mentale, dans tous les exercices, de concentrer son
mental sur le mouvement que l'on exécute : ce faisant, en effet, on accoutume le **Mental des Cellules**
— les **Archées** → à répondre directement à la commande de la **Volonté**, qui se substitue ainsi peu à
peu à l'action habituelle et inconsciente du **Subconscient.**

On habitue ainsi continuellement les parties cons-
tituantes de ce **Subconscient** au **changement de
Maître** qu'on veut leur imposer, et l'on avance à
pas rapides dans la **Maîtrise de Soi**, en ce qui concerne le physique.

Il faut s'efforcer toujours de sentir le muscle que
l'on est en train d'exercer.

Dès les premiers essais, cette pratique si simple,
— qui nécessite seulement l'exécution un peu lente
des mouvements — procurera une apparente augmen-
tation de force de peut-être un quart, qui se traduira
peu à peu par un développement accéléré et **permanent** des organes ou des membres soumis à cet
entraînement psycho-physique.

Le fait est d'ailleurs bien connu de tous ceux qui
ont à exécuter ou à faire exécuter des travaux de
force : ils se recueillent toujours, eux ou leurs

hommes avant l'exécution : mais on oublie presque toujours de profiter de cette expérience acquise en l'appliquant au développement physique lui-même.

288. — Exemples d'Exercices hygiéniques. — L'ensemble des exercices qui suivent demande environ une bonne demi-heure pour son exécution, plus ou moins, suivant que l'on est plus ou moins bien disposé. Il est bon de les exécuter deux fois par jour : matin et soir, dans le costume le plus léger possible, de préférence même sans costume aucun : « **gymnastique** » vient de « *Gymnos,* » « *Nu,* » qui indique nettement l'absence de costume à adopter, — et qui était adoptée — par les Athlètes antiques.

Dans les intervalles de repos, entre exercices, pratiquer la Respiration profonde, avec ou sans percussion du bout des doigts sur tout le tronc ; rejet de l'air saccadé par la bouche (178) ; rejet de l'air rapide par la bouche grande ouverte ; etc.

289. — Les haltères. — Au saut du lit, après quelques exercices purement respiratoires, rien ne vaut les Haltères pour achever le réveil ; leur poids, au début, doit être très faible : quatre kilos la paire, peut-être ; cinq au maximum, augmentant progressivement jusqu'au double environ.

Le mouvement type, avec les Haltères supposés tenus, les bras tombants, consiste à les élever d'abord aux épaules, puis à porter lentement et à fond les bras, successivement dans les six directions : horizontalement de côté ; en avant ; puis verticalement, en l'air ; puis de nouveau horizontalement de côté ; en avant ; et enfin vers le sol, à la position de départ.

Le tout en ramenant chaque fois les Haltères aux épaules, bien entendu. Répéter plusieurs fois de suite ce groupe de six mouvements : on doit pouvoir arriver à l'exécuter six fois de suite avec léger repos s'il le faut.

Il est bon de parsemer tout le temps d'exercice de trois ou quatre de ces reprises, plutôt que de les exécuter consécutivement.

Les mouvements d'Haltères doivent s'exécuter lentement : au moins une seconde par temps, et il faut absolument éviter le surmenage, les mouvements violents et précipités, qui iraient directement à l'encontre du but poursuivi. Surtout, ne pas débuter avec des haltères trop lourds.

Si l'on a la moindre incertitude à ce sujet, on peut employer tout aussi bien les Haltères à ressorts, dont le poids minime est compensé par l'effort de tension des muscles pour les maintenir fermés, et qui sont aussi un excellent mode de développement des bras et des muscles de la poitrine.

290. — Plat ventre. — Le second exercice consiste à s'étendre à plat ventre par terre (sur un tapis, un drap plié, etc.), puis raidissant le corps, à se soulever à bout de bras le plus haut possible, et à se reposer ensuite doucement à la position de départ.

A la position haute, seuls les orteils et les mains touchent le sol. Répéter consécutivement, d'un seul souffle, d'abord trois ou quatre fois, puis jusqu'à huit. Exécuter trois reprises semblables.

Cet exercice est parfois très dur à accomplir ; avoir bien soin de le tenter très doucement la première fois et de s'y accoutumer très progressivement.

291. — Plat dos. — Sur le même tapis ou drap

plié, on se couche entièrement sur le dos, les jambes
unies puis (après avoir placé les haltères en travers
des jambes, à hauteur des chevilles, comme contre-
poids) on se met dans la position assise par la seule
force des reins et des muscles du ventre, les mains
étant croisées derrière la tête. Répéter d'un seul
souffle quatre à six fois de suite et exécuter trois ou
deux reprises semblables.

292. — Flexion en arrière à plat ventre.
— Toujours sur le même tapis ou drap plié, se mettre
à plat ventre les deux mains aux hanches, puis, rele-
vant simultanément les jambes jointes ensemble et
le plus possible de la poitrine, arriver à toucher le
sol par le moins possible du ventre et du thorax
seulement, en fléchissant l'épine dorsale en arrière
le plus qu'on le peut, les genoux et les jambes quit-
tant le sol.

Revenir au plat ventre de début, et recommencer
quatre à six fois.

293. — Flexion en avant. — Étant debout,
les bras pendants, leur faire exécuter un moulinet
en les portant en arrière, puis en haut, à la limite
de mouvement, et quand ils sont en haut, faire toucher les mains, et tenant toujours les jambes raides,
talons joints, jarrets tendus, amener le bout des
doigts des deux mains ensemble au contact du sol,
par la flexion des reins. Tout d'abord on n'y arrivera
sans doute pas : on se contentera de s'en approcher
le plus possible, et peu à peu le mouvement deviendra plus parfait.

Exécuter lentement quatre à six fois.

294. — Flexion en arrière. — Étant debout,

les talons joints, se baisser d'une flexion correcte en avant, saisir les Haltères et les lever à bras tendus devant soi autant qu'on le péut, puis, à la limite du mouvement vers le haut, se renverser avec précaution sur les reins, en arrière, les bras toujours tendus en l'air et munis des haltères. Ramener les bras le long du corps en les laissant descendre naturellement, toujours tendus, le plus en arrière possible.

Répéter lentement, trois à quatre fois.

On peut faire aussi le même mouvement *sans haltères*, les mains aux hanches, et s'exercer à se renverser en arrière le plus complètement qu'on peut.

295. — Flexion des jambes. — Étant debout, lever alternativement les genoux, le plus haut possible, en tenant le mollet le plus vertical possible, la pointe du pied basse. S'élever sur la pointe du pied posant à terre.

Répéter une **demi-douzaine** de fois pour chaque jambe.

296. — Flexion simultanée des jambes. — Étant debout, les talons joints, placer les mains ouvertes sur les hanches, s'accroupir le plus complètement possible d'un mouvement bien franc et se relever de même.

Répéter une **douzaine** de fois.

297. — Balancier horizontal. — Tenant les Haltères, étendre les bras horizontalement, puis après s'être assuré qu'aucun obstacle ne va gêner le mouvement, se tordre sur les reins à la limite de mouvement à droite et à gauche d'un mouvement bien franc. Les jambes sont suffisamment écartées pour donner une bonne assise. Faire attention, au début, de ne pas se donner un effort de reins.

Répéter six fois de chaque côté.

298. — Rotation du tronc en tous sens. —

Étant debout, placer les mains sur les hanches, fléchir le corps en avant, et sans le relever, le porter vers la droite (par exemple) puis en arrière, etc. d'un mouvement rotatoire continu. Changer le sens de rotation de temps en temps. Ce mouvement est un des plus importants et des plus connus.

299. — Rotation de la tête. — Exécuter avec

la tête seule un mouvement analogue au précédent, d'abord la tête orientée naturellement, en avant, puis répéter le mouvement en la tournant d'abord à droite, puis à gauche. Terminer par quelques mouvements d'orientation simple mais brusque, vers la gauche et vers la droite, jusqu'à la limite du mouvement.

300. — Extension des jambes en arrière.

— Étant debout, s'appuyer sur une canne ou un meuble, puis, maintenant les deux jambes tendues, les porter alternativement en arrière jusqu'à limite du mouvement.

Répéter six fois pour chaque jambe.

On peut naturellement exécuter le même mouvement en avant.

301. — Balancier vertical. — Étant debout,

tendre les bras horizontalement et latéralement, puis exécuter un mouvement de balancier latéral en rapprochant successivement chaque main de terre, tandis que l'autre s'en éloigne, par un mouvement de bascule.

Répéter une douzaine de fois.

302. — Jeté de jambes en arrière. — Étant debout, appuyé sur une canne ou un meuble, jeter vivement chaque jambe alternativement en arrière, en la repliant contre la cuisse d'un mouvement vif.

Répéter une douzaine de fois en tout.

303. — Assouplissement des poignets à bras tendus. — Exercice composite d'assouplissement des poignets, d'expansion de poitrine, et d'assouplissement des bras.

Étant debout, prendre les Haltères en se baissant par une flexion correcte en avant, puis, simultanément, élever très lentement les deux bras tendus en arrière le plus possible, tout en exécutant un mouvement rotatoire continu des poignets, tantôt dans un sens, tantôt dans l'autre, et tantôt en Huit. Les deux bras étant arrivés à leur limite d'élévation, les redescendre très lentement le plus en arrière possible, en continuant toujours le mouvement des poignets. Les bras restent entièrement tendus pendant tout l'exercice.

Répéter quatre fois.

Pour terminer, et sans abandonner les haltères, exécuter quatre fois aussi un mouvement circulaire dans un plan vertical, en élevant les bras latéralement et en les faisant redescendre devant soi tous deux ensemble, d'un mouvement de moulinet simultané comme celui employé fréquemment avec les massues.

Cela termine l'assouplissement des bras.

304. — Percussion jiu-jitsu. — Les Japonais arrivent à s'endurcir prodigieusement le corps en le percutant graduellement avec la tranche de la main du côté du petit doigt, par une sorte de mouvement de hache. Exécuter ce mouvement des deux mains sur tout le tronc, le cou, devant et derrière, partout où l'on peut atteindre, en arrivant progressivement à « *hacher* » avec une force de plus en plus grande. « *Hacher* » avec le côté du pouce aux endroits que l'on ne saurait atteindre autrement.

305. — Eau. — Les Usages de l'Eau ont une telle importance que nous allons en dire quelques mots.

Non seulement ce liquide forme près de 70 ou 80 0/0 du Corps Humain, mais encore par des moyens naturels, ou par d'autres que nous allons décrire, l'Eau est susceptible d'**emmagasiner une notable quantité de Prana**, fait d'ailleurs bien connu des Mesméristes (avec leur **Eau Magnétisée**), sans qu'ils en aient cependant déduit toutes les conséquences pratiques.

Un **Psychiste** averti se fait une règle de ne jamais employer de l'**Eau** à aucun usage, soit pour lui, soit pour ceux qu'il peut être appelé à traiter, sans l'avoir au préalable « *pranaïsée* » (si l'on veut bien me permettre le néologisme), c'est-à-dire sans l'avoir **saturée de Prana**.

La chose est simple à faire et ses résultats importants : elle consiste simplement à vitaliser l'**Eau** au moyen **du Prana de l'atmosphère** ; à l'aérer, en un mot, purement et simplement. Je demande toutefois la permission de conserver mon néologisme, afin de bien spécifier que ce n'est pas d'**Air** que je conseille de saturer l'**Eau**, mais bien du **Prana** qui se trouve dans cet **Air**, ce qui pour nous est bien différent.

306. — Eau à boire. — L'Eau à boire se *pranaïse* en la versant à plusieurs reprises et d'une certaine hauteur, d'un verre dans un autre, ce qui la rend presque pétillante, et bien plus agréable au goût. En faisant cette même opération en plein Soleil, on augmente encore son **potentiel Pranique.**

307. — Eau des bains. — L'eau de bains ou de traitements, se *pranaïse* en la puisant dans le grand Vase, etc., qui la contient, par le moyen d'un petit récipient à manche, tel qu'une casserole, puis en la reversant d'une certaine hauteur dans le vase où on vient de la puiser. En répétant cette opération durant quelques minutes, l'Eau est suffisamment *pranaïsée* pour nos usages courants.

308. — Bains. — Parmi les plus importantes nécessités d'une bonne hygiène, se trouve la pratique du bain quotidien sous une forme ou sous une autre. Il n'y a même aucun inconvénient à la renouveler matin et soir, sous les formes simples que nous allons décrire.

Tout d'abord, il ne faut **jamais** employer d'eau assez froide pour produire une **sensation désagréable.** Il est toujours possible de trouver une température à laquelle l'eau est « *supportable* » sans causer de répulsion, et c'est de cette manière qu'il faut s'entraîner si l'on n'est pas accoutumé à l'eau « *froide.* »

309. — Le bain le plus simple — et le plus pratique — se prend dans un récipient à peu près quelconque : baignoire, tub, baquet même, au besoin, contenant de l'eau jusqu'à la cheville quand on s'y tient debout.

Avec une éponge ou un linge plié on puise cette eau, et on commence par se mouiller à fond tout le visage, puis on descend vers le côté gauche de la poitrine, la région du cœur, que l'on mouille bien complètement, tout en pratiquant sans discontinuer la respiration profonde. On continue ensuite à baigner de l'éponge ou du linge toutes les parties du corps, en agissant avec plus ou moins de rapidité suivant que la température est plus ou moins engageante.

Tout aussitôt, on sort du tub, et on peut à volonté, soit se frictionner seulement avec les mains et entrer tout mouillé (ou plutôt humide) dans ses vêtements, comme le conseille Monseigneur KNEIPP, soit se sécher vigoureusement au moyen d'une serviette, et en faisant la plus grande attention à ne pas prendre froid. La respiration profonde continue est d'un grand secours contre cette éventualité.

Cette pratique est merveilleuse au point de vue de la santé, et tout Psychiste suivant notre méthode peut être sûr de sa parfaite innocuité.

Il peut, sans doute, exister des organismes malades qui la supporteraient difficilement ; et à ceux-là nous ne pouvons que conseiller de consulter un Médecin Naturiste sur leur cas particulier.

310. — Méthode Kneipp. — Quand la chose est possible, il est toujours bon de pratiquer une des branches qui a le plus contribué à la célébrité de la Méthode KNEIPP : la marche pieds nus dans l'herbe.

Cet exercice consiste simplement à marcher nupieds dans l'herbe humide, plutôt le matin, dans la rosée, et pendant dix à quarante-cinq minutes. Après la marche le P. KNEIPP recommande de ne pas sécher les pieds, de les nettoyer seulement des débris d'herbe, etc., et de les mettre tout humides dans des chaussettes et des chaussures sèches, puis de se donner du mouvement jusqu'à ce qu'ils deviennent complètement chauds.

La Marche nu-pieds peut aussi se faire sur des pierres humides, ou dans la saison, dans la neige fraîchement tombée, aux mois de Mars ou d'Avril, de préférence, car un froid, même assez vif, est loin de nuire aux bons résultats. Mais la marche dans la neige doit être plus courte : trois à quatre minutes seulement, et il Faut que la neige soit fraîchement tombée, pour n'être ni par trop gelée, ni surtout souillée, et en boue.

Tout le monde connaît la sensibilité nerveuse de la plante des pieds et ce stimulant naturel produit fréquemment d'heureux résultats, tout à fait hors de proportion avec son apparente banalité.

311. — Enveloppements humides. — Il est bon aussi de connaître, pour le pratiquer au besoin, plutôt sur les autres que sur soi-même, car, en suivant notre Système de Traitement, il est à peu près impossible d'être jamais malade, le principe de la méthode de l'enveloppement humide, adopté maintenant par tous les Médecins Naturistes. On trouvera tous les détails à ce sujet dans les ouvrages de KNEIPP, de PLATEN, etc.

Voici, rapidement décrit, le « *Maillot de Torse* » qui est d'un usage aussi fréquent qu'efficace pour tous les malaises de l'estomac, du foie, des reins, du ventre, etc., et qui constitue à lui tout seul une espèce de **Traitement Général** et dépuratif des plus heureux.

312. — Maillot de Torse. — Comme tous les procédés d'enveloppement humide, le **maillot de torse** ou de tronc se compose de deux parties : l'une de linge poreux, que l'on mouille d'eau à une température différente suivant l'effet visé, l'autre en laine sous forme de couverture ou de très large ceinture, qui enveloppe la première et aide à déterminer la réaction.

Pour le Maillot de tronc, ou demi-maillot, on peut employer un linge en toile de lin Kneipp, d'environ 80 à 85 centimètres de large sur 3 mètres de long : on le plie en s'en servant, de manière à réduire sa longueur à environ 1^m,50.

La Couverture d'enveloppement doit avoir des dimensions un peu plus grandes en tous sens et être aussi au moins en double. Au lieu de Couverture on peut prendre une pièce de flanelle, de molleton, etc., mais il faut avoir soin que les épaisseurs soient largement suffisantes pour bien déterminer la réaction.

La longueur du linge doit être telle qu'il recouvre **deux fois** (ou en **quatre épaisseurs**) la poitrine du patient qui s'y enveloppe.

Pour en faire usage, on imbibe cette compresse dans de l'eau de température variant de 19° à 22° C. pour les sujets un peu robustes, à 22° à 30° C. pour les sujets faibles, déprimés et anémiques.

Ayant déplié la Couverture (ou ce qui en tient lieu) sur un lit, à hauteur du torse, une fois couché, on dispose par-dessus la compresse imbibée comme il vient d'être dit et plus ou moins tordue suivant qu'on recherche un effet plus ou moins durable et prolongé.

Le sujet se couche alors sur le Maillot étendu, et ramène sur son torse d'abord un côté, puis l'autre de la compresse, en évitant bien les plis.

Ensuite, il agit de même avec la Couverture, bien convenablement tendue, et la fixe avec trois épingles de sûreté : une à la ceinture, une en haut et une en bas.

Il peut ensuite endosser une chemise épaisse ou un veston de nuit, et doit avoir le plus grand soin de se couvrir chaudement pour favoriser la réaction. Celle-ci demande un temps variable, mais, en règle générale, on peut conserver le Maillot en position pendant deux à trois heures, ou davantage, si l'on veut.

Au bout de ce temps on retire le tout et on a le choix entre deux moyens : ou bien rester au lit jusqu'à retour de la température normale du corps, ou bien alors procéder à une ablution froide des parties du Corps qui étaient recouvertes par le Maillot.

L'une ou l'autre de ces pratiques est de rigueur.

On peut dire que ce Maillot est un Régulateur général des fonctions des principaux organes de l'Homme : non seulement il détermine l'expulsion de matières nuisibles (qui se traduit souvent par une odeur âcre de la compresse qu'on enlève), mais encore il stimule tous les organes qu'il enveloppe, c'est-à-dire à peu près tous ceux de l'économie.

Il dégage les reins, active le foie, combat la constipation et la dyspepsie : enfin c'est un véritable adjuvant universel.

Pendant toute la période de transition de Régime, et au début de la pratique sérieuse de la Culture Psychique, il est d'un emploi plus qu'indiqué : presque indispensable.

313. — Soins généraux du corps. — Nous avons déjà vu et signalé les soins particuliers à donner aux **Yeux** et au **Nez** (262) pendant les débuts de la **Culture Psychique.**

314. — Massage oculaire. — Voici un supplément de **Traitement** que l'on peut, en cas de besoin, appliquer au **Yeux** : avec la partie palmaire du second doigt de chaque main (le médius) masser l'œil fermé et ses muscles, doucement et avec fermeté. Presser doucement et légèrement l'extrémité des doigts sous le rebord des orbites et remuer doucement. Ceci soulagera immédiatement et stimulera énormément les yeux. Puis, entre le pouce et l'index, saisir doucement les paupières, et les presser légèrement ensemble.

Enfin terminer par une **Application vibratoire** (418) sur le globe de chaque œil (fermé, bien entendu), (*Osteopathy,* p. 170).

Si l'on traite un autre que soi-même, supplémenter le tout par des **insufflations chaudes** à travers un linge fin, et **magnétiser** de l'eau, pour que le Patient s'en baigne les yeux entre deux **Traitements.**

315. — Les cheveux. — La chevelure doit également être l'objet de soins hygiéniques particuliers : il est important de la débarrasser fréquemment des poussières et résidus qui s'y accumulent toujours et qu'on y laisse trop souvent séjourner par indifférence : cause fréquente de la chute des cheveux.

Il faut laver la tête au savon noir ou au savon ordinaire, d'abord **tous les soirs,** avant de se mettre au lit, puis dans la suite, au moins deux ou trois fois par semaine.

On emploie de l'eau chaude, pour ce lavage, et il est bon de **rincer** les cheveux au moins une fois et de préférence **deux** dans de l'eau presque chaude renouvelée.

Outre que ce procédé arrête le plus généralement la chûte des cheveux, il débarrasse également la tête des pellicules, si on a soin, en rinçant, de pencher la tête en avant, et de la baigner le plus possible dans la cuvette, en même temps qu'on manie doucement la chevelure sous l'eau.

On verra alors toutes les pellicules se rassembler au fond de la cuvette, et on pourra juger de l'extrême nécessité de ces soins de simple propreté.

Les cheveux ainsi soignés acquièrent des capacités électriques, semblables à celles de la fourrure des chats sauvages, et constituent un moyen de plus (il n'y en a jamais trop), de recueillir le **Prana** dans l'**Atmosphère**.

316. — Soins des mains. — Lorsqu'on pratique le **Traitement** de malades par contact (comme dans le magnétisme, etc.), il ne faut jamais négliger de **se laver soigneusement les mains** après chaque séance, tant pour se débarrasser soi-même de impuretés qui s'y sont attachées, que, surtout, pour éviter de transmettre involontairement à d'autres ces mêmes influences peccantes.

317. — Soins des pieds. — Quant aux **Pieds**, nous venons de signaler (310) les merveilleux effets de la méthode KNEIPP en ce qui les concerne, et l'on peut être assuré de faire disparaître par son moyen toutes les gênes qu'on pourrait y ressentir.

318. — Conclusion. — Nous touchons au

terme de la seconde partie de notre ouvrage, dont
le but est de former un **Psychiste** capable de mettre
en œuvre efficacement les importantes méthodes de
Traitement qui vont suivre.

Avant d'abandonner définitivement ce sujet si intéressant de la **Culture Psychique**, il nous semble
utile d'ajouter encore quelques remarques générales.

319. — Euphémisme. — Nous désirons appeler
toute l'attention du **Psychiste** sur l'importance de châtier son langage, même dans la vie ordinaire, afin de
ne s'entourer que de pensées saines et élevées.

On agit d'ordinaire autrement, et l'on s'imagine faire
preuve de virilité en usant d'un langage de brutes :
il n'en est rien, et la brutalité, tant en paroles qu'en
actions, est toujours un signe d'impuissance mentale ; c'est le hurlement de la bête que, tous, nous
portons en nous, et qu'il est du devoir du **Psychiste**
de mater définitivement.

Chaque fois que nous cédons à une *Impulsion*, nous
diminuons notre pouvoir d'y résister par la suite, et
maintenant que nous nous rendons compte de ce pouvoir créateur du Verbe, qui nous entoure, comme
d'un nuage, de toutes les pensées que nous proférons,
il devient primordial de cesser immédiatement l'é-
mission volontaire de **Vibrations inférieures** qui se
manifestent dans le Verbe par tout mot grossier.

Je n'entends pas par là demander que le langage se
fasse remarquer par sa recherche : le **Style** ne me
regarde pas, et je n'ai rien à y voir ; mais ce que je
demande c'est la suppression de tout mot formant
image grossière, basse ou passionnée, qui amène un
mouvement de l'âme animale correspondant : et non

seulement de tout mot proféré de cette classe, mais encore je demande l'Anéantissement volontaire et immédiat de toute *Pensée exprimée* par ces mots et les amenant aux lèvres.

C'est un simple travail d'assainissement mental, et pas autre chose ; mais son importance est primordiale.

Il nous faut considérer certains mots comme néfastes, non pas par une vague superstition, mais parcequ'ils matérialisent, parcequ'ils donnent la Vie à certaines Vibrations grossières, pesantes, qui forment obstacle à notre Liberté de Vouloir.

320. — Assainissement mental : suite. —

Ce sujet nous amène à examiner quelque peu nos procédés de Mentation habituels : ils sont, en général, renversants ; on demeure confondu quand on réalise combien peu d'Hommes, même passablement intellectuels, ignorent la propreté de Pensée, et sa nécessité capitale.

Presque toujours, on subit passivement, impersonnellement ses Idées, au lieu de les diriger activement dans la voie que l'on sait qu'elles devraient prendre.

Et bien plus, on cultive ou on tolère (ce qui est la même chose), indistinctement les bonnes ou les mauvaises pensées, au petit bonheur, comme cela se trouve ; — c'est-à-dire qu'on alimente ou qu'on empoisonne son Mental sans attacher d'autre importance à cette distinction ! Elle en vaut pourtant la peine.

Tout Psychiste suivant notre méthode s'affranchira radicalement de ce grave défaut : il sait comment tuer une Pensée inharmonique ou rétrograde quelconque (220), et se **polariser** dans sa qualité opposée, et il ne manquera jamais de l'appliquer à l'occasion.

321. — Lectures. — Au point de vue de la **direction de la Croissance mentale**, les Lectures habituelles ont aussi une surprenante prépondérance. Elles sont comme autant de **Germes-Pensées** que nous nous inoculons perpétuellement, et la plupart du temps, inconsciemment.

Chaque Livre est un — ou plusieurs — **Germes-Pensées** dans un état plus ou moins grand de **Vitalité et de Développement**. Il influe nécessairement sur notre **Agglomérat psychique**, en direct ou en rétrograde. Il devient partie intégrante de nous — le plus souvent complètement à notre insu, et se loge pour une durée indéfinie dans les vastes profondeurs de notre **Inconscient**.

Tant que notre **Mental Féminin**, ce **Subconscient** mi-instincts, mi-passions que nous portons en nous, n'est pas saturé à refus, intégralement et exclusivement fécondé par notre Esprit **conscient masculin**, il est toujours susceptible de contamination par des lectures inappropriées, et souvent franchement nuisibles.

Les *Journaux quotidiens* ont, sans contredit, la palme parmi les lectures habituelles les plus harassantes pour le **Mental**. Ils sont le reflet de toutes les mauvaises passions, de tout ce qu'il faut le plus soigneusement éviter, de tout ce qui est le plus malsain à la **Mentation**.

C'est un véritable bourbier psychique.

D'autre part, nous verrons plus loin qu'à certains moments, proches du sommeil naturel, la **perméabi-**

lité du subconscient est plus grande qu'à d'autres, et, par malheur, c'est justement à ces moments-là, en général, que se lisent les journaux : le matin et le soir.

Évitons soigneusement cette calamité.

322. — Le Rire, la Plaisanterie, la Moquerie.

— EPICTÈTE nous le dit avec beaucoup de justesse dans son XLVI° Aphorisme : *« Ne ris ni longtemps, ni souvent, ni avec excès. »* C'est la plus immense des erreurs de s'imaginer que le rire porte en soi quelque chose de salutaire : il est simplement un témoignage de satisfaction de notre partie instinctive, et voilà tout. Il appartient exclusivement à la mentalité la moins élevée, la moins développée, la plus rapprochée de la puérilité. Sa nature inconsciente se met bien en évidence dans deux cas que nous allons citer :

Le premier c'est quand on rencontre le *« rire incoercible »* dans les sujets que l'on traite mentalement ; on les voit, endormis, devenir la proie d'accès, on pourrait même dire de crises de fou rire, qui se terminent parfois par des larmes. Hâtons-nous de dire que ceci ne peut arriver qu'à un sujet, ou bien maladroitement endormi, ou bien abandonné à lui-même trop longtemps dans des conditions défavorables, une fois endormi ; ces crises sont souvent contagieuses parmi plusieurs sujets réunis, et sont de véritables attaques de nerfs en miniature. Naturellement ce n'est que le développement fâcheux d'un Germe-Pensée préexistant chez le sujet, ou projeté involontairement pendant la séance.

Quand on a une fois assisté à ce genre de scène, je crois qu'on est guéri à jamais de la contagion du fou rire, — pourvu, bien entendu, que l'on soit d'autre part normalement équilibré. On se rend un compte bien net de la bestialité et de l'inconscience de cette manifestation.

Le second cas c'est le fou rire ordinaire tel qu'il se manifeste ordinairement : on voit les malheureux qui y sont en proie (terme des plus justes), incapables de se maîtriser, et se livrer à de grotesques contorsions sous l'impulsion d'une cause quelquefois à eux parfaitement inconnue, et sur laquelle ils sont sans action.

C'est un effet très comparable à celui de l'ébriété, ou même de la folie, pure et simple : c'est bel et bien de la « *subjugation* » comme l'eût « *euphémisé* » ALLAN KARDEC, quoique heureusement à son plus faible degré.

Bref le rire est toujours un signe certain d'infériorité mentale ; je ne demande pas (ni ÉPICTÈTE non plus) que nous nous en délivrions du jour au lendemain : ce serait trop beau ; mais envisageons-le froidement pour ce qu'il est, et évitons sa subjugation.

323. — Sarcasme et Plaisanterie. — Au rire se rattachent nécessairement le Sarcasme, la Plaisanterie et la Moquerie qui en sont les auxiliaires, et les provocations. Et il y a peu de tournures d'esprit qui soient plus néfastes que ces trois-là ; elles joignent, en effet, une apparence d'intellectualité, d' « *esprit* » (comme on dit si improprement) à la tendance la plus destructive, et la plus nettement rétrograde, qui soit.

Il n'est pas besoin de chercher bien loin pour constater dans l'histoire de la France (le pays, incontes-

tablement, où l'on a le plus d' « *esprit* »), les beaux
résultats qu'a amenés après elle la période où la plaisanterie et la moquerie ont régné en maîtres : le
xviiie siècle.

Ç'a été une dissolution générale. Rien n'y a ré-
sisté, et, en effet, si on cultive ces aberrations, rien
ne peut leur résister : elles sont le plus puissant
mode de désagrégation connu, équivalent à la Négation, pure et simple. Une chose dont on se moque,
dont on plaisante, on la nie, purement et simplement :
on la tue dans le monde Mental.

Il est inutile, sans doute, d'en dire davantage : le
Psychiste saura maintenant se gouverner parmi ces
écueils, et les éviter, qu'ils proviennent soit de lui,
soit des autres : ils sont à traiter, ni plus ni moins
que les autres Parasites rétrogrades inharmoniques : comme eux, leur essence est négative, et
se polarise positivement, par la Volonté, en donnant
la Foi enthousiaste, qui, à son tour, procrée l'Attraction la plus intense.

324. — Impassibilité. — Un autre détail qui a
bien son importance est l'attitude à observer dans la
généralité des évènements ordinaires de la vie.
Comme le dit si bien M. Rudolf STEINER dans son
« *Initiation,* » le Psychiste doit se faire une règle
invariable de s'accoutumer à entendre et à écouter
tous les discours qui frappent ses oreilles en répri-
mant exactement toute Émotion de son Être Intérieur : il doit s'exercer en toute circonstance à pratiquer exactement cette branche de la Maîtrise de
Soi, qui conduit ultérieurement aux plus importants
résultats. Il doit, en un mot, prendre le contre-pied
exact de cette tendance générale à se laisser entraî-

ner par les discours, quels qu'ils soient. A notre époque de terrible abus du Verbe, on ne saurait attacher trop d'importance à ce détail.

Il faut écouter tout, attentivement, mais sans se laisser influencer, et n'accepter pour Germe-Pensée que ce que notre Jugement nous signale comme utile à notre Évolution.

En tout et dans tout il faut chercher le Bien qui est contenu, et, systématiquement ignorer le Mal qui peut y être joint.

Ainsi toute attitude de Mécontentement doit être radicalement bannie de notre mental ; tout Ennui, toute Récrimination doivent être évités comme la peste ; et toutes nos Émotions soumises au contrôle direct et immédiat de notre Moi Supérieur, de notre Volonté.

325. — Journée Type. — Il n'est peut-être pas inutile d'esquisser à grands traits ce que peut être un emploi du temps, lorsque les circonstances se prêtent à une Culture Psychique et Physique intensive, tout en restant parfaitement dans les bornes de la modération et de l'harmonie qu'il ne faut jamais franchir si l'on veut obtenir un Développement stable et paisible.

Nécessairement, les circonstances de la vie ne permettront pas de pratiquer sans exception une suite d'exercices aussi complète ; mais le schéma n'en reste pas moins utile pour fixer les idées sur un système qui a fait ses preuves, et que l'on peut mettre à exécution plus ou moins assidûment.

D'autre part, on sait que la régularité est un puissant facteur dans la création d'habitudes nouvelles, de sorte qu'il est fort important de s'astreindre au

moins à quatre exercices réguliers par jour, si peu
prolongés soient-ils.

D'ailleurs personne, quelles que soient ses occupa-
tions, n'est incapable de trouver dix minutes ou un
quart d'heure à soi le matin en se levant et le soir en
se couchant : il suffit de prendre cette totale demi-
heure sur son sommeil, au besoin.

Il n'est guère vraisemblable, non plus, que dans les
moments qui précèdent les repas de midi et du soir,
on ne puisse trouver un autre quart d'heure (à la
rigueur même en tramway ou en chemin de fer), où
on ne puisse plus ou moins méditer : il s'agit simplement d'y penser, et de le vouloir.

Naturellement les progrès ne seront pas aussi
rapides de la sorte que par un entraînement étendu
comme celui du schéma : mais, si l'on veut bien en
outre les supplémenter par une application des principes dans toutes les affaires de la vie ordinaire, on
n'en obtiendra pas moins de surprenants résultats :
ce serait une erreur de penser que les fruits d'une
culture par trop intensive sont supérieurs à ceux
d'une culture même très modérée, pourvu qu'elle
soit intelligente et sincère.

Il ne faut même, sous aucun prétexte, exagérer
l'intensité de la culture psychique, ou physique,
sous peine de manquer infailliblement le but : il faut
aider la nature ; il est impossible de la contraindre.

Le Temps est un facteur qu'il est impossible d'éliminer, et toute tentative dans ce sens est vaine à
priori. On peut aller plus ou moins vite : mais il faut
du Temps.

De même des Efforts trop considérables, et qui se
traduisent par une gêne quelconque de la santé sont
à fuir inexorablement : rien de bon ne peut en pro-

venir; ils sont un signe évident que l'on a dépassé le
« coefficient d'élasticité » et que l'on s'achemine
vers une déformation permanente, puis une rupture,
inévitables.

Évidemment, c'est un Art que de pouvoir se cultiver soi-même sans déperdition de Temps ni de
Forces; on n'y arrive pas d'emblée, c'est certain. Il
faut commencer prudemment quoique franchement,
et s'avancer pas à pas avec une Attention toujours en
éveil.

C'est dans ces conditions que l'expérience des
autres est quelquefois précieuse, et tout ce livre n'est
qu'un Guide sommaire dans cette pratique à la fois
délicate et essentielle.

Il ne s'agit point ici en effet de choses que l'on peut
faire, ou ne pas faire, sans autre inconvénient : ce
sont les Lois immuables de la Vie, que nous sommes
contraints d'appliquer correctement, sous peine des
désagréments les plus graves; la chose vaut la peine
d'y réfléchir.

Bref, voici un « *horaire* » d'entraînement complet
ou à peu près :

1). — Au réveil. — Dès qu'on est bien réveillé,
le matin, pratiquer quelques Respirations Inté-
grales, et autres exercices purement respiratoires
devant la fenêtre ouverte, puis, si l'on veut, s'étendre
de nouveau ou s'installer dans un siège, et consacrer
d'un quart d'heure à une heure à une méditation
appropriée : soit une simple Relaxation Générale,
soit une séance d'Affirmations, etc. Comme nous
l'avons vu, ce moment de la journée est un de ceux
où le Subconscient est le plus perméable aux
Germes-Pensées.

Ensuite, avant de s'habiller, et dans le costume le plus léger possible (ou, de préférence, sans costume du tout), exécuter une série d'Exercices d'assouplissement, tels que nous les avons décrits (288, etc.).

Cela fait, l'Ablution rapide et générale à l'eau froide ou tiède est tout indiquée. A son défaut une sérieuse friction avec de l'eau mélangée d'Eau de Cologne, etc. Mais de toutes les manières, réveiller la peau avant de s'habiller.

2). — Dans la matinée. — Il faut s'astreindre à trouver, avant le déjeuner, un moment de libre, pour rappeler à la mémoire les Affirmations quotidiennes, qui sont comme la chaîne sur laquelle nous voulons tisser notre vie, et qui doivent sans cesse être présentes à l'affleurement de notre Subconscient. On peut y consacrer depuis un quart d'heure jusqu'à une heure ou plus, surtout si, en même temps on pratique les divers exercices indiqués pour la culture du Regard, de l'Attention, etc.

3). — Après midi. — Vers la fin de l'après-midi, on peut recommencer la séance de la matinée : ramener les Affirmations au niveau de la Conscience, inlassablement, et cultiver les fonctions ou facultés que l'on juge en avoir le plus besoin.

Dans l'été, quand l'occasion se présente, ne pas craindre de se livrer à une seconde ablution rapide à l'eau froide, après les travaux du jour et avant le repas du soir. Le corps entier sera rafraîchi et la soirée se passera tout entière sans sensation de chaleur déplaisante.

4). — Le soir. — La journée peut se terminer, quand on n'a pas pris beaucoup d'exercice, et que les grandes chaleurs ne règnent pas, par une répétition des exercices hygiéniques du matin que l'on évite de pousser jusqu'à amener la transpiration, ou troubler le sommeil.

Puis, au lit, avant de s'endormir, on profite du meilleur moment, qui est celui-là, pour insister sur les **Affirmations** les plus importantes, en s'efforçant de maintenir dans la pensée celle sur qui on veut insister encore davantage, jusqu'à l'instant où l'on s'endort, afin de l'abandonner à la mentation subconsciente de toute la nuit.

Comme on le voit, nous indiquons seulement les grandes lignes de l'emploi du temps. En dehors de cela, on pourra (et il faudra) se livrer à des exercices respiratoires fréquemment renouvelés, et employer tout instant libre à une branche ou une autre de notre propre culture. C'est à cette seule condition que nous pouvons espérer arriver à quelque chose de remarquable.

Le seul moyen de réussir dans le **Psychisme** comme dans tout le reste, c'est d'y **penser sans cesse**. Ne jamais commettre d'acte contraire à notre développement ; — ne jamais manquer de profiter de **Toute occasion** favorable à ce même développement : les rechercher, les faire naître en toute circonstance, les mettre à profit : et le **Succès** est absolument inévitable et **infaillible** : il est la suite d'une **Loi** aussi inéluctable que nous paraît celle de la pesanteur.

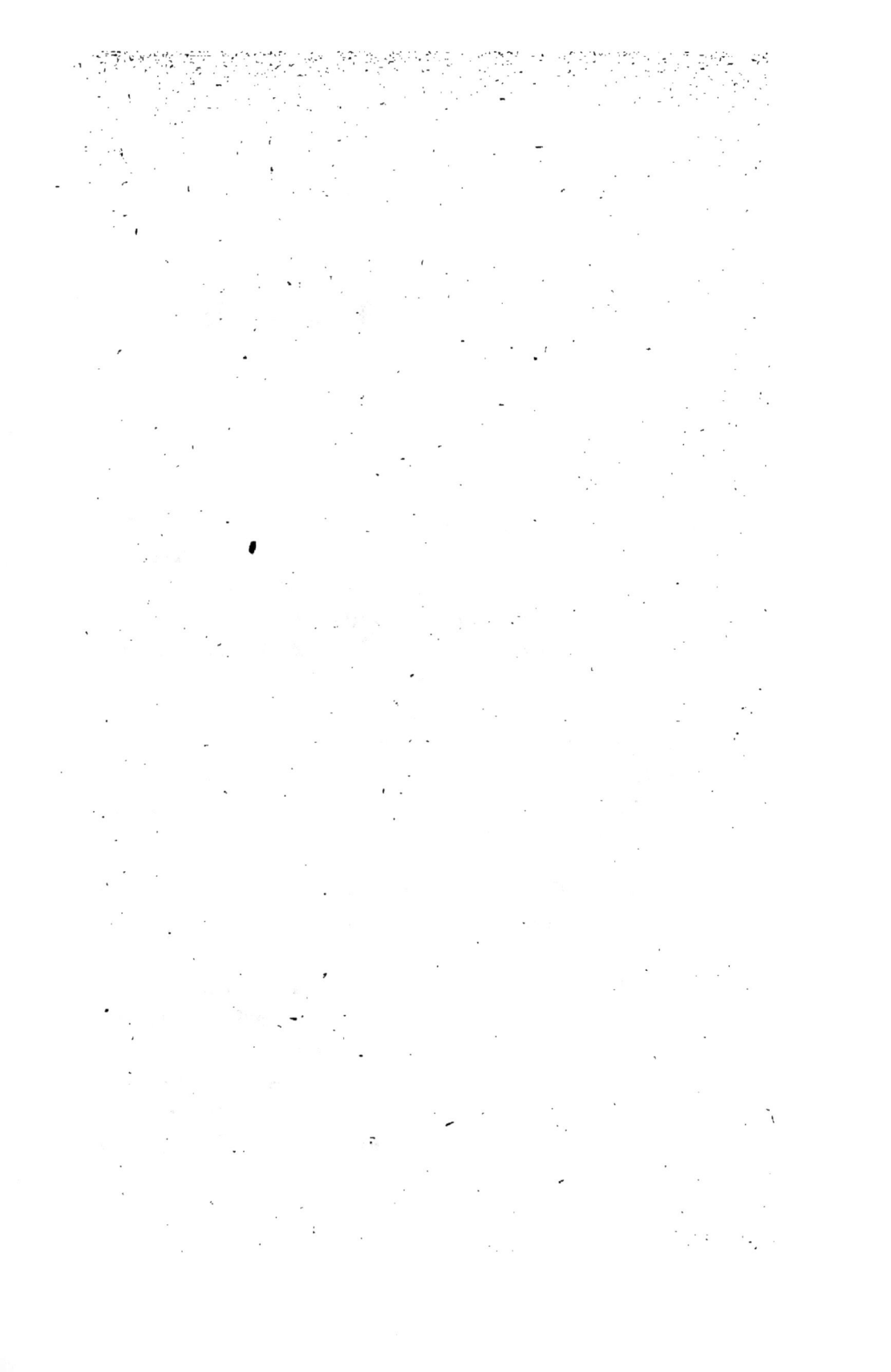

TROISIÈME PARTIE

MÉTHODES PSYCHIQUES DE GUÉRISON

A. — HISTOIRE

I. — Antiquité

326. — Chaldée. — Ce sont peut-être les Chaldéens qui nous ont laissé les traces monumentales les plus anciennes de la guérison psychique appliquée universellement sur une grande échelle, si bien même que l'on peut vraisemblablement conjecturer qu'elle constituait toute leur médecine.

L'ouvrage bien connu de M. François LENORMANT : « *La Magie chez les Chaldéens,* » nous en fournit d'abondantes preuves. Par curiosité, transcrivons littéralement la traduction d'un texte cunéiforme, donnée par cet auteur, p. 21 :

327. — « *Silik-Moulou-Khi* l'a secouru ; vers son père « *Éa* dans la demeure il est entré, et il l'a appelé : « Mon « père, la maladie de la tête est sortie des Enfers. » « Au sujet du mal, il lui a dit ainsi : « *Fais le re-* « *mède;* cet homme ne le sait pas ; il est soumis au « remède. » *Éa,* à son fils *Silik-Moulou-Khi* a répon- « du : « Mon fils, tu ne connais pas le remède; que « je t'enseigne le remède. Ce que je sais, tu le sais. « Viens, mon fils *Silik-Moulou-Khi*..... Prends un

« seau ; puise de l'eau à la surface du fleuve. Sur
« ces eaux, *pose ta lèvre sublime ; par ton souffle su-*
« *blime,* fais-les briller de pureté..... Secours l'Homme
« fils de son Dieu ; enveloppe sa tête..... Que la ma-
« ladie de sa tête [s'en aille] : que la maladie de sa
« tête se dissipe comme une rosée nocturne. »
  « Que le précepte de *Éa* le guérisse ! »
  « Que *Davkina* [l'épouse de *Éa*] le guérisse ! »
  « Que *Silik-Moulou-Khi,* le fils aîné de l'Océan,
« forme l'image secourable ! »
  Comme peut le voir aisément tout Psychiste
quelque peu éclairé, il s'agit là tout simplement de
dissiper un « *Mal de la tête* » (qui devait être quelque
genre de méningite), au moyen d'eau Magnétisée
par le contact des lèvres, puis par le souffle du Thérapeute.
  Vers la fin de la formule se trouve l' « *Impération* »
traditionnelle parmi les Guérisseurs Psychiques, de
nos jours encore, c'est-à-dire l'ordre formel et no-
minal à la Maladie de s'anéantir.
  Les « *Incantations,* » nous dirions aujourd'hui les
« *affirmations négatives* » contre la peste, la fièvre, et
la « *Maladie de la tête* » ci-dessus, ne se comptent
plus dans les textes cunéiformes qui nous sont parvenus : on en trouvera en quantité dans l'ouvrage
cité.

  328. — Un autre livre du même genre, par
Mr. C. Fossey : « *La Magie Assyrienne,* » vient encore
ajouter à cette évidence : on y trouve les plus curieux
détails sur les « contaminations » par contact, rencontre, etc. ; la manière de « se purifier » par l'*eau
d'incantation,* » qui n'est autre, bien entendu, que
l'eau magnétisée, l'eau bénite de l'époque. Plus de

deux cents pages sont consacrées à la traduction littérale de textes cunéiformes dont la majeure partie a trait à la Guérison psychique par « incantations » ou prières rituelles contre diverses calamités et maladies.

D'ailleurs la Chaldée, c'est-à-dire l'Iran, l'Assyrie, la Perse etc., a toujours eu la réputation d'être le pays des Mages par excellence : c'est-à-dire des plus hauts Initiés.

329. — Zend-Avesta. — Le « *Zend Avesta,* » le livre de ZOROASTRE, a nécessairement conservé quelques traces de toutes ces pratiques : on y trouve (d'après la traduction d'ANQUETIL-DUPERRON) :

« Beaucoup de **guérisons** ne réussissent que par « le couteau, ou par les végétaux, ou par la parole. »

« *Lorsque le médecin réussit par la parole excel-* « *lente,* c'est la meilleure et la plus sure des guéri- « **sons.** »

330. — Égypte. — Si maintenant nous nous tournons vers l'Égypte, nous y rencontrons à peu près les mêmes pratiques et les mêmes croyances.

La **guérison psychique** y était pratiquée par les prêtres, dans les temples, ce qui avait donné naissance à cette curieuse coutume de l' « *incubation,* » ou action de passer une nuit dans un temple, pour y recouvrer la santé, par **influence spirituelle.** Miss Mary HAMILTON a publié dernièrement un intéressant ouvrage sur cette coutume, qui a persisté non seulement dans toute l'Antiquité, mais encore dans les églises chrétiennes du Moyen Age et qui se perpétue de nos jours même, en plein vingtième siècle, dans certains pèlerinages d'Italie, de Sardaigne et d'Autriche. L'auteur décrit aussi les curieux pèlerinages grecs de Tenos, des îles de l'Archipel, et de la Péninsule elle-même.

Ceci nous démontre l'universalité absolue de la croyance en la **guérison psychique**, mais, pour en revenir à l'Egypte, on trouve dans Diodore (I-23), que la grande Isis apparaissait aux fidèles malades endormis dans son temple, et les guérissait de leurs maux; que ceux qui étaient abandonnés des médecins recouvraient la santé par son intercession.

331. — Le *Papyrus Ebers* découvert dans les ruines de Thèbes, et datant environ de 1700 avant J.-C., contient de curieuses formules médicales, entre autres celle-ci :

« Pose ta main sur lui pour calmer la douleur, et « **dis que la douleur s'en aille.** »

332. — Les temples de **Sérapis** étaient célèbres par leurs guérisons miraculeuses. Strabon (XVII. 1. 7) signale le Sérapéum de Kanobos, non loin d'Alexandrie, comme particulièrement fertile en guérisons de ce genre. Le Sérapéum de Memphis possédait un collège de prêtres-guérisseurs, nommés « Katochoi, » qui pratiquaient l' « *Incubation* » dans le temple pour les fidèles empêchés. M. Letronne dans ses traductions des « *Papyri Grecs du Louvre* » donne une traduction d'une sorte de journal d'un de ces guérisseurs.

333. — **Grèce.** — En Grèce la **guérison mystique** était pratiquée plus couramment encore s'il est possible : le Temple d'Asklepios à Épidaure en était le centre le plus illustre, peut-être. On trouvera tous les renseignements détaillés à son sujet dans l'ouvrage de Miss HAMILTON (p. 8-79) : ASKLEPIOS avait fini par compter plus de trois cent vingt temples en Grèce et à Rome. Dans tous, les malades étaient guéris, mais les trois plus fameux étaient à Épidaure, à Cos et à Trikka. Celui de Pergame avait aussi quelque réputation.

334. — Les Latins ont fait d'Asklepios le Dieu Æsculapius, d'où nous avons tiré Esculape. Son temple se trouvait à Rome sur l'Ile Tibérine, et on y à retrouvé quatre inscriptions de cures. Sur son emplacement s'élève l'église actuelle de San Bartolomeo.

335. — AMPHIARAOS était un autre dieu guérisseur : son temple principal était à Oropos, sur la frontière de la Béotie et de l'Attique ; on y a retrouvé des inscriptions fort curieuses, sorte de règlement de l'établissement, donnant le montant de l'offrande préliminaire : « *pas moins de neuf oboles d'argent pesant* ; » l'enregistrement du nom des visiteurs ; l'emplacement, séparé en deux, du dortoir : pour les hommes à l'est de l'autel et pour les femmes à l'ouest ; etc. On avait coutume d'offrir ensuite au dieu un modèle de la partie du corps guérie par son intercession.

336. — Il y avait encore TROPHONIOS, dont l'« *antre* » était situé à Lebadeia, en Béotie : là, on ne se contentait pas de dormir ; il fallait descendre dans une sorte de caverne naturelle, où on ne pouvait accéder que par une échelle ; une fois descendu, on trouvait nne sorte d'ouverture très étroite qu'on franchissait

d'étrange façon, sur le dos, les pieds les premiers.
C'était les prêtres qui décidaient d'après l'inspec-
tion des victimes si le suppliant pouvait « *descendre
vers Trophonios.* » Les rites qui accompagnaient ce
mode de guérison étaient passablement complexes :
sacrifices, bains, eaux sacrées à boire, costume et
chaussures spéciales, etc. Le tarif était d'une pièce
d'argent, plus dix gâteaux d'une valeur d'un drachme
chacun.

337. — Les Indes. — Nous possédons moins
de documents archéologiques sur la guérison psychique dans les Indes, mais la tradition qui, pour
ce pays, les remplace, affirme encore les mêmes faits,
à un plus haut degré de perfection encore, s'il est
possible : le grand Hermès égyptien a dans le vénéré
Rama un rival imposant tant pour l'antiquité que
pour la science : il n'est guère possible de décider
lequel de ces deux personnages quasi-légendaires est
le premier en date ; et tous deux ont laissé une école
et des disciples qui offrent de grandes analogies.

Mais la tradition s'est perpétuée aux Indes, comme
dans les temps homériques, par la mémoire des disciples successifs, et ce mode de transmission à la
postérité offre de graves défauts quand il s'agit de
chronologie.

338. — Les Hindous assurent que leurs Annales
et traditions datent de plus de cent siècles —
10.000 ans — et que les *Védas* et leurs *Upanisads*
remontent même encore plus loin, transmises orale-
ment de maître à disciple. Que bien avant le Sphinx
et les Pyramides d'Égypte la philosophie et la religion éternelle Sanantana florissaient dans les Indes.

Quoi qu'il en soit, à part les **Lois du Kybalion,** presque tout le reste de ce que nous avons précédemment exposé sur la Culture humaine est de la pure tradition Hindouc, que le sage PATANJALI, le grand maître de la **Yoga,** a réunie en un corps de doctrine, environ 300 ans avant J.-C.

On peut donc assurer que la **guérison psychique** a été pratiquée aux Indes de temps immémorial, et, bien plus, que c'est assez vraisemblablement en ce pays que le CHRIST a puisé sa science et sa doctrine.

339. — Le Christ et ses disciples. — Voici une des parties les plus importantes de notre étude historique, parceque la **Guérison Psychique** chrétienne s'est perpétuée, à peu près sans interruption jusqu'à nos jours, où nous allons démontrer plus loin qu'elle florit de nouveau d'éclatante façon.

Toutefois, ce n'est point encore ici le lieu de parler longuement de Mrs EDDY, fondatrice de la « *Christian Science,* » Secte uniquement consacrée à la **Guérison Psychique,** et dont nous considérons la florissante condition comme notre argument suprême en faveur de la démonstration pratique et permanente du **Traitement Mental.**

JÉSUS-CHRIST, d'après la Tradition, était un **Essénien,** c'est-à-dire un membre de cette Fraternité Mystique, dont une particularité intéressante était la Guérison par la Prière.

340. — Nous ne pensons pas qu'il soit utile de collectionner ici tous les cas de **Guérisons Miraculeuses** rapportés dans le Nouveau Testament: la guérison des Lépreux, l'expulsion des « *Démons,* » particulièrement durant le séjour du Christ à

11*

Capharnaüm (Matth. IV. — Marc. I. — Luc. IV), la Guérison de l'Enfant du Centurion (Matth. VIII, 5 à 10; Luc. VII, 2 à 10), le Paralytique des Puits de Bethesda (Matth. IX, 2-7 ; et Marc. II, 3-12), la résurrection de la fille de Jaïre (Luc. VIII, 41-56 ; Marc. V, 22-43), celle si célèbre de Lazare (Jean. XI, 1-45), sans compter les guérisons des aveugles, des sourds-muets, etc.

341. — Outre les Apôtres eux-mêmes, certains Disciples postérieurs, saint Paul, par exemple, et la plupart des Saints ont possédé le Don de Guérison « Miraculeuse. »

Ainsi que nous l'avons exposé, il n'y a pour le Psychiste aucun « *Miracle* » dans ces faits : ce sont des Manifestations d'un Pouvoir plus ou moins développé. Certes le Christ le possédait à un point que peu ont jamais atteint; mais il est facile de voir que tous ces phénomènes ne diffèrent que par leur intensité: à peu près comme la Foudre diffère de l'Étincelle d'une machine électrique.

Il nous semble inutile de nous étendre davantage sur ces sujets Bibliques si universellement connus, bien que peu compris, en général, et nous allons maintenant passer aux manifestations similaires dans les temps plus rapprochés.

II. — Moyen Age

342. — **L'Incubation.** — Nous avons vu précédemment comment l' « *Incubation* » (qu'il ne faut, bien entendu, pas confondre avec ce que l'Eglise a postérieurement nommé « *Incubes* » et « *Succubes*, » c'est-à-dire une classe particulière d'entités de l'Invisible): que l'Incubation, donc, était un des procédés les plus courants de Guérison Psychique dans l'Antiquité.

Le Christianisme naissant rencontra les plus vives oppositions dans ses tentatives de destruction des Cultes d'ASCLÉPIOS, d'ISIS, et de SÉRAPIS, par exemple, parceque ces Divinités étaient censées Guérir les malades.

Il n'est pas bien difficile de deviner ce qui se passa alors : la puissance de Guérison Miraculeuse passa tout bonnement des Dieux aux Saints, et tout fut dit.

A Byzance, par exemple SAINT-CÔME et SAINT-DAMIEN, SAINT-MICHEL, SAINT-CYR et SAINT-JEAN, surtout SAINT-THÉRAPON devinrent des Églises fameuses pour leurs guérisons miraculeuses « par Incubation. »

En France, SAINT-MARTIN DE TOURS a joui du même privilège.

SAINT CÔME et SAINT DAMIEN étaient des Médecins durant leur vie, et furent martyrisés en Cilicie, dans le IIIᵉ siècle. Les guérisons qu'ils ont accomplies dans leurs églises sont innombrables : parfois ils agissaient en une Apparition, qui touchait le malade.

SAINT THÉRAPON était un Moine Cypriote qui devint évêque et dont les reliques furent transférées à Byzance. Les guérisons miraculeuses qu'on lui attribue sont également innombrables, et conservent le même caractère général que tous ces phénomènes : absence d'intervention de moyens physiques (en général), et anéantissement de la maladie, le plus souvent déclarée incurable par les moyens médicaux couramment employés.

Il serait en dehors de notre sujet de nous étendre plus longuement sur les Saints Guérisseurs ; nous ne les mentionnons que pour bien constater la conti-

nuité ininterrompue de pratiques curatives dont
l'antiquité se perd littéralement dans la nuit des
temps.

De tout temps la **Guérison Psychique** a été fruc-
tueusement pratiquée, avec un succès dépendant,
naturellement, du Pouvoir Psychique de celui ou ceux
qui la pratiquaient, dans le Visible ou dans l'Invisible.

III. — Temps présents

343. — Le sujet devient de plus en plus intéressant au fur et à mesure que nous nous rapprochons
de l'actualité : ce n'est pas seulement dans l'Antiquité, dans la Bible, dans le Moyen Age, que le
Traitement Mental a guéri d'innombrables milliers
de malades, mais maintenant encore, sous nos yeux,
à condition que nous voulions bien les ouvrir, les
mêmes merveilles continuent à se produire, et nous
pouvons en vérifier à loisir et en grand l'authenticité.

Je passerai entièrement sous silence les Miracles
Religieux, ceux des Pèlerinages, dont Lourdes est le
type : ils sont par trop irréguliers, et sujets à controverses religieuses, d'ailleurs fort mal à propos, car la
religion n'a manifestement rien à voir avec leur production : pourvu que l'on ait la Foi en la religion
qu'on pratique, peu importe que cette religion soit
« la vraie » ou non. Comme on a pu le voir, par l'exposé qui précède, **toutes les religions**, sans aucune
exception, produisent, non seulement une quantité
équivalente de miracles, **mais encore exactement
les mêmes** dans leurs effets, et les ont **toujours** produits, aussi loin que nous pouvons remonter dans la
suite des temps.

Je vais donc seulement m'attacher à deux manifestations intellectuelles toutes récentes, qui toutes deux
jouent un rôle extraordinaire dans le **Traitement
mental** contemporain : j'entends parler de la **New
Thought**, et de la **Christian Science**, toutes deux
d'origine Américaine.

344. — New Thought. — Ce remarquable mouvement intellectuel a pris naissance (ainsi d'ailleurs
que la *Christian Science*) dans le Système philosophique et médical de Phinéas Parkhurst QUIMBY. Cet
ancêtre de tous les modernes Guérisseurs Métaphysiques est né à *Lebanon*, dans le New Hampshire,
en 1802. Il fut horloger dans sa jeunesse, puis, vers
1840, il devint Magnétiseur-Mesmériste, et enfin il
s'établit comme « *Guérisseur Métaphysique* » dans plusieurs villes de l'État de Maine, notamment à *Portland*,
où il mourut en 1866. Le système de QUIMBY (qu'il
nommait déjà *christian science* ou *science of health*) bien
que plus ou moins exposé par lui en de nombreux
manuscrits fragmentaires, n'a jamais été publié en
son ensemble.

Mais le Maître a laissé trois Disciples (qui furent
d'abord ses patients), dont l'importance est capitale
pour l'historique du mouvement que nous étudions :
en effet, ce fut en 1862 que Mrs EDDY (alors Mrs PAT-
TERSON), se rendit à Portland, près de QUIMBY, qui la
guérit en trois semaines d'une maladie à forme hys-
térique, qui menaçait de la conduire au tombeau. Jusqu'à ce moment Mrs EDDY, inutile de le dire, n'avait
fait que souffrir et non guérir.

En second lieu, Mr Julius A. DRESSER, l'un des principaux Fondateurs de la *New Thought* actuelle, fut également guéri et converti par QUIMBY en 1860.

Enfin, en 1863 ce fut le révérend Warren Felt Evans, ministre américain du Culte Swedenborgien, qui fit la connaissance de Quimby et adopta sa Doctrine.

De ces trois personnages est issu tout le mouvement médico-métaphysique qui nous intéresse en ce moment.

Il est des plus intéressants de constater que le premier livre qui ait paru sur le *Traitement Mental* est dû à ce dernier cité, le Rev. W. F. Evans, et fut publié sous le titre de « *The Mental Cure,* » en 1869 : par conséquent six ans avant l'ouvrage de Mrs Eddy sur le même sujet : « *Science and Health,* » et il est bien improbable qu'elle n'en ait point eu connaissance dans les circonstances que nous venons d'exposer.

Depuis, les ouvrages du Dr Evans sur ce même sujet ont atteint et dépassé la demi-douzaine.

Tous ces détails, et bien d'autres sont exposés dans une fort intéressante étude de Mr George Barton Cutten intitulée « *Three Thousand Years of Mental Healing,* » où nous trouvons encore cités parmi les auteurs appartenant au mouvement philosophique de la *New Thought,* MM. Horatio Willis Dresser (le fils de Mr Julius A. Dresser déjà cité) ; Ralph Waldo Trine ; Henry Wood et Horace Fletcher ; ce dernier bien connu aussi par ses recherches sur l'alimentation rationnelle.

Telles sont les origines d'un mouvement dont la réelle importance dans les États-Unis date de 1892 ou 93, à peu près, vers le moment de la World's Fair de Chicago, qui a été l'occasion d'un Congrès des Religions du plus haut intérêt.

J'ignore la date exacte de l'apparition de ce « magazine : » « *New Thought* » qui est devenu une sorte de Centre de propagation des Méthodes pratiques de la Philosophie Hindoue en Amérique et en Angleterre.

Je crois que Mr William Walker ATKINSON, avocat au Barreau de Pennsylvanie, en a été le Fondateur : il en est, en tout cas, un des « *leaders* » les plus justement célèbres.

A partir de ce moment, une Pléiade de professeurs de Magnétisme Personnel s'est révélée en Amérique, et une foule toujours croissante d'ouvrages sur la Maîtrise de Soi s'est répandue, quelques-uns même traduits en français, comme celui sur la « *Force-Pensée* » qui a tant contribué à faire connaître en France le nom de W.-W. ATKINSON.

Tous ces ouvrages tendent à conduire au Bonheur par la Culture Psychique, et démontrent qu'elle en est la seule voie.

Simultanément, — comme nous le faisons nous-même, — ils donnent plus ou moins de détails sur le Traitement Mental de soi et des autres.

Enfin ce noyau de quelques Penseurs est en train de régénérer les mœurs et de diriger la Vie américaine dans une Voie de sécurité et de progrès certains et toujours croissants.

Nous avons tenu à les mentionner en tête du mouvement contemporain, parceque c'est d'eux que provient directement la Doctrine (d'origine hindoue, toutefois) que nous appliquons d'un bout à l'autre de notre système.

Ils ont modernisé, rendu pratique et clair ce que la Tradition leur avait légué un peu encombré d'obscurités et de ce qui nous semble aujourd'hui des superfluités : il est assez compréhensible qu'au bout d'une vingtaine de Siècles une Doctrine ait quelque besoin de rajeunissement.

345. — Christian Science. — Nous voici à un

point fort important de l'historique du **Traitement Mental**, car la présente secte, dont nous allons démontrer tout le développement, l'emploie et l'a toujours employé exclusivement, dans les innombrables cures qu'elle a effectuées.

La **Christian Science** a été fondée vers 1866 par Mrs EDDY dont nous allons esquisser rapidement la vie.

846. — Mrs EDDY. — Miss Mary BAKER est née à *Bow*, près de Concord, dans le New Hampshire, le 16 juillet 1821. Elle était la fille de Mark BAKER et d'Abigaïl AMBROSE, sa femme. Du côté de son père elle descendait d'une famille écossaise et anglaise. De bonne heure Miss BAKER épousa le colonel GLOVER de Charleston (Caroline du Sud), qui la laissa veuve au bout d'un an de mariage. Vers cette époque (1844), elle revint chez ses parents, puis épousa en secondes noces le Dr PATTERSON, un dentiste, de qui elle divorça bientôt. En 1862 elle fut guérie par QUIMBY, comme nous l'avons vu, et en 1866, habitant alors la ville de Lynn dans le Massachussetts, elle fut atteinte de nouveau d'une grave maladie à l'issue de laquelle elle fut abandonnée comme perdue par tous les médecins : au lieu de mourir elle se guérit elle-même par la méthode spirituelle de son maître QUIMBY, qui mourut la même année. C'est de cette époque que datent ses premières recherches et expériences sur ce qui devait devenir la **Christian Science**.

En 1877, elle épousa en troisièmes noces le docteur Asa Gilbert EDDY, de Londonderry, Vermont, le premier médecin qui adopta la **Christian Science** dans sa pratique. Le Dr EDDY mourut en 1882, un an après la fondation du « *Collège métaphysique de Massachus-*

setts, » qui fut légalement enregistré à Boston, en 1881,
« *pour des buts médicaux* » et où il professa jusqu'à
sa mort.

Ce collège fonctionna avec une prospérité toujours
croissante jusqu'en 1889, année où Mrs EDDY le supprima
sans que l'on sache exactement pourquoi.

Mrs EDDY elle-même, ou la « *mère,* » comme l'appelaient les Christian Scientists, est morte à *Brookline*, quartier de Boston, aux premiers jours de
décembre 1910, dans sa quatre-vingt-dixième année.

347. — Aujourd'hui, la secte compte plus d'un
million d'adhérents et possède à Boston un superbe
monument : une « *église* » capable de contenir
CINQ MILLE PERSONNES; elle publie un
journal quotidien illustré de huit pages grand format, intitulé « *The Christian Science Monitor,* » un
« *Magazine* » mensuel : « *The Christian Science Journal* » d'environ 125 p. in-8° par n°; un autre journal,
hebdomadaire celui-là : la « *Christian Science Sentinel,* » et, en outre, une publication mensuelle en allemand : « *Der Herold der Christian Science.* »

Une partie importante de toutes ces publications
est réservée aux témoignages des cures effectuées
par le pur Traitement Mental, nous le répétons, et
nous ne faisons aucune difficulté d'avouer que, en ce
qui nous concerne personnellement, cette universalité de résultats pratiques, obtenus en grand, n'est
pas sans avoir affermi au delà de tout ébranlement
possible notre foi, déjà profonde, en l'efficacité certaine de cette méthode de Guérison.

Il n'est plus maintenant possible de douter un seul
instant de l'efficacité parfaite du Traitement Mental,
pourvu, bien entendu, *qu'on se conforme à ses règles.*

348. — Il serait parfaitement contraire au bon sens de supposer un seul instant qu'une Institution, fondée en 1866, avec le seul but de guérir l'**Humanité** par cette méthode, aurait pu prospérer de la manière éclatante que les faits matériels démontrent, si ses résultats n'avaient pas été la **Guérison** sincère et sans ambages des patients traités : la simple supposition du contraire serait absurde.

349. — De plus cette secte n'est pas une entreprise commerciale cherchant à faire fructifier le débit d'un médicament quelconque : c'est plutôt une société mutuelle de mystiques cherchant à répandre dans l'humanité une croyance, un système purement **Mental**, dont ils ont éprouvé sur eux-mêmes les heureux effets. Il n'y a donc là, pour eux, aucune question d'argent : que l'on suive ou non leurs préceptes, eux, personnellement, n'y gagneront ou n'y perdront absolument rien. Et cette constatation est, hélas ! utile dans le siècle où nous sommes.

350. — Enfin notre évidence se fortifie encore de ce fait que la secte n'est pas du tout limitée aux *États-Unis* : elle compte au moins une soixantaine de groupes (« *églises* » ou « *sociétés* ») dans le Royaume-Uni, dont sept à *Londres* seulement ; elle en compte plusieurs au *Transvaal* ; une en Chine, à *Hong-Kong* ; quatre en *Australie* ; quatre ou cinq en *Allemagne* ; deux à *Mexico* ; une à *Panama* ; deux à *Buenos-Ayres* ; etc.

Nous réservons une place à part à la seule « *église* » de **France**, celle de **Paris**, où l'on peut vérifier tous ces renseignements (qui en proviennent d'ailleurs, naturellement), et dont le siège est au « *Washington*

Palace, »14, rue Magellan, Champs-Élysées, avec une salle de lecture annexe située 194, rue de Rivoli, (angle de la rue des Pyramides). On peut se procurer là tous les périodiques que nous avons mentionnés, et tous les livres écrits par Mrs Eddy.

Nous allons maintenant examiner un peu la doctrine de la secte, et nous efforcer d'en dégager le principe de son remarquable succès.

351. — Science and Health. — Le livre de base de Mrs Eddy est intitulé : « *Science and Health, with key to the Scriptures,* » c'est-à-dire : « *Science et santé avec la clef des écritures* [de la Bible]. »

N'étant point théologien, nous ne saurions examiner avec compétence les interprétations bibliques de Mrs Eddy : elles nous ont paru souvent étranges, et parfois obscures.

352. — Quant à sa doctrine de **Traitement Mental**, elle est simple et franche, tout au moins, quoique réellement bizarre : elle consiste purement et simplement à nier la maladie qu'on traite, à **nier la possibilité de son existence**, en se basant sur ce fait que l'homme est divin, et que toute inharmonie est étrangère au divin, et par conséquent ne saurait l'atteindre. Simultanément on **affirme** avec une **Foi intense la Santé, l'Harmonie parfaites**, et le malade guérit.

Bien entendu, fidèle à notre principe (251), nous donnons l'interprétation optimiste de la doctrine, en négligeant *volontairement* de relever ses contradictions, qui ne nous intéressent pas : un penseur sera difficilement susceptible de faire un « **Christian Scientist,** » voilà tout ce que nous croyons pouvoir affirmer. Mais, comme **Mystique**, c'en est une qui en vaut bien une autre, surtout si l'on considère les merveilleux « *fruits*, » comme le dit fort exactement Mrs Eddy elle-même, qu'elle offre à l'humanité souffrante.

Pour nous la « *Christian Science* » est le merveilleux résultat d'un Germe-Pensée admirable, véritablement divin, qui a fécondé l'Intellect de sa Fondatrice, et que voici :

353. — *Toute maladie est Mentale. Nier par la pensée son existence, et affirmer celle de la Santé, rétablit l'Harmonie normale.*

Sur ce Thème bien simple, mais développé par la Prière, par le Mysticisme, par l'enthousiasme soulevé dans un Intellect féminin par la compréhension des « Miracles » du Christ, se fonde toute la Christian Science, au moins en ce qu'elle a de conforme à la raison.

Sa fondatrice, par une inspiration vraiment géniale, est accidentellement tombée sur la figure de langage mental la plus particulièrement efficace sur le subconscient. Elle-même ne s'en est sans doute jamais douté, bien entendu, et a vu des intercessions divines là où il n'y a, en réalité, que l'application des Lois divines de la Pensée et de la Création.

Suivant ces mêmes Lois, son intellect bien manifestement féminin, a conçu de ce Germe tout un Système de Traitement mental, et, plus généreuse que la généralité des Guérisseurs Mystiques (et aussi plus lettrée), elle en a noblement fait part à tout le Genre humain, sûre d'être dans la bonne voie de la Guérison, qu'elle prouvait par d'innombrables Cures.

Quant à l'explication qu'elle propose des faits produits, c'est autre chose.

354. — On ne saurait, en général, trop rejeter ce fallacieux raisonnement : « **Je produis un miracle :** — **Donc je sais l'expliquer.** »

Cela est faux : l'immense majorité des Thaumaturges agissent dans une parfaite inconscience, et leurs explications, quand ils en donnent, sont puériles : ils ne savent pas comment ils font ce qu'ils font.

La pratique et la théorie sont choses fort différentes presque toujours, et en matières psychiques, elles le sont immensément.

Il ne faut donc pas demander à Mrs Eddy plus qu'elle ne saurait nous offrir : elle fut une Mystique bienfaisante qui a donné au xxᵉ siècle la preuve palpable et matérielle que le **Traitement Mental d'Absents** était, non seulement possible, mais pratiquement réalisable par des **Psychistes** même seulement **moyennement développés**, comme nous pouvons tous le devenir si nous le **voulons**. Et que sa mémoire soit à tout jamais bénie pour cette certitude primordiale.

Elle est la première qui a organisé et fermement établi un corps de **Psychistes Guérisseurs** professionnels composé de plus de **trois mille membres**, répartis sur toute la terre, et prêts à guérir leurs semblables, là où tous autres moyens ont échoué. (On peut trouver les Noms et les Adresses de *tous ces Praticiens* à la fin de chaque nᵒ de « *the Christian Science Journal.* »)

Rien que par ce seul fait, je n'hésite pas à dire qu'elle a aidé à changer les conditions vitales de l'Humanité.

355. — Il était à prévoir qu'un mouvement mystique aussi important engendrerait des dissidences, surtout quand on connaît un peu l'intransigeance tant médicale que religieuse des **Christian Scientists.**

Mrs Eddy n'admettait pas, dit-on, la concurrence dans ses Cures : elle exigeait et faisait exiger par ses adeptes le renvoi de tout autre médecin, tant du corps que de l'âme ; non seulement cela ne plaisait pas à tout le monde, mais encore, quand le **traitement mental** ne réussissait pas, et que le patient, comme nous le ferons tous un jour, décédait, il est arrivé que ses proches ont intenté des procès au Guérisseur qui l'avait soigné, non pas tant pour avoir de lui-même causé quelque tort au patient (puisqu'il ne l'avait pas même touché), mais pour avoir été cause que le défunt avait été privé à sa dernière heure des consolations normales tant de la Science officielle que de la Religion habituelle.

Outre cet inconvénient (assez important pour un Guérisseur praticien et actif), il paraîtrait que Mrs Eddy avait une tendance à être quelque peu entière dans ses manières d'agir. Et si l'on joint à cela que la philosophie qu'elle expose en ses ouvrages est dans certaines de ses parties impossible à admettre par une intelligence un peu accoutumée à penser, il était fatal que des dissidences se produisissent.

356. — Christology. — Une dissidence importante est celle de l'évêque Oliver C. Sabin, de Washington, District de Colombie, États-Unis. Le Titre de cette Dissidence est, soit : « *Evangelical Christian Science,* » soit le terme plus bref : « *Christology* » qui sert aussi de titre au livre principal de l'évêque Sabin. Nous n'avons rien de particulier à dire sur cette branche de la Christian Science, sinon qu'elle est une preuve additionnelle (s'il en est besoin) de l'efficacité des méthodes curatives du Traitement Mental, car les procédés ne sont aucunement changés dans la Christology : c'est toujours ce que nous étudierons en grand détail plus loin à la suite de la Suggestion Mentale.

La Christology possède aussi son Journal Mensuel « *The Washington News Letter*, » dont l'adresse est : Box 324 Washington, D.C. ; U.S.A.

Bien entendu on peut trouver, tant dans les livres que dans ce journal de la secte, les mêmes récits de cures, presque infaillibles lorsque les conditions psychiques sont favorables. Et nous verrons plus loin que la première de celles-ci, c'est la FOI.

Sans la FOI, Jésus-Christ lui-même le dit dans l'Évangile, les « *Miracles* » sont impossibles : le Scepticisme agit comme un dissolvant des Ondes vibratoires, au fur et à mesure de leur production. Et si le Christ refusait d'opérer dans un milieu incrédule (Matth. XIII, 58 ; Marc, VI, 5.) combien davantage n'est-ce pas nécessairement le cas avec les Psychistes contemporains ; tout au moins avec ceux que nous pouvons connaître.

357. — De ce que nous avons jusqu'à présent examiné la Guérison Psychique à l'étranger, il ne faudrait pas en conclure du tout que les mêmes faits ne se produisent pas en France : ce serait une grave erreur ; seulement le Traitement Mental, en France, n'a pas pris encore toute la place qu'il mérite incontestablement, sans doute à cause de la négligence, ou, disons le mot, du défaut fréquent d'instruction et d'éducation de ceux qui ont été assez doués de la

Nature pour le pratiquer empiriquement, sans bien savoir au juste ce qu'ils faisaient eux-mêmes.

358. — Jean SEMPÉ. — Parmi les importants Guérisseurs Mystiques Français contemporains nous pouvons citer Jean SEMPÉ, le « *Magnétiseur Mystique* » qui, en dernier lieu, exerçait à Vincennes, près Paris, 70, rue de Fontenay, où il est mort en 1892. Il était né à Bénéjac, près de Pau (Basses-Pyrénées), en 1818.

L'abbé E. HOUSSAY (ou « JULIO »), qui lui a succédé dans ses pouvoirs de guérisseur, a écrit sa biographie, que nous ne pouvons bien entendu détailler : Jean SEMPÉ était, tantôt Magnétiseur ordinaire, tantôt Magnétiseur mystique, et alors guérissait les absents par le **Traitement Mental** que son intuition (ou peut-être d'autres guérisseurs) lui avait révélé.

Il demandait le prénom et le nom de la personne à guérir, se mettait « *en prières,* » et la personne guérissait.

Jean SEMPÉ était un menuisier-ébéniste peu lettré qui menait sur la fin de son existence la vie simple d'un anachorète, s'occupant seulement de Guérison Psychique. Il n'a laissé aucun ouvrage détaillant son « *secret,* » ce qui, d'ailleurs, n'aurait eu qu'un intérêt de pure curiosité, car nous venons de voir que Mrs EDDY elle-même, femme intelligente et lettrée, ne comprenait que vaguement ce qu'elle savait si bien exécuter et même enseigner.

359. — L'abbé HOUSSAY. — L'abbé HOUSSAY plus connu sous le nom d'Abbé JULIO, et qui a succédé comme Guérisseur à Jean SEMPÉ, est né à Cossé-le-Vivien (Mayenne) le 3 mars 1844. Après avoir déployé un grand courage comme aumônier militaire pendant la guerre de 1870-71, il fut un moment vicaire de la paroisse de St-Joseph à Paris, et s'adonna au journalisme en fondant d'abord « *La Tribune du Clergé.* » Puis, vers 1888, il fit la connaissance de Jean SEMPÉ dont il publia l'intéressante biographie (1889). A partir de ce moment, l'abbé HOUSSAY se consacra de plus en plus au Magnétisme Mystique, et à la Réforme Sacerdotale en France.

Actuellement, il édite une Revue mensuelle : « *L'Étincelle,* » qui est consacrée à ces sujets. Les Guérisons « Miraculeuses » de l'abbé JULIO, comme celles de tout Guérisseur Mental sérieux, ne se comptent plus.

L'abbé HOUSSAY réside habituellement près de Genève, Suisse, où son adresse est : Villa Étincelle, Aïre, n° 16.

L'abbé «JULIO » a publié sous ce pseudonyme quelques livres de « *Secrets* » et de « *Prières Merveilleuses,* » plus un « *Livre Secret des Grands Exorcismes* » qui, à en juger par son prix (100 fr.) doit contenir d'étonnantes merveilles. Les « *Prières Merveilleuses,* » à part quelques-unes, dues sans doute à Jean SEMPÉ lui-même, sont surtout des reproductions d'un bien curieux Grimoire, connu sous le nom d' « *Enchiridion du pape Léon.* »

Bien entendu, Prières et Exorcismes n'ont de valeur que par la **Foi** et l'**Entraînement du Psychiste** qui les applique; et notre avis personnel est que tout **Psychiste** doit composer lui-même le **Verbe** par lequel il agit. De même qu'en général on évite de s'affubler de la défroque des autres pour se vêtir, de même pour un ministère aussi sacré que la Prière et la Cure, on doit évoquer de son Ame le Cri qui lui est propre, et non pas l'emprunter, décoloré, fané, pour ainsi dire, aux siècles passés.

12

Quant à la valeur d'un **Verbe** par rapport à un autre, nous le répétons, elle **est identique**. Ce n'est pas en proférant des mots indifférents ou contraires à la Pensée que l'on peut agir sur la Pensée, et ces pratiques ne peuvent être que malsaines pour le Mental qui s'y laisse entraîner.

C'est la **Foi**, la **Volonté**, le **Désir**, l'**Enthousiasme** qui agissent, matérialisés par des **Mots**. — Les **Mots**, eux-mêmes, ne sont rien. La preuve, s'il en fallait une, c'est que les mêmes prières sont également efficaces en latin ou en français, et dans toutes les langues, et en employant tous les synonymes que l'on veut, ou toutes les paraphrases que l'on souhaite.

Mais c'est assez de temps passé sur ce sujet. La **Superstition** est sans prise sur le **Psychiste** qui s'entraîne par notre méthode : « **Brahma is true, the World is false; the Soul is Brahma and nothing else.** » (95).

360. — Le Zouave JACOB. — Il est encore une personnalité singulière de Guérisseur Psychique que nous ne pouvons guère passer sous silence : c'est Henry JACOB, dit le Zouave JACOB. Tandis que Jean SEMPÉ et l'abbé JULIO sont plus ou moins des fidèles de l'Église Catholique, le Zouave JACOB ouvre la série des Guérisseurs opérant par le spiritisme.

Henry JACOB est né à Saint-Martin-des-Champs (Saône-et-Loire) le 6 mars 1828. Il s'engagea d'abord au 7e Hussards en Afrique, puis devint musicien aux Zouaves de la Garde Impériale à Paris. Ses débuts comme Guérisseur eurent lieu vers 1866, et il opère toujours, et avec succès, en 1911.

Il est encore un exemple de Guérisseur illettré ayant connu des succès éclatants, et absolument incontestables : sa célébrité même le prouve.

Les procédés du Zouave JACOB se rapprochent beaucoup de ceux d'ANTOINE LE GUÉRISSEUR que nous allons bientôt voir ; ils se rapportent franchement au Spiritisme, et le Zouave, non seulement tombe en « *Vision Extatique* » pendant qu'il guérit, mais encore voit le « *Fluide des Esprits Blancs* » qui produit ses Cures.

Le Zouave JACOB a écrit pas mal d'ouvrages, mais aucun (à notre connaissance) ne donne une description bien claire de son mode opératoire ; comme la plupart des médiums, une fois en présence de ses malades, il agit intuitivement, à peu près inconsciemment : et de cela il se rend parfaitement compte puisqu'il le signale lui-même dans ses « *Pensées* » (Chapitre de la « *Vision Extatique,* » p. 217).

D'ailleurs le Zouave JACOB n'est pas le seul, et nous ne le nommons qu'à cause de son âge et de son énorme célébrité ; il ne faudrait pas croire que notre siècle fût dépourvu d'autres Opérateurs analogues, à l'apogée de leur gloire, sinon en France, du moins tout près, en Belgique : c'est d'ANTOINE LE GUÉRISSEUR, en particulier, que nous allons parler.

361. — ANTOINE LE GUÉRISSEUR. — Louis

ANTOINE, dit LE GUÉRISSEUR, est un simple ouvrier, né à Mons-Crotteux (Belgique) en 1846. Il est le cadet de onze enfants. D'abord mineur de charbon, comme son père, il entra ensuite aux Usines Cockerill, fut soldat dans les chasseurs à pied, travailla un moment en Allemagne, et finalement devint employé aux Forges et Tôleries Liégeoises, à Jemeppe-sur-Meuse (Province de Liège). C'est là qu'aujourd'hui il exerce son pouvoir toujours croissant de Guérisseur et de Révélateur d'une Doctrine qui a les plus grandes analogies avec celle que nous avons nous-même exposée et qui est celle des Védas.

L'important mouvement spiritualiste dont ANTOINE est le chef a débuté à Jemeppe vers 1906 ; aujourd'hui, il possède un « Temple » et plusieurs milliers d'adhérents : on dit même Centaines de Milliers, en Belgique.

Il parait avéré qu'il a été recueilli en sept ou huit mois, et rien que dans une partie de la Wallonie Belge, 150.000 signatures à une pétition tendant à faire reconnaître officiellement en Belgique le « *Culte Antonin*. »

ANTOINE LE GUÉRISSEUR guérit, dit-il lui-même, par la Foi. Il opère quatre fois par semaine dans son Temple et il peut guérir un nombre quelconque de malades, même absents. C'est donc bien le Traitement Mental pur qu'il professe.

Elevé dans la religion catholique, ANTOINE est devenu plus tard Spirite, et c'est à partir de ce moment que ses pouvoirs se sont manifestés, et qu'il est entré en relations constantes avec l'Invisible.

Les procédés d'ANTOINE sont donc, autant qu'on peut voir, extrêmement analogues à ceux de la Christian Science, sauf toutefois l'absence de la figure prépondérante du CHRIST qui joue un si grand rôle dans la secte de Mrs EDDY.

Mais, comme mode opératoire et comme résultats absolument prouvés par d'innombrables certificats, on peut dire qu'il y a identité entre les deux méthodes.

362. — Bien entendu, nous poursuivons un but bien précis en nous livrant à cette revue des principaux Guérisseurs de notre époque, et ce but le voici :

nous entendons démontrer que **Tous**, sans aucune exception, agissent par **les mêmes moyens**, qu'ils en soient conscients ou non.

Après la Théorie que nous avons exposée (94 et seq.), il est impossible que le lecteur de bonne foi ne saisisse pas qu'il n'y a qu'**un seul Traitement Mental possible**, et c'est celui qui consiste à **projeter dans le mental du malade le Germe-Pensée** qui détermine la **Guérison**.

Nous sommes parfaitement d'accord qu'il y a d'innombrables différences dans les détails de cet **Acte**. On peut projeter le **Germe** consciemment ou inconsciemment ; par la **Volonté** ou par la **Prière** ; ou encore par un simple **Désir Intense** et instinctif, d'ordre passionnel (**Enthousiasme**, **Mysticisme**, par exemple) ; on peut projeter ce **Germe** plus ou moins riche en **Vitalité**, en **Prana** : c'est-à-dire lui laisser plus ou moins à faire pour agir et se développer ; on peut même (car le CHRIST semble l'avoir fait) projeter le **Germe** à peu près entièrement développé, et **Ressusciter** des corps à vie plus ou moins éteinte : mais le **Procédé Maître** est toujours **identique à lui-même** : le transport d'une masse de **Chitta**, vitalisée d'une masse de **Prana**, déterminé par le **Psychiste** vers le **Patient**.

Nous nous excusons immédiatement pour l'emploi du mot « **Masse** » en parlant de Fluides qui sont évidemment dépourvus de cet attribut : le langage pour Miracles est encore à créer.

Nous avons donc maintenant **trois points** que nous considérons comme acquis au-dessus de tout doute **possible** :

1° Le **Traitement Mental** est possible, couramment employé avec succès par des spécialistes dont les facultés psychiques sont à notre hauteur.

2° Toutes les méthodes de Traitement Mental se basent sur un seul principe : projeter le Germe-Pensée convenable dans le Mental du sujet.

3° La Seule exception à ces principes concerne le Traitement Spirituel, qui n'est guère à portée de notre race actuelle.

B. — PRATIQUE

363. — Bien que notre sujet principal soit le Traitement Mental, il est bon de savoir que, en pratique, tous les procédés que nous allons maintenant examiner dans leurs détails s'interpénètrent en général, l'un l'autre.

C'est là une caractéristique des Phénomènes Psychiques : la Complexité, dans une apparente Simplicité. Ils sont cependant parfaitement soumis à des Lois Immuables et constantes, — nous espérons qu'on l'a compris; mais ces Lois jouent perpétuellement les unes dans les autres, et il faut renoncer à obtenir des manifestations *exclusives* de l'une quelconque d'entre elles.

Pour bien embrasser notre sujet, nous allons donc débuter par une étude du Mesmérisme, qui est, en nous reportant à ce que nous avons formulé à la fin du dernier chapitre, la Projection du Germe-Pensée tout Fécondé, ou à peu près, c'est-à-dire comportant son maximum de Prana, ou de Vitalité, pour un minimum de Chitta, ou de Pensée active, influant sur le Mental du patient pour le faire agir de lui-même.

Nous continuerons par l'Hypnotisme pur que nous

n'avons pas en très haute estime et nous tâcherons
d'expliquer pourquoi.

Viendra ensuite la **Suggestion** ordinaire, qui elle,
au rebours du **Mesmérisme**, projette un **Germe-Pensée** à peu près dénué (comparativement) de **Prana**
tout développé, mais particulièrement riche en
Chitta qui détermine une **Germination Active** dans
le **Mental du Sujet**, et le fait Opérer sur lui-même ;
au besoin (et même généralement), à son insu.

Finalement nous verrons le **Traitement Mental
Pur**, la **Méthode d'Élite**, la plus élevée et la plus efficace qu'il soit donné à un **Psychiste**, comme nous
pouvons tous le devenir, de pratiquer.

Du **Traitement Spirituel** nous dirons peu, parceque notre Race actuelle est loin, malheureusement,
de pouvoir en faire un usage courant, et enfin nous
conclurons par l'**Auto-Traitement**, qui, pratiqué
comme on le devrait, remplacerait tous les autres :
le CHRIST l'a dit : « **MEDICE, CURA TEIPSUM.** »
(Luc, IV, 23.) Mais ce n'est pas le plus facile.

I. — Mesmérisme

364. — **MESMER** est le plus grand rénovateur
du **Magnétisme** dans les temps modernes, et ce n'est
pas sans justesse que l'on a nommé, en Angleterre
et en Amérique, la Science qu'il avait exhumée :
« *Mesmérisme.* »

Nous réserverons ce dernier mot à ce qui concerne
sa Doctrine pure, car elle n'est pas restée longtemps
sans être plus ou moins dénaturée — sous prétexte
de perfectionnements, naturellement.

Mais, avant de nous occuper de MESMER lui-même,
il n'est peut-être pas mauvais de signaler ses précur-

seurs, car notre tendance parfaitement établie est
de considérer le **Traitement Mental** dans toutes ses
Branches comme une Institution absolument **préhis-
torique**, et dont l'emploi, encore que plus ou moins
avoué, n'a jamais été entièrement abandonné et inconnu dans la suite des Temps.

365. — On trouvera d'abondantes preuves de
cette assertion dans les deux curieux petits volumes
de M. ROUXEL : « *Histoire et Philosophie du Magnétisme.* »

L'auteur y suit le « *Magnétisme* » des Temples
d'Egypte chez les premiers Chrétiens, puis dans le
Moyen-Age, dans Arnauld de Villeneuve, Albert le
Grand, Roger Bacon, Lévi Ben Gerson, Marsile Ficin,
Pierre Pomponace, le célèbre Cornelius AGRIPPA, le
grand PARACELSE et Goclenius, disciple de ce dernier,
médecin à Marbourg, dont nous allons dire quelques
mots.

366. — GOCLENIUS (1547-1628), était le contemporain du grand médecin belge Jean Baptiste VAN
HELMONT que nous verrons ensuite : il a laissé de
nombreux ouvrages de médecine dont un sur la
« *Cure Magnétique de la Blessure.* » Cet ouvrage fut
réfuté par le P. ROBERTI, Jésuite, qui s'attaqua à VAN
HELMONT, de sorte qu'il nous est resté toute une litté-
rature (qui d'ailleurs ne présente qu'un intérêt historique) sur la **Guérison Magnétique** de ce temps-
là.

367. — **Jean Baptiste VAN HELMONT** était
aussi un partisan déclaré du **Magnétisme**. On trouve
dans son « *Ortus Medicinæ* » un traité de même titre
que celui de GOCLENIUS, et il est évident, d'après cer-

taines particularités de sa biographie, que ses connaissances sur le sujet étaient plus étendues encore que ce qu'il a laissé dans ses œuvres ne le laisserait supposer. Il était né à Bruxelles en 1577, et mourut près de Vilvorde en 1644. Sa réputation de médecin était très grande.

368. — **Valentin GREATRAKES.** — Un autre **Magnétiseur Praticien** célèbre que nous ne pouvons guère passer sous silence est Valentin Greatrakes, dont le nom est très diversement orthographié « *Greatarick,* » *Greaterick,* » etc. Il était né vers 1628 dans le comté de Waterford, en Irlande, et fut un moment juge dans son pays, où il mourut obscurément vers 1700. C'était un véritable ancêtre de la « **Christian Science,** » car il était profondément religieux et mystique ; mais cependant, il usait de ses mains, et **touchait** le patient. Le clergé le persécuta continuellement et il fut contraint de quitter l'Irlande pour l'Angleterre : il existe des brochures relatant ses **Cures magnétiques** ; on y suit nettement les procédés par **Passes Traînantes** conduisant le mal de haut en bas, et le faisant sortir par les pieds. (Voir Stubbe, dans la Bibliographie finale.)

369. — **Sébastien WIRDIG.** — Une vingtaine d'années plus tard que la splendeur de Greatrakes, le médecin Sébastien Wirdig publia à Hambourg (en 1688) un livre excessivement curieux, intitulé : « *Nova Medicina Spirituum, in qua primo Spirituum* « *naturalis constitutio... dehinc præternaturalis, sive* « *morbosa dispositio,... et curationes per... Magnetis-* « *mum, sive Sympatheismum... ingenuè demonstran-* « *tur.* » Ce livre rare n'existe à la Bibliothèque Nationale que dans une « *traduction* » en allemand (et quel allemand !), de sorte que je n'ai pu me rendre un compte bien exact du détail de son contenu : mais d'après M. BILLOT (II-175) je vais citer un passage qui ne laissera plus subsister de doute sur les idées de WIRDIG concernant le « *magnétisme.* »

« *Universa natura magnetica est ; totus mundus cons-*
« *tat et positus est in magnetismo ; omnes sublunarium*
« *vicissitudines fiunt per magnetismum ; vita conserva-*
« *tur magnetismo ; interitus omnium rerum fiunt per*
« *magnetismum.* » Ce que nous traduirons par :
« *L'universalité de la nature est magnétique ; tout le*
« *monde est constamment baigné dans le magnétisme ;*
« *toutes les vicissitudes des choses sublunaires ont lieu*
« *par le magnétisme : la vie se conserve par le magné-*
« *tisme ; la mort de toutes choses a lieu par le magné-*
« *tisme.* » Voilà qui est bien clair, et MESMER n'a pas eu grand effort d'imagination à faire pour « *inventer* » sa théorie, qui pourtant a paru si extraordinaire à ses contemporains. C'est la pure tradition hermétique. Son « *magnétisme* » c'est à peu près — ou tout à fait — notre « *Prana* » et voilà tout.

370. — **MESMER.** — « *Mesmer et la Société de l'Harmonie* » a fait en 1898 l'objet de la thèse pour le Doctorat en Médecine, soutenue par le Docteur Eugène-Victor-Marie LOUIS, né à Saint-Rémy en Bouzemont (Marne) en 1873. Nous allons en tirer les principaux faits qui vont suivre : quant à l'appréciation de ces faits, nous nous permettrons de différer quelque peu de celle qu'en a tirée le Docteur LOUIS.

Frédéric-Antoine MESMER est né à Itzmang (Souabe), en 1734, et mort à Mersbourg en 1815. Il fut reçu Docteur en Médecine à Vienne, en Autriche, en 1766. Son compatriote, le prêtre GASSNER, fixé à Ratis-

bonne, opérait à cette époque des « *cures miraculeuses,* » c'est-à-dire des Guérisons Psychiques,
comme nous venons d'en voir tant d'exemples. Son
succès éclatant (on dit qu'il y eut à un moment plus
de 10.000 malades campés sous les murs de Ratis-
bonne) décida sans doute MESMER à tenter de l'imiter.
Quoi qu'il en soit, après avoir voyagé quelque temps,
particulièrement en Suisse, MESMER vint se fixer à
Paris en février 1778.

371. — Les cures qu'il effectua immédiatement
par ses procédés magnétiques excitèrent dès l'abord
de vives controverses ; et toute l'histoire de MESMER
n'est qu'une longue (et fastidieuse) suite de démêlés
avec la Science Officielle sous ses divers avatars:
Académie de médecine, Académie des Sciences, Com-
missions royales, etc.

Ces détails ne nous intéressent pas : il guérissait, cela
paraît certain : non pas tant à cause des documents
si controversés qui nous restent, mais parcequ'il
employait des Méthodes qui, dans tous les Ages, ont
toujours guéri. Il n'y a vraiment pas de raisons pour
que, entre les mains du seul MESMER, elles eussent
subitement perdu ce privilège.

Voici, d'après la thèse de M. LOUIS, les procédés
de MESMER :

372. — « Tout d'abord celui-ci : il est de taille
« élevée ; son visage serein respire le calme et la
« force ; ses gestes sont pleins de noblesse et de
« mesure ; son regard fascine et pénètre. L'un après
« l'autre, il reçoit les malades et les fait asseoir en
« face de lui. Il prélude par certaines *passes* commu-
« nicatives. Assis en face du sujet, *le dos tourné au
« Nord,* pieds contre pieds, genoux contre genoux, il

« porte, sans appuyer, les deux pouces au creux épi-
« gastrique, et ses doigts, posés sur les hypochondres
« décrivent de courtes paraboles en effleurant les
« côtes. L'action de ces passes est augmentée par
« le Regard du maître, obstinément fixé sur celui
« du patient, et par les sons d'une musique suave,
« qui maintient celui-ci dans un calme favorable. Il
« ne tarde pas à ressentir les premiers effets de ces
« attouchements : c'est, dans la partie malade une
« sensation de douleur, ou de froid, ou de chaleur.
« Suivant la nature de la maladie, les manipulations
« varient ensuite. Si c'est une ophtalmie, par exemple,
« Mesmer porte la main gauche sur la tempe droite
« du malade, et la main droite sur la tempe gauche ;
« puis, lui faisant ouvrir les yeux, il lui présente les
« pouces à très petite distance, et les promène tout
« autour de l'orbite. Si c'est une Migraine, il place
« un pouce sur le front, l'autre derrière la tête, à
« l'opposite. Ainsi de toutes les douleurs locales : une
« règle fixe et constante, c'est que le Toucheur ait
« une main d'un côté, l'autre du côté opposé : c'est-à-
« dire l'une à l'un des Pôles, par où il injecte le
« fluide vivifiant, et l'autre au Pôle contraire, par où
« il le soutire, jusqu'à ce que le courant produit ait
« rétabli l'équilibre dans la machine électrique ani-
« male..... »

Voici maintenant la « *magnétisation à grands cou-*
rants : »

373. — « On passe les mains, en faisant faire la
« pyramide aux doigts, sur tout le corps du malade,
« depuis la tête jusqu'aux pieds, en passant par les
« épaules, puis l'on revient à la tête, et on recom-
« mence par le dos et le ventre jusqu'à ce que, saturé

« de fluide, le malade se pâme de douleur ou de plaisir :
« deux sensations d'ailleurs également salutaires. Là
« les attouchements ne sont plus nécessaires : c'est à
« distance que MESMER agit : grâce au pouvoir que
« la nature a donné à tous les hommes, et que, par
« son travail sur lui-même, il a si bien perfec-
« tionné, il injecte et dirige, il soutire et rappelle à
« lui le Fluide dont il surabonde, au moyen d'une
« baguette de fer ou de cuivre, à pointe mousse, ou
« même simplement avec les doigts réunis en
« pointe. »

Nous ne nous étendrons pas davantage sur les procédés mêmes du Maître : ils ont été très légèrement
perfectionnés par quelques-uns des meilleurs magnétiseurs qui l'ont suivi, et nous préférons donner ceux-
là dans quelques détails. La brève description qui
précède suffira néanmoins à démontrer péremptoi-
rement que le Magnétisme de MESMER n'était pas du
tout la farce que ses ennemis — les médecins du
temps — lui attribuaient. Il pratiquait bel et bien la
même science que l'Egyptien du Papyrus EBERS (331).
Que si ses contemporains ne comprenaient rien à la
chose, ce peut être fâcheux pour eux, mais le Fait
ne subsiste pas moins. Comme tant d'autres, ils cri-
tiquaient ce dont ils étaient simplement ignorants.

374. — Sociétés de l'Harmonie. — Au milieu
de toutes ses vicissitudes, Mesmer parvint néanmoins
à fonder sa « *Société de l'Harmonie Universelle* » au
printemps de l'année 1783. Nous tenons à en dire un
mot, parcequ'elle représente le premier effort d'un
genre dont la « *Christian Science* » d'aujourd'hui est
une heureuse réalisation.

Cette Société, qui avait son siège à Paris, rue Coq-

Héron, à l'Hôtel de Coigny, comptait 48 membres parmi lesquels se rencontraient les noms les plus illustres de France : MM. de *Montesquieu*, de *La Fayette*, de *Noailles*, de *Choiseul-Gouffier*, de *Chastellux*, *Chastenet de Puysegur*, *le Bailly des Barres* et son frère, plus des savants comme *Cabanis* et *Berthollet*. Ce dernier d'ailleurs quitta brusquement la Société sans trop savoir au juste pourquoi.

Mesmer rêvait une vaste organisation dont la Société de Paris devait être la tête, répandant dans le monde entier les bienfaits de la **Guérison Psychique**. Mais des questions d'argent firent échouer son projet, et la Révolution vint, sur ces entrefaites donner un tout autre cours aux idées des philanthropes — et des autres.

Toutefois un certain nombre de Sociétés de l'Harmonie prirent naissance : celle de Strasbourg, entre autres, fondée par le Marquis de *Puysegur*, le 22 août 1785 atteignit un certain succès : les Princes Louis et Guillaume de *Würtemberg*, notamment, en faisaient partie. Elle portait le nom de « *Société Harmonique de Bienfaisance des Amis Réunis, à Strasbourg.* »

375. — Mesmer n'a pas laissé de grand ouvrage sur sa Doctrine : il a écrit ou fait écrire nombre de pamphlets de toute nature ; des « Lettres » en quantité incalculable ; mais aucun ouvrage didactique. Ses Disciples, avec ou sans son aveu, ont été moins réticents, et nous allons donner une citation des célèbres Aphorismes, recueillis par le Médecin Caullet de Veaumorel. Il existe bien encore une grande brochure bizarre, intitulée : « *Théorie du Monde et des Êtres organisés, suivant les Principes de M...,* Gravée

« *par d'A : - Oi : A Paris, 1784,* » composée de 27 feuillets in-4°, plus le titre et un feuillet de « clef » (car elle est parsemée d'hiéroglyphes, destinés à la rendre incompréhensible sans cette clef. Et cela ne la rend pas plus aisée à lire). Mais cette brochure, rédigée, paraît-il, par l'avocat BERGASSE, et qui est d'ailleurs fort rare, ne semble pas contenir de secrets équivalents au soin pris pour les dissimuler; il y est beaucoup question de Matière et de Mouvement, du mode d'agrégation des Atômes, des Courants Cosmiques, et de la manière dont les Courants fluidiques se comportent vis à vis des obstacles qu'ils rencontrent; de la dureté des corps, de l'attraction universelle, etc., toutes choses qui gagnent à être exposées le plus clairement possible, ce qui n'est pas le cas, autant que nous avons pu voir.

376. — **Aphorismes de MESMER.** — Les Aphorismes, eux, sont vraiment intéressants dans leur ensemble : en voici quelques-uns :

Aphorisme I. — Il existe un Principe Incréé, Dieu ; il existe dans la Nature deux Principes créés: la Matière et le Mouvement.

Aphorisme XXIII. — La *matière élémentaire* de toutes les parties constitutives des corps est *de la même nature.* Cette identité se retrouve dans la dernière dissolution des corps. [*Akasa.*]

Aphorisme XXXI. — Dans tous les mouvements de la Matière fluide, nous considérons trois choses : la Direction, la Célérité, et le Ton.

Aphorisme XLII. — Toutes les propriétés, soit des corps organisés, soit des corps inorganisés, dépendent de la manière dont leurs parties sont combinées et du mouvement de ces parties entre elles.

Aphorisme LIII. — Il existe dans l'Univers une Somme déterminée, uniforme et constante de Mouvement qui, dans le commencement est imprimé à la Matière.

Aphorisme LXXIX. — Il est donc une **Loi** constante dans la Nature, c'est qu'il y a une influence mutuelle sur la totalité des corps [célestes]; et conséquemment elle s'exerce sur toutes les parties constitutives, et sur leurs propriétés.

Aphorisme XXC. — Cette Influence réciproque et les Rapports de tous les Corps coexistans forment ce qu'on appelle **Magnétisme**.

Aphorisme IIC. — Il y a une tendance réciproque entre tous les Corps coexistans; cette tendance est en raison des Masses et des Distances.

Aphorisme IC. — Les causes de cette tendance sont les **Courans** dans lesquels ces corps se trouvent plongés, et dont la Force et la Quantité de Mouvement sont en raison composée de leur Masse et Grandeur et Célérité.

Aphorisme CVIII. — A une certaine profondeur de la Masse de la Terre la **Gravité** cesse.

Aphorisme CXVI. — L'état du **Feu** est donc un état de la Matière opposé à celui de la Cohésion; par conséquent, ce qui peut diminuer la Cohésion de la Matière s'en approche plus ou moins.

Aphorisme CXXXV. — L'Homme à raison de sa Conservation, est considéré en état de **Sommeil**, en état de **Veille**, en état de **Santé**, en état de **Maladie**; de même que pour toute la Nature, dans l'**Homme**, il n'y a que **deux principes**, la Matière et le Mouvement.

Aphorisme CXXXVII. — La diminution [de Matière du Corps de l'**Homme**] doit être réparée : la

Matière perdue est donc réparée de la Masse Générale moyennant les **Alimens.**

Aphorisme CXXXVIII. — La quantité du mouvement est réparée de la somme du mouvement général par le sommeil.

Aphorisme CXLIII. — L'Homme reçoit et rassemble une certaine quantité de **Mouvement** comme dans un **Réservoir**; le surplus du **Mouvement** ou la **Plénitude** du Réservoir détermine la **Veille.**

Aphorisme CLVIII. — Le Principe Vital étant une partie du **Mouvement** universel et obéissant aux Lois communes du **Fluide Universel,** est donc soumis à toutes les impressions de l'Influence des corps célestes, de la **Terre,** et des **Corps** particuliers qui l'environnent.

Aphorisme CLX. — L'Homme, étant constamment placé dans les Courans universel et particulier, en est pénétré; le mouvement du **Fluide,** modifié par les différentes organisations [Personnalités des Hommes], devient **tonique.**

Dans cet état, il suit la continuité du corps [humain] le plus longtemps qu'il peut, c'est-à-dire [il se dirige] vers les parties les plus éminentes.

Aphorisme CLXI. — De ces parties éminentes, ou **Extrémités,** s'écoulent et rentrent des **Courans...**

Aphorisme CLXII. — Ces points d'écoulemens ou d'entrées de courans toniques sont ce que nous appelons **POLES,** ces pôles étant analogues à ceux qu'on observe dans l'**AIMANT.**

Aphorisme CLXXXIV. — Il est probable, et il y a de fortes raisons à priori [de penser] que nous sommes doués d'un **SENS INTERNE,** qui est en relation avec l'ensemble de tout l'Univers; des Observations exactes peuvent nous en assurer; de là, on pourrait comprendre la possibilité des **Pressenti-mens.**

Aphorisme CCIII. — ..... La **Maladie** n'est donc autre chose qu'une perturbation dans la progression du mouvement de la **Vie.**

Aphorisme CCXIII. — L'action du **Magnétisme** arrête l'**Aberration** de l'état de l'**Harmonie.**

Aphorisme CCXVII. — Le Développement des Symptômes se fait dans l'ordre inverse dans lequel la Maladie s'est formée.

Aphorisme CCXVIII. — Il faut se représenter la **Maladie** comme un peloton qui se dévide exactement comme il commence, et comme il s'est accru.

Aphorisme CCXXXVIII. — La position respective de deux **Êtres** qui agissent l'un sur l'autre n'est pas indifférente.....

Deux Êtres ont l'un sur l'autre la plus grande influence possible lorsqu'ils sont placés de manière que leurs parties analogues agissent les unes sur les autres dans l'opposition la plus exacte.

Pour que deux Hommes agissent le plus fortement possible l'un sur l'autre, il faut donc qu'ils soient placés en face l'un de l'autre.

..... Pour entretenir l'**Harmonie** du tout, on doit toucher la partie **Droite** avec le bras **Gauche,** et réciproquement. De cette nécessité, il résulte l'Opposition des **Pôles** dans le Corps Humain.

Aphorisme CCLXIII. — Je pense donc qu'il est possible, en étudiant les personnes nerveuses, sujettes aux **Crises,** de se faire rendre par elles-mêmes un compte exact des sensations qu'elles éprouvent. Je dis plus, c'est qu'avec du soin et de la constance on peut..... pour ainsi dire, faire leur **Éducation** pour cet état.

C'est avec des sujets ainsi dressés qu'il est satisfaisant de travailler à s'instruire de tous les Phénomènes qui résultent de l'irritabilité exagérée de nos sens....

Aphorisme CCLXV. — Ils [les sujets en crise] peuvent même distinguer des objets à travers des corps qui nous paraissent opaques.....

Aphorisme CCLXVI. — Une malade que j'ai traitée, et plusieurs autres que j'ai observés avec soin m'ont fourni nombre d'expériences à cet égard.

Aphorisme CCLXIX. — C'est cette même personne qui, dans l'obscurité, apercevait tous les Pôles du corps humain éclairés d'une vapeur lumineuse ; ce n'était pas du Feu, mais l'impression que cela faisait sur ses organes lui donnait une idée approchante, qu'elle ne pouvait exprimer que par le mot : *Lumière*.

Aphorisme CCLXXIII. — De ma Tête, elle appercevait les yeux et le nez.

Les **Rayons Lumineux** qui partent des Yeux vont se réunir ordinairement à ceux du Nez pour les renforcer, et, de là, le tout se dirige vers la pointe la plus proche qu'on lui oppose.....

Aphorisme CCLXXIV. — ..... Si je lui présente mes Mains, le Pouce se fait aussitôt remarquer par une Lumière Vive, le Petit Doigt l'est moitié moins..... le doigt du milieu est obscur ; la paume de la main est aussi Lumineuse.....

Aphorisme CCCIX. — Il n'y a qu'une Maladie et qu'un remède : la parfaite Harmonie de tous nos Organes et de leurs fonctions constitue la Santé. La Maladie n'est que l'Aberration de cette Harmonie.

377. — Nous n'avons pas l'intention de proposer tout ce qui précède comme la Vérité sans réserve, et

nous prions le Lecteur de bien vouloir effectuer le
triage nécessaire : MESMER me paraît à tendances vaguement matérialistes, et semble ignorer l'existence de
l'Ame ; mais il n'en est pas moins évident que, comme
Praticien, il se révèle un praticien **supérieur**. Il ne
parle souvent qu'à demi-mot, c'est vrai ; mais de son
temps le sujet devait paraître trop troublant pour en
supporter davantage, et, rien qu'avec ce qu'il dit et
de la **Pratique**, on peut trouver le reste, comme ses
Disciples, particulièrement le Marquis DE PUYSÉGUR,
l'ont prouvé.

Les Anglais et les Américains, et encore bien davantage les Hindous lettrés, ne partagent pas du tout
l'opinion assez fâcheuse que l'on a en général en
France sur MESMER.

Par tous les connaisseurs, MESMER est considéré
comme un éminent Praticien, à méthode correcte
dans sa base. Et, pour avoir mis sur pied, comme il
l'a fait, tout un système de **Traitement** parfaitement
viable, il faut qu'il ait été un véritable homme de
Génie, n'en déplaise aux deux Académies et à la Société Royale, que, dans la circonstance, je m'abstien-
drai de qualifier. Les Documents sont tous à la dis-
position de quiconque veut prendre la peine de les
lire (Bibliothèque Nationale : cote [Tb 62. 1. — 14 volumes in-4°).

378. — Le marquis de PUYSEGUR. — Nous
allons maintenant étudier ce grand homme dans les
Disciples qu'il a formés, et qui, tous, confirmeront
notre jugement sur lui.

Parmi les plus célèbres est le Marquis DE PUYSÉGUR
(Amand-Marc et non pas « Armand-Marie, » comme
on le rencontre quelquefois), Jacques DE CHASTENET,

Marquis DE PUYSEGUR, premier quart-comte DE SOIS-
SONS, comte DE CHESSY, vicomte DE BUSANCY, Colonel
du régiment Strasbourg-Artillerie, puis Maréchal de
Camp, qui est né à Paris en 1751 et mort en son châ-
teau de Busancy, près Soissons, en 1825.

Le Marquis DE PUYSEGUR est assez généralement
considéré comme ayant « *découvert* » le **Somnambulisme Magnétique.**

Il l'a certainement étudié avec ardeur et mis en lumière avec plus d'intrépidité que quiconque avant
lui; mais, quant à l'avoir « *découvert,* » l'assertion
nous paraît futile. MESMER, en tous cas, en savait certainement autant que lui à ce sujet.

Mais le Marquis DE PUYSEGUR a laissé une impérissable renommée de bienfaisance, et de succès
immense dans la pratique du Magnétisme charitable.
Les **Guérisons** qu'il a obtenues ne se comptent plus. Il
a consigné ses succès les plus remarquables dans des
ouvrages nombreux et documentés de première
main. L'un de ses **Traitements** les plus célèbres a
été celui effectué au moyen de l'Orme de Busancy,
arbre magnétisé, par le moyen duquel les malades
guérissaient sans la présence du Magnétiseur, qui se
trouvait fréquemment à Strasbourg, dans son régiment. Cet arbre historique fait le sujet du Frontispice des « *Mémoires pour servir...* » édition de 1820.

379. — DELEUZE. — Un autre des plus renom-
més parmi les **Mesméristes,** et disciple direct du marquis DE PUYSEGUR est Jean (ou Joseph?) Philippe-François
DELEUZE, né à Sisteron, en 1753, mort à Paris, en
1835, qui fut d'abord lieutenant d'infanterie, puis
bibliothécaire du Museum, à Paris.

On lui doit l' « *Instruction Pratique sur le Magné-*

tisme animal », ouvrage pratique excellent qu'aucun autre n'a jamais surpassé. C'est dans ce livre plutôt que dans ceux du Marquis de Puysegur, où elle se manifeste déjà cependant, que l'on rencontre la première lueur de ce qui devait plus tard s'épanouir sous le nom de Suggestion (éd. de 1825, p. 435).

Deleuze aussi a toujours été le type du Magnétiseur savant et honnête, véritable bienfaiteur de l'humanité.

380. — Le docteur G.-P. BILLOT. — Nous ne pouvons guère nous étendre comme ils le mériteraient sur tous ces pionniers du Magnétisme, mais il nous faut cependant mentionner le Docteur G.-P. Billot, Médecin du Midi de la France, correspondant de Deleuze, qui a publié sous un titre compliqué les phénomènes les plus curieux qu'obtenaient les premiers Mesméristes. Son ouvrage est intitulé : « *Recherches Psychologiques sur la Cause des Phénomènes extraordinaires observés chez les modernes Voyans, improprement dits Somnambules Magnétiques, ou Correspondance sur le Magnétisme Vital entre un Solitaire et M. Deleuze.....* » Paris, 2 vol. in-8°, 1839.

Cet ouvrage est plein de faits extraordinaires, comme l'indique si justement son titre, et permet de se faire une idée de l'importance capitale des phénomènes auxquels conduit l'étude du Mesmérisme.

381. — Théodore BOUYS. — Dans un ordre d'idées analogue, et afin de bien permettre aux incrédules de se documenter s'ils désirent se faire une conviction intelligente, et basée sur des faits, nous signalerons l'ouvrage de Théodore Bouys, ancien professeur à l'École centrale du Département de la

Nièvre, et intitulé : « *Nouvelles Considérations puisées dans la Clairvoyance instinctive de l'Homme, sur les Oracles, les Sibylles et les Prophètes, et particulièrement sur* NOSTRADAMUS ; *sur ses prédictions concernant :* 1° *la Mort de Charles Ier Roi d'Angleterre ;* 2° *celle du Duc de Montmorency sous Louis XIII ;* 3° *la persécution contre l'église chrétienne en 1792 ;* 4° *la mort de Louis XVI, celle de la Reine et du Dauphin ;* 5° *l'élévation de Napoléon Bonaparte à l'Empire de France ;* 6° *la longueur de son règne ;* 7° *la paix qu'il doit procurer à tout le Continent ;* 8° *sa puissance qui doit être un jour aussi grande sur mer qu'elle l'est actuellement sur terre ;* 9° *enfin la conquête que ce Héros doit faire de l'Angleterre. Ouvrage dans lequel on donne les moyens de diriger cette clairvoyance sur des objets bien plus utiles, bien plus intéressants que l'art de tirer des Horoscopes et de prédire des événements sinistres qu'on ne peut éviter.* »

Évidemment l'auteur s'est laissé dans certaines parties emporter par son sujet, mais on n'en trouve pas moins dans son livre les documents les plus curieux sur la **Voyance Magnétique**.

382. — Faits connus des MESMÉRISTES. — De tout l'ensemble qui précède, il résulte que ces **Mesméristes**, parfois si décriés, connaissaient et employaient aussi couramment que faire se peut : le **Somnambulisme Magnétique**, la **Transmission de Pensée** ou **Télépathie**, la **Voyance** dans le **Temps**, dans l'**Espace** et à travers les **Corps Opaques** ; et enfin la **Guérison Psychique** sous toutes ses formes : **Attouchements du Corps** ; **Passes sans Contact** ; et **Traitement à Distance**.

383. — Nous ne pourrons guère faire plus que nommer les **Magnétiseurs** célèbres qui se sont suc-

cédé depuis la pléiade suscitée directement par
Mesmer; leur célébrité est, dans leur cas, un garant
de l'efficacité de leurs pouvoirs, car les sympathies
de la Science n'ont jamais, certes, été de leur côté,
et s'ils ont guéri, on peut bien dire que c'est malgré
les représentants de la Science de Guérir!

Leur énumération ainsi que celle de leurs ouvrages
principaux a pour but de permettre aux lecteurs que
le sujet intéresserait particulièrement, de se rendre
compte par eux-mêmes de l'authenticité de nos
assertions.

384. — Le baron DUPOTET. — Jules-Denis
DE SENNEVOY, baron DU POTET, généralement connu
sous ce dernier nom, est né à La Chapelle (Yonne),
en 1796, et mort à Paris en 1881. Il étudia d'abord la
médecine, puis devint un illustre Magnétiseur.

Non seulement il a publié nombre d'ouvrages pratiques : « *Cours de Magnétisme,* » « *Thérapeutique Magnétique* » (remarquable ouvrage), « *Traité complet de
Magnétisme Animal,* » etc., mais encore par ses
voyages dans toute la France et ses Cures Magnétiques merveilleuses, de sourds-muets, entre autres;
par ses recherches sur les rapports entre le Mesmérisme et la Magie; il a énormément contribué à la
vulgarisation de la connaissance de ces phénomènes.
Son « *Manuel de l'Étudiant Magnétiseur,* » publié en
1846, et réédité en 1850, 1854, 1868, 1893, et 1904,
contient entre autres choses, des Cures fort intéressantes.

385. — LAFONTAINE. — Charles LAFONTAINE
est né en 1803, sans doute à Vendôme (Loir-et-Cher),
et mort à Genève (Suisse) vers 1888. De famille noble,
comme DU POTET, son grand-père et son oncle sont

morts sur l'échafaud en 1793. C'est encore un Magnétiseur de grand renom, que ses Cures ont rendu célèbre, non seulement dans toute la France, mais encore en Italie, en Angleterre et en Suisse.

Durant son séjour en Angleterre, sa renommée attira à ses Séances le médecin d'origine écossaise, James BRAID, et lui donna l'idée des recherches qu'il baptisa d'abord du nom de « *Neurypnologie,* » d'où l'on fait, en abrégeant : « *Hypnotisme.* »

Les deux principaux ouvrages de Charles LAFONTAINE : «*L'Art de Magnétiser*» et les «*Éclaircissements sur le Magnétisme*» contiennent sa méthode et, le second, les Cures remarquables qu'il a effectuées.

386. — Le baron de REICHENBACH. — Le
Baron Charles DE REICHENBACH est né à Stuttgard en 1808 et mort à Leipzig en 1869. Bien qu'il ne soit pas un Magnétiseur proprement dit, comme tous les précédents, néanmoins, nous l'intercalons parmi eux parcequ'on lui doit les premières recherches importantes et vraiment scientifiques sur les manifestations phénoménales du **Prana** (ou **Fluide Magnétique**) tant dans l'Homme que dans la Nature inanimée.

Il est le premier qui ait rendu **tangibles,** pour ainsi dire, les phénomènes produits par les Magnétiseurs. Ses études ont d'ailleurs été confirmées et continuées de nos jours par le Colonel DE ROCHAS, et le Dr BARADUC, entre autres, comme nous le verrons plus loin.

REICHENBACH a le premier étudié et observé méthodiquement les **Radiations** émises par tous les corps, aussi bien inanimés (Aimant, Cristaux, Minéraux en général), qu'animés (Animaux et Homme).

Non seulement il a prouvé l'existence de ces radiations, et décrit leurs propriétés « *métaphysiques,* » (couleur, forme, intensité. etc.), mais encore il les a suivies et retrouvées dans la lumière Solaire, l'Électricité et le Magnétisme terrestre.

Ne connaissant sans doute pas le mot **Prana**, il a baptisé ce **fluide** qu'il venait de « découvrir » du nom d'« **OD**, » mot tiré du sanscrit « **VA** » (souffler), et signifiant « *qui pénètre tout.* »

Ses volumineux ouvrages, traduits en français et en anglais, contiennent le détail de ses immenses recherches dans ces directions. Ils contiennent en outre tout ce qui a été développé plus tard sur la **Polarité** du corps humain par MM. DE ROCHAS, DURVILLE, CHAZARAIN et DÈCLE, etc.

387. — CAHAGNET. — Louis Alphonse CAHAGNET, né à Caen en 1809, et mort à Argenteuil, près Paris, en 1885, nous ramène aux Magnétiseurs proprement dits. Il fut un adepte ardent non seulement du Magnétisme à tendances Mystiques et Magiques, mais encore du Spiritisme et de la Religion de Swedenborg.

Ses ouvrages, assez nombreux, sont particulièrement intéressants par les recherches personnelles de leur auteur sur les phénomènes de l'Invisible, effectuées en grand nombre par l'intermédiaire de la Voyante Adèle MAGINOT, qui, en état de somnambulisme magnétique, était un Guérisseur remarquable.

388. — Le Docteur ESDAILE. — Le Docteur James ESDAILE est une des figures les plus curieuses et les plus intéressantes entre tous les **Mesméristes** purs. Il était médecin colonial anglais de l'Hôpital d'*Hooghly* ou « *Hugli*, » près de Calcutta, dans le Bengale, quand il eut l'idée de pratiquer sur ses patients, en général des Natifs Hindous, les procédés de

MESMER. Les résultats qu'il obtint furent si extraordi-
nairement remarquables, qu'il se décida à publier en
1845 un ouvrage qui a fait sensation dans le monde
entier sur l'application du Pur Mesmérisme à la pratique Médicale et Chirurgicale.

Le Dr ESDAILE a démontré une fois de plus qu'entre
des mains intelligentes et honnêtes le Mesmérisme
était un procédé de Cure véritablement merveilleux.

L'importance de son ouvrage a été jugée telle,
même encore de nos jours, qu'il a été réimprimé à
Chicago en 1902, et que l'édition est toujours en
vente en Angleterre.

389. — Guillaume ÉDARD. — Si maintenant
des Indes nous revenons en France, nous pouvons citer
Guillaume ÉDARD, né à La Raumieux (Gers) en 1830,
comme un autre Guérisseur qui a eu son temps de
célébrité. D'abord arpenteur-géomètre, puis Magnéti-
seur-Electricien établi à Paris (22, rue Duban, à
Passy), il a opéré d'innombrables Guérisons Psychiques, dont beaucoup en s'aidant d'appareils accumulateurs de Prana, dont le célèbre Baquet de MESMER
est le prototype.

M. ÉDARD employait de préférence comme substance
accumulatrice le « *fer titané magnétique,* » variété
de magnétite naturelle, ou de pierre d'aimant, contenant en général 92 0/0 d'Oxyde magnétique de fer et
8 0/0 d'Acide Titanique. Ce minerai se rencontre surtout sous forme de sable à l'île de la Réunion ; sur
la plage de Grave, près Soulac-les-Bains en Gascogne ;
ou encore dans l'île de Groix (Morbihan).

Les deux principaux ouvrages de M. ÉDARD : « *La
Vie par le Magnétisme et l'Électricité,* » et « *Le Vitalisme
Curatif,* » contiennent non seulement la description

des appareils auxiliaires dont il se servait, mais encore les très intéressantes Cures qu'il a effectuées — souvent rapportées dans les termes mêmes des patients guéris.

390. — Colonel de ROCHAS. — Nous arrivons maintenant à une des plus grandes et des plus belles notabilités du Psychisme contemporain : le colonel Eugène Auguste Albert DE ROCHAS D'AIGLUN, officier et savant français, né à Saint-Firmin (Hautes-Alpes) en 1837. Un moment Administrateur de l'École Polytechnique, à Paris, il se livre depuis longtemps aux recherches les plus scientifiques sur tous les phénomènes Psychiques en général.

On lui doit la preuve expérimentale de l'Envoûtement, cette pratique naguère si discutée de l'ancienne Sorcellerie, et d'infatigables travaux sur : les divers états du sommeil magnétique ; l'extériorisation de la sensibilité, de la motricité ; le Fluide des Magnétiseurs ; la Polarité de l'Homme et ses conséquences expérimentales ; la Lévitation du Corps humain ; les rapports entre les Sentiments, la Musique et le Geste ; la Métempsychose, etc.

Le Colonel DE ROCHAS est certainement le plus scientifique de tous les auteurs contemporains sur ces sujets, et ses ouvrages jettent un jour favorable et tout nouveau sur le Psychisme en général.

391. — PAPUS. — Le Docteur Gérard ENCAUSSE, l'un des plus célèbres Spiritualistes et Magnétiseurs de Paris à l'heure actuelle, est né en 1865 à La Corogne (Espagne) d'un père français et d'une mère espagnole. Son pseudonyme « PAPUS » sous lequel il est le plus généralement connu est le nom du Génie

de la Première Heure dans le Nuctéméron d'Apollo-
nius de Tyane (voir la traduction de ce morceau dans
Eliphas Lévi : « *Dogme et Rituel de la Haute Magie,* »
Tome II, Supplément, p. 411). Le Dr PAPUS est le
Grand-Maître du Martinisme en France.

Ayant été quelque temps attaché au Laboratoire du
Dr LUYS à la Charité, il a publié de très intéressants
ouvrages sur « *La Magie et l'Hypnose* » entre autres,
et, en collaboration avec le Dr LUYS, de curieuses
études sur le « *Transfert des Névroses à l'aide d'une Couronne de Fer Aimanté.* »

Le Dr PAPUS a aussi été quelque temps attaché à
l'Ecole de Magnétisme de Paris, mais sa grande spécialité est incontestablement l'Occultisme.

Ses études dans l'Invisible ne sont donc pas diri-
gées exactement vers le but que nous poursuivons (le
Traitement Mental) et, par conséquent, nous ne
ferons que signaler en passant cet auteur important.

392. — Le **Docteur MOUTIN**. — Le Docteur Lucien MOUTIN, né à Villes-sur-Auzon (Vaucluse) en 1856,
qui est co-directeur avec M. DURVILLE de l'Ecole de
Magnétisme de Paris, et dont le Dr PAPUS fut à un
moment collègue dans cette institution, est incontestablement l'un des premiers Magnétiseurs parisiens
contemporains.

Il a découvert un procédé de Magnétisation extrêmement intéressant qu'il propose d'employer comme
moyen de Diagnostic de la Suggestibilité.

Le voici, *in extenso*, d'après l'ouvrage de l'auteur
intitulé : « *Le Diagnostic de la Suggestibilité* » (p. 52):

393. — **Attraction en Arrière.** — « Nous prions
« la personne que nous voulons soumettre à ce pro-

« cédé de se tenir debout devant nous ; nous plaçant
« alors derrière elle, nous lui appliquons légèrement
« les deux mains ouvertes sur les omoplates, le plus
« près possible de leur bord spinal, les doigts abou-
« tissant vers le tiers interne de la fosse sus-épineuse.

« Le plus souvent, après 20 à 40 secondes d'impo-
« sition, le patient, que nous n'avons nullement
« prévenu des effets que nous cherchons à produire,
« éprouve une sensation de chaleur plus ou moins
« vive, et qui ne tarde pas à se propager dans tout le
« dos. D'autres fois ce sont des frissons qu'il ressent
« dans la même région, avec une sorte de pesanteur
« sur les épaules, ou d'autres fois encore, une im-
« pression de froid glacial.

« Parfois, enfin, aucune sensation ne se produit
« tant que les mains restent appliquées. Mais dans
« tous les cas (du moins lorsque nous avons affaire à
« un sujet impressionnable, suggestible), au moment
« même où nous retirons nos mains, il se sent forte-
« ment Attiré en Arrière, et cette Attraction est
« souvent si soudaine et si irrésistible qu'il en perd
« l'équilibre, et que, si nous ne le soutenions pas, il
« tomberait tout d'une pièce. Ce qui est peut-être
« plus extraordinaire, c'est que ce même Phénomène
« d'Attraction se produit encore sans contact,
« lorsque nous présentons nos mains vis-à-vis des
« omoplates à une distance qui peut varier de 5 cen-
« timètres à un mètre ou même davantage. Malgré la
« distance, le sujet *croit sentir la chaleur rayonnée*
« *par nos mains* et chaque fois que nous nous dépla-
« çons lentement en arrière, *il a l'illusion de Fils qui*
« *le tirent* dans notre direction... »

Outre l'ouvrage important dont nous avons tiré la
citation précédente, le Dr MOUTIN a encore écrit un

livre fort intéressant sur « *Le Nouvel Hypnotisme* » où il décrit en détail ses procédés pour obtenir le « *Vigilambulisme,* » ou « *Somnambulisme Vigil,* » qui est toujours sans aucun danger possible pour le sujet, eu égard à la très faible intensité de l'état magnétique induit.

394. — Le Docteur Ferdinand-Hippolyte BARADUC. — Très connu par ses travaux de photographie psychique et ses théories un peu spéciales sur le sujet, le D′ Ferdinand-Hippolyte BARADUC est l'auteur de plusieurs ouvrages recherchés sur les Sciences Psychiques.

Il est à la fois catholique fervent et spirite convaincu.

Ses études se sont longtemps portées sur la **Mesure de la Force Vitale de l'Homme**, au moyen d'un appareil assez singulier, inventé par l'abbé A. FORTIN, curé de Châlette, et que ce dernier a décrit dans son opuscule « *Le Magnétisme Atmosphérique.* »

Le Docteur BARADUC a légèrement perfectionné l'appareil, et en a fait le *biomètre Baraduc* [1].

Au moyen de cet instrument, les **Courants Fluidiques** immanents en l'Homme sont mis en évidence sans contestation possible.

395. — Le comte de TROMELIN. — Le comte G. DE TROMELIN, de Marseille, né vers 1850, n'est pas un Magnétiseur : c'est un ancien officier de marine, savant électricien, lauréat de l'Académie des Sciences, vers 1883, pour un Mémoire sur la Théorie des Machines Dynamos, alors toutes nouvelles.

[1]. Charles *Chardin*, électricien, constructeur à Paris.

Par des circonstances qu'il rapporte dans son ouvrage, le comte DE TROMELIN fut amené à consacrer de longues et fructueuses recherches au **Fluide Humain**, et à faire la preuve expérimentale de l'existence de ce **Fluide** en l'utilisant pour mettre en mouvement de petits **Moteurs** de démonstration qui sont actionnés par son émission.

Chacun peut, en suivant les instructions du comte DE TROMELIN, se rendre compte par soi-même de l'existence absolument incontestable de **Courants Fluidiques** émanant du Corps Humain.

Ces expériences jouissent d'ailleurs d'une certaine publicité et comme elles n'ont, pour nous, qu'un intérêt documentaire — important, il est vrai — nous ne pouvons que renvoyer à l'ouvrage de M. DE TROMELIN les lecteurs que ce sujet intéresserait particulièrement.

396. — Le **Dr BONNAYMÉ**, de Lyon. — D'ailleurs ces preuves expérimentales ne sont pas le privilège unique des auteurs déjà cités, quelque nombreux qu'ils commencent à se faire : tout dernièrement, le Docteur BONNAYMÉ de Lyon vient de faire paraître un livre sur « *La Force psychique, l'Agent Magnétique et les Instruments servant à les mesurer*, » qui est postérieur à la découverte du comte DE TROMELIN bien qu'antérieur à l'apparition de son livre.

L'ouvrage du Dr BONNAYMÉ confirme, inutile de le dire, la certitude indubitable de l'existence du célèbre **Fluide** de MESMER, si raillé au xviiie et même au xixe siècle.

397. — Hector **DURVILLE.** — Maintenant que nous espérons avoir établi une **Foi** entière à cet

égard — ou sans cela, il faut avouer que le témoignage humain est de bien peu de poids, — nous
allons passer, tout ensemble à M. DURVILLE et à ses
procédés de **Magnétisation** qui représentent la pratique la plus éclairée du **Magnétisme contemporain.**

Hector-Marie-François DURVILLE est né le 8 avril 1849
à Pourrain (Yonne), et dirige actuellement l' « *École
de Magnétisme* » de Paris, ainsi que le « *Journal du
Magnétisme* » qui continue celui créé par le Baron DU
POTET. Il est l'auteur d'un « *Traité expérimental du
Magnétisme,* » en 4 volumes in-16, comprenant la
« *Physique Magnétique* » (2 vol.) et les « *Théories et
Procédés* » (2 vol.), qui sont le **Meilleur ouvrage
Classique** contemporain sur la question.

M. DURVILLE a aussi publié un remarquable volume
sur le « *Magnétisme Personnel,* » l'un des rares vraiment recommandables, et une étude fort intéressante
sur « *Le Fantôme des Vivants,* » ou le Corps Astral de
l'Homme durant la Vie Terrestre.

C'est M. DURVILLE qui est actuellement le représentant de l'enseignement classique du **Magnétisme** en
France.

398. — Avant toutefois de décrire les premiers
rudiments de cette Science, nous croyons qu'il ne
sera pas sans intérêt de dire un mot en passant de
deux personnages qui ont eu leur heure de célébrité
à cause sans doute de l'originalité des procédés qu'ils
employaient pour produire le Sommeil **Magnétique.**

Car, bien entendu, il n'y a qu'**Un Sommeil Magnétique** : seulement il est induit à des degrés innombrables dans leur diversité, et les sujets passent
fréquemment de l'un à l'autre, spontanément, parfois
même sans que l'opérateur s'en aperçoive, ce qui ne

laisse pas que d'avoir des inconvénients de diverses natures.

Toutefois quand nous disons qu'il n'y a qu'un sommeil magnétique, il faut bien nous entendre : c'est comme une maladie qui se manifeste diversement en diverses personnes : comme tout, en ce bas monde (et même au delà), il suit la **Loi de Moindre Résistance.** Mais il n'en est pas moins, toujours et partout, identique à lui-même en son fond, et éternellement varié en sa manifestation, comme les feuilles d'un arbre, dont on ne saurait trouver deux pareilles : — et qui pourtant le sont toutes!

399. — L'abbé FARIA. — Les deux personnages — irréguliers du Magnétisme, pour ainsi dire — sont l'abbé FARIA d'une part ; et le célèbre DONATO de l'autre, dans des temps à peine écoulés.

L'abbé José Custodio de FARIA est né à Goa (Indes Orientales) vers 1755, d'un nègre idolâtre (nous apprend LAROUSSE), et est mort à Paris en 1819. Venu tout jeune à Lisbonne, il y fit son éducation, entra dans les ordres à Rome, puis vint à Paris vers l'époque de la Révolution. Ce n'est que vers la fin de sa vie qu'il acquit sa réputation de Magnétiseur, de « *Fascinateur,* » plutôt, et il mourut en laissant inachevé son ouvrage : « *De la Cause du Sommeil lucide, ou Étude de la Nature de l'Homme,* » dont le tome I seul a paru.

L'abbé FARIA « *disait à ses sujets de penser au sommeil et de le regarder; il fixait lui-même de loin ses grands yeux sur eux, leur montrait le revers élevé de sa main, avançait de quelques pas, puis abaissait brusquement le bras devant eux, en leur ordonnant avec autorité de dormir.* »

Il agissait donc par un mélange de **Fascination** et de **Suggestion.**

400. — DONATO. — Alfred Edouard d'HONDT, dit « DONATO, » dont nous allons dire quelques mots, était né en 1840 à Chênée (Province de Liège), et mourut à Paris en 1900. Ce célèbre **Magnétiseur**, ou plutôt **Fascinateur**, vint à Paris dès 1876, et ce sont ses succès de théâtre qui ont vraisemblablement suscité les expériences postérieures du Dr Jean Martin CHARCOT à la Salpêtrière.

DONATO n'a pas laissé d'ouvrages importants sur ses procédés. Toutefois, une revue : « *Le Magnétisme* » qu'il a publié pendant un an, en 1886, donne de curieuses lettres de « *Fascinés peints par eux-mêmes.* »

Pour endormir son sujet, DONATO se plaçait généralement devant lui, et, étendant les deux bras en croix, la paume des mains ouverte et en haut, il le priait d'y appliquer la paume des siennes, et d'appuyer le plus fort qu'il pourrait, tout en fixant exactement son regard sur le sien. Au bout de quelques secondes, en général, les yeux du sujet devenaient fixes, ses bras en croix restaient raides, et il dormait les yeux ouverts, d'un sommeil spécial aux fascinés, généralement moins profond que le Sommeil **Magnétique** produit plus lentement par des Passes.

Néanmoins, par la **Suggestion**, il est possible de parcourir toute la **Gamme des Sommeils** dans un sens comme dans l'autre, et DONATO faisait de ses sujets tout ce qu'il voulait.

Seulement ce procédé des yeux ouverts avait un grave inconvénient qui s'est dévoilé dans la pratique : c'est que les sujets très sensibles arrivaient à se fasciner d'eux-mêmes, accidentellement, par la vue

d'un objet brillant qui leur rappelait les yeux de
leur fascinateur, et on dit même qu'il en est résulté
des accidents, quand ce fait regrettable se produisait
inopinément dans la rue.

DONATO est surtout important parcequ'il a vulga-
risé le « *Donatisme* » dans toute la France, et a déterminé la fin de l'inertie de commande des savants au
sujet du « *Magnétisme.* » Un moment, tout le monde
s'occupait d' « *Hypnotisme.* » Le procédé de DONATO
est d'ailleurs assez voisin de celui de BRAID, comme
nous le verrons tout à l'heure.

401. — Maintenant que nous avons vu brièvement
les illustrations, à des titres divers, de la Science du
Magnétisme Animal, nous allons exposer les premiers rudiments de sa Pratique.

Bien entendu, nous ne pourrons guère entrer dans
les détails, mais avec les abondantes références qui
précèdent, nous pensons que chacun pourra s'éclairer sur les points qui l'intéresseront le plus.

402. — Pratique du magnétisme. — Il ne
faut jamais pratiquer le **Magnétisme** à la légère : le
débutant doit être d'autant plus circonspect et prudent que son inexpérience le laisserait plus désarmé
en face d'un évènement imprévu.

Avant de tenter d'endormir une personne quelconque, il faut toujours « *tâter* » sa sensibilité magnétique par les méthodes ci-après décrites.

Suivant le plus ou moins de rapidité et d'intensité
de leur action, l'Opérateur se tiendra plus ou moins
sur ses gardes, et en tout cas il s'attachera à Conserver toujours une maîtrise complète de son sujet,
ce qui s'obtient par une **Attention intense** et en

maintenant constamment le **RAPPORT** avec lui. Nous avons vu (246) ce que l'on entend par ce terme.

Si, par hasard, on sentait le sujet échapper au rapport, il conviendrait de commencer immédiatement les pratiques de **Réveil**, sans pour cela perdre la tête, bien entendu.

Il y a aussi une série de conditions qui, bien que sans grande importance pour un Opérateur exercé, en ont néanmoins beaucoup davantage pour un débutant ; les voici :

Le **Moment de la Journée** le plus favorable aux expériences est l'après-midi, ou la soirée — en dehors des heures de digestion. Pendant la digestion, le sujet pourrait ressentir de l'étouffement.

Le **Beau Temps, Sec**, est favorable aux expériences : la chaleur modérée aussi ; le froid est généralement défavorable.

En temps d'**Orage**, le débutant fera mieux de s'abstenir complètement : les sujets risquent d'être ou énervés, ou en somnolence léthargique.

Enfin, avant de soigner des sujets véritablement malades, le débutant, naturellement, fera mieux d'attendre qu'il ait acquis quelque pratique.

Il faut éviter, quand on débute, d'endormir un sujet féminin à l'époque de ses indispositions périodiques ; et surtout ne jamais tenter d'expériences avec toute personne atteinte d'**Hystérie, d'Épilepsie**, ou de **Maladie de Cœur**. Dans ce dernier cas, un maladroit pourrait causer la **Mort** de son sujet. Le fait s'est vu — et se voit toujours.

403. — **Points hypnogènes.** — D'après des expériences qui me sont personnelles, j'ai cru reconnaître que le **Milieu du Front**, entre les deux

14

sourcils, point que les Hindous nomment l'ŒIL DE
SIVA, est, chez beaucoup de Sensitifs, remar-
quablement sensible au toucher : le contact d'un
objet quelconque à cet endroit les Gêne presque
toujours — à l'exception toutefois du contact du
doigt ou de la main du Magnétiseur, qui, au contraire,
leur est agréable, les calme, et finit par leur procurer un Sommeil dépourvu d'énervement.

Ce point est un de ceux que le débutant fera bien
de toucher si son sujet se plaint de malaise quelconque.

La Racine de l'Ongle du Pouce est encore un
point qui, dans pas mal de sujets, détermine le Sommeil quand on la presse doucement mais fermement
entre le pouce et l'index.

404. — Méthode pour magnétiser. — Ces

préliminaires posés, voici un système soigneusement
gradué dans ses effets, qui permettra à l'Opérateur
de s'éviter toute surprise, et de conduire le sujet qui
en est susceptible, sans même presque qu'il s'en
doute, de l'état de veille ordinaire au Somnambulisme
le plus profond.

Les divers Degrés doivent naturellement se suc-
céder dans l'ordre que nous indiquons, et il ne faut
en supprimer qu'à bon escient.

1°) **Relâchement des muscles ou relaxation générale.** — Ce premier temps a pour but de
rendre le sujet « perméable, » passif, au moral comme
au physique. Nous avons vu comment le produire sur
soi-même (149) et nous n'y reviendrons pas. Pour
s'assurer que le sujet a bien compris, on peut le faire
mettre debout, se Détendre dans cette position, puis,
passant derrière lui, on lui fait très légèrement perdre

l'équilibre par une poussée ou une traction des plus
ménagées. S'il résiste au mouvement, il faudra lui
expliquer à nouveau ce qu'on attend de lui, et voir
qu'il s'y conforme.

2°) **Attraction du petit doigt.** — Cette expérience, due au Dr Papus (*Magie Pratique*, p. 361),con-
siste à magnétiser seulement une main du sujet de
façon à en contracturer les doigts, particulièrement
l'Auriculaire, sans agir formellement sur le reste
du corps.

Elle est précieuse parcequ'elle est sans aucun
danger, en aucune circonstance, et, quand elle
réussit, elle frappe l'imagination du sujet et facilite
la suite des Opérations.

Voici sa pratique :

L'Opérateur et son Sujet étant assis vis-à-vis l'un
de l'autre, l'Opérateur prend et tient dans sa main
Gauche les trois doigts du milieu de la même main
du Sujet, qu'il maintient à peu près horizontalement
la paume en bas.

Puis de la main Droite, l'Opérateur exécute des
Passes traînantes horizontales, commençant vers
le milieu de l'avant-bras, s'affirmant au poignet, et
Attirant vers l'Extérieur le petit doigt du Sujet, qui
est resté libre.

En termes vulgaires, ce mouvement consiste à
effleurer du bout des doigts de la main Droite (surtout avec les doigts du côté du Pouce), l'avant-bras,
le poignet et le petit doigt du Sujet, — en commençant à l'avant-bras et en finissant par le petit doigt.

Ces **Passes** doivent être lentes et répétées : environ
Cinq secondes par Passe.

Bien entendu, on a recommandé au sujet la
Relaxation de 1°) : Et on l'a vérifiée.

Si le Sujet est bon sensitif, au bout de quelques Passes, le petit doigt tend à suivre le mouvement de la Main de l'Opérateur, comme si cette dernière l'attirait.

On renforce alors l'effet par la Suggestion Verbale ; puis on concentre les Passes sur le petit doigt seul et on termine en lui Suggérant de se raidir et de demeurer Contracturé, écarté des autres doigts.

En même temps on abandonne la main du sujet, et, naturellement, on cesse les Passes.

Avec un Bon Sensitif, la main abandonnée à elle-même reste engourdie et contracturée, et il est impossible à son propriétaire de rapprocher le petit doigt des autres.

Pour faire cesser cet état, il suffit de dégager le Bras et l'Avant-Bras ; dans ce but, on exécute des Passes Remontantes, en sens inverse des premières, passant légèrement et rapidement sur le poignet et l'avant-bras, en même temps que l'on Souffle Froid, et à plusieurs reprises, sur toute la région influencée.

La facilité — ou l'inverse — avec laquelle l'Expérience réussit ; la persistance plus ou moins complète sous les passes de dégagement, sont autant d'indices de la Sensibilité du Sujet.

On passe alors à l'expérience 3°) :

3°) **Attraction en arrière.** — Ceci est l'expérience capitale, qu'il ne faut jamais négliger avant d'endormir un sujet, quand on débute.

C'est ce que nous avons décrit au paragraphe du Dr MOUTIN, qui en est l'inventeur (393).

Quand l'effet d'Attraction en Arrière se produit bien nettement, on a la certitude que le sujet est sensitif au Magnétisme de l'Opérateur, qui pourra

réussir avec lui un nombre plus ou moins grand
d'autres expériences suivant les dispositions réci-
proques des deux protagonistes.

Les effets s'accentuent par la répétition, de sorte
que le débutant a tout intérêt à prolonger l'expérience dans les mêmes conditions, tout en y adjoignant une sorte de **Massage** des muscles du dos,
exécuté légèrement, et du bout des doigts.

Plusieurs fois on alterne ce Massage avec une
Attraction en Arrière.

Puis on passe au suivant :

4°) **Flexion des genoux.** — Le Sujet ayant été
amené au point décrit précédemment, on étend l'action Magnétique sur toute l'**Épine Dorsale**, que, pour
cela, on frictionne légèrement, à plusieurs reprises,
de haut en bas, avant d'arrêter définitivement la
main sur la **Région Sacrée**, en bas, et de l'y imposer une ou deux minutes.

Chez les Sujets très sensibles, cette seule **Imposition**, accompagnée, bien entendu, du **vouloir** de
l'Opérateur, par **Suggestion Mentale** seulement,
suffit pour déterminer des fourmillements dans les
jambes, une faiblesse dans les genoux, qui, renforcés alors par la **Suggestion Verbale** précise de l'Opérateur, font tomber le sujet sur ses genoux.

Chez les Sujets moins sensibles, il est nécessaire de
répéter les frictions sur l'Epine Dorsale, et l'Imposition aux reins : puis de masser les muscles du derrière avec la main droite, tandis qu'on présente les
doigts en pointe de la main gauche **vis-à-vis** de
l'un puis de l'autre genou du Sujet. On voit alors
ceux-ci fléchir peu à peu, et le sujet chercher ins-
tinctivement un point d'appui pour se retenir : la
Suggestion Verbale détermine alors toujours le

14*

succès de l'expérience ; le Sujet tombe à genoux.

5°) Adhérence des Mains. — On aide le Sujet à se relever, car il est généralement à ce moment passablement engourdi, et on passe à la curieuse expérience qui suit : On dit au Sujet d'entrelacer ensemble les doigts de ses mains, en y mettant un peu de force, et en raidissant les muscles de l'avant-bras, du poignet et des mains.

On lui prescrit simultanément de penser continuellement en lui-même : « *Il m'est impossible de séparer mes mains... elles sont collées ensemble... impossible de les séparer...* »

En même temps, l'Opérateur enveloppe de ses deux mains à lui celles entrelacées du Sujet, et le prie de le regarder fixement dans les yeux.

Au bout d'un instant de contact, l'Opérateur suggère au Sujet qu'il doit sentir passer dans ses mains un fluide ; si le Sujet le reconnaît et l'éprouve réellement, l'expérience a réussi, et il lui est véritablement impossible de séparer ses mains, tant que l'Opérateur lui affirme qu'il en est ainsi.

Si l'expérience ne réussit pas entièrement à la première tentative, il faut la répéter, car ses effets s'augmentent par la **Répétition**.

Quand l'Opérateur devient un peu expérimenté, le Sujet n'a même plus besoin d'entrelacer ses doigts, pour produire l'adhérence magnétique des mains : il suffira au Psychiste de prendre lui-même les mains du Sujet, de les appliquer fermement ensemble le long des **index**, et d'affirmer au sujet qu'elles adhèrent ensemble, pour qu'il en soit réellement ainsi : dans ce dernier cas, on s'aide d'une légère action de **Polarité** du Corps Humain, question en dehors de notre sujet actuel.

6°) Automatisme rotatoire. — Cette expérience, qui remonte au moins au temps de DURAND DE GROS et de son « Électro-Biologie, »ou peut-être au delà, est ainsi décrite par M. J. FILIATRE, dans son *Cours d'Hypnotisme pratique,* » p. 160 :

« Faites fermer les poings du sujet ; qu'il les place
« ensuite l'un au-dessus de l'autre, mais sans qu'ils
« se touchent, et dites : « Lorsque vous me regarde-
«-rez dans les yeux, vos bras vont se mettre en
« mouvement ; et vos poings vont tourner en cercle,
« l'un par-dessus l'autre... »

« Regardez alors le Sujet à la racine du nez, et
« dites-lui d'un ton assuré : « vos bras tournent... ils
« tournent... de plus en plus vite... laissez vos bras
« bien mous... ils tournent... ils tournent vite...
« vite... plus vite... plus vite encore... »

« En opérant sur un sujet influençable, les bras
« tourneront très vite, et il lui sera impossible de les
« arrêter avant que vous ne le lui permettiez. »

« Si le Sujet est un peu rebelle à votre influence,
« prenez-le par les poignets et imprimez à ses bras
« le mouvement de rotation que vous cherchez à
« obtenir en disant :

« Quand je lâcherai vos bras,... ils continueront à
« tourner... ils tourneront de plus en plus vite... je
« vais lâcher vos bras, et... Ils tournent... ils
« tournent toujours... toujours... »

« Lâchez alors le bras du sujet, et continuez vos sug-
« gestions, jusqu'à ce que vous obteniez l'influence. »

Cette expérience a son importance pour deux raisons : la première c'est qu'elle est assez souvent employée par les Suggesteurs pour indiquer un Degré de Suggestibilité : un point de repère dans l'échelle de Sommeil Magnétique.

La seconde, qu'il est important de connaître, c'est que par son action un peu prolongée, et si le Sujet est dans une « *Attention expectante* » convenable, elle peut déterminer spontanément le Sommeil Magnétique, sans autre suggestion spéciale, et en agissant à la manière des **Miroirs Tournants,** qui causent une sorte de **vertige** se terminant par le sommeil.

C'est donc une transition toute naturelle aux Méthodes de **Sommeil** proprement dites ; car jusqu'à présent, comme on a pu le remarquer, il n'a en aucune manière été question de sommeil et cela à dessein, car nous avons d'abord eu pour but d'influencer le Sujet définitivement avant de provoquer la moindre velléité de résistance de sa part, phénomène qui se produit assez souvent quand on parle de dormir.

A tort ou à raison, en effet, beaucoup de sujets croient faire preuve de volonté en défiant l'Opérateur de les endormir ; mais ils ne se tiennent sur leurs gardes qu'à l'instant où l'on prononce le mot : sommeil. Jusqu'à ce moment, comme ils ignorent généralement l'existence du « *Somnambulisme Vigil,* » ils se prêtent docilement, et de bon cœur à des expériences qu'ils jugent insignifiantes, bien qu'elles soient capitales ; ils abandonnent ainsi le **Contrôle de leur Subconscient,** et, s'il arrive ensuite qu'ils veuillent résister au sommeil, leur **Subconscient,** en rapport avec l'Opérateur plus qu'avec eux-mêmes, ne leur obéit plus, et ils **dorment malgré eux.**

Voici maintenant quelques méthodes de **Sommeil Magnétique :**

405. — Remarques préliminaires. — La plupart des **bons Sensitifs** sont profondément influencés, avant même d'avoir parcouru toute la gamme des expériences précédentes.

Dès la troisième expérience (**Attraction en Arrière**), leur regard devient vitreux, leur voix change, leurs mouvements deviennent saccadés, et ils sont en proie à un engourdissement général.

« Le Sujet étant amené à ce point de Suggestibi« lité », dit le Dr MOUTIN, « il suffirait de lui appliquer « une main sur le front et l'autre sur l'occiput, pour « le plonger dans un sommeil profond. »

Mais c'est surtout vers la cinquième ou sixième expérience (**Adhérence des mains et Automatisme rotatoire**), que l'on peut endormir la majorité des Sensitifs, en leur suggérant verbalement ce qui suit :

« Vous ressentez un **Engourdissement Général**... « vos **Yeux** se ferment... vos paupières deviennent « lourdes... de plus en plus lourdes... allons... lais-« sez-vous aller... fermez les **Yeux**...»

« Maintenant, il vous est impossible d'ouvrir les « **Yeux**... vos paupières sont collées... **vous dor-« mez**... laissez-vous aller au sommeil... **dormez** « profondément...** »

Et on continue ces Suggestions jusqu'à ce que le Sujet soit incapable d'ouvrir les yeux malgré tous ses efforts.

A ce moment, on pratique quelques **Passes Magnétiques**, comme suit :

406. — Passes magnétiques. — L'Opérateur, debout, de préférence, présente les deux mains au-dessus de la tête du Sujet, comme pour le bénir. Puis, laissant toujours la **Paume** de la main dirigée le plus possible vers le Sujet, les côtés des **Pouces** plus rapprochés de lui que ceux des petits doigts (qui sont moins actifs), il abaisse lentement les mains devant le **Visage**, puis la **Poitrine** du Sujet, jusque vers la hauteur du nombril environ.

Arrivé là, il referme un peu les mains en forme de griffe, comme s'il voulait retenir une **substance floconneuse** qui serait contenue dans ses **paumes**; puis rapprochant les mains de son propre corps, il les remonte ainsi lentement devant lui — toujours en **griffe** — jusqu'à hauteur de la tête du Sujet.

Là, il les étend de nouveau comme la première fois, et répète indéfiniment le même cycle de mouvements.

Les **Passes** doivent s'exécuter avec une grande componction : elles sont la **Projection volontaire du Fluide Vital de l'Opérateur,** lequel possède une allure générale analogue à celle de la **fumée**; il ne faut aucune **raideur** du corps ni des membres (qui retiendrait là le **Prana**), et elles nécessitent une **Attention,** une **Concentration** mentale parfaites pour produire leur maximum d'effet. Continuellement, l'Opérateur doit **voir** dans sa Pensée le **Prana,** qu'il puise dans l'**Air** par son **Souffle Rhythmé,** se déverser par ses mains, après s'être « **personnalisé** » en traversant son propre système nerveux.

Les **Passes** sont des **Fonctions Hiératiques** des plus sublimes, qui dirigent, par la **Volonté de l'Homme,** l'**Énergie de l'Univers,** sur le point qu'il leur désigne.

Au bout de quelques instants de projection, il faut se rendre compte de l'état d'**Influence** atteint.

Pour cela on peut, **sans parler,** soulever un bras du Sujet jusqu'à la position horizontale, et l'y abandonner : s'il dort, le Bras restera horizontal : sinon, il retombera.

On peut **aussi,** et cela vaut même mieux, interroger le sujet, comme le conseille le bon DELEUZE, et lui demander « *comment il se sent,* » puis « *si son sommeil est profond;* » par le ton de sa réponse, on juge s'il dort ou non.

S'il ne répondait pas, c'est qu'il serait probablement en proie au **Trismus**, ou **Contracture des Muscles de la Mâchoire**, qui se produit assez souvent, et qui est sans aucun danger : c'est l'accident qui rend « *muet d'étonnement,* » « *muet de terreur,* » etc. On le fait cesser en **massant** légèrement d'abord les muscles des joues et des tempes; puis, si cela ne suffit pas, en étendant ce même massage à la langue, sous le menton, à la gorge, et aux parties avoisinantes.

Après cela, le Sujet peut parler et on l'y encourage en disant :

« Vous pouvez parler **sans vous** éveiller... rien ne « vous gêne plus... votre voix fonctionne librement... « parlez... dites-moi... comment **vous trouvez-** « **vous?...** »

Cette question est importante : DELEUZE (*Instruc. Pratique,* p. 107) la recommande avec beaucoup de raison : les Sujets qui s'endorment pour la première fois, sont, en effet, assez souvent dépaysés, troublés au point qu'ils ne songeraient pas d'eux-mêmes à éclairer leur Magnétiseur sur d'insignifiants petits incidents qui, par leur accumulation, peuvent toutefois amener quelque trouble, et qu'il est facile de dissiper dès leur naissance, par des **Passes** ou par la **Suggestion**.

La principale recommandation à faire au débutant, c'est de **conserver un calme parfait**, quels que soient les événements : qu'il ait pleine confiance en ses pouvoirs, pourvu qu'il suive les **règles**, et qu'il agisse sagement, progressivement, avec une imperturbable Sérénité.

Le Calme absolu, indomptable, pour ainsi dire, impose toujours au sujet une allure analogue. Celui-ci est, en effet, devenu une dépendance de vous-même, que votre Influence peut toujours diriger suivant votre Volonté.

407. — Méthode générale de sommeil. —

Nous allons décrire celle le plus généralement employée, soit avec des malades, soit avec des Sujets d'expérience.

C'est l'ancienne et bonne Méthode des Mesméristes avancés, à peu près telle qu'elle est exposée par DELEUZE (*Instruc. Pratique*, p. 25), ou par LAFONTAINE (*Art de Magnétiser*, p. 46), ou encore par bien d'autres.

Elle consiste (après la réalisation du calme et du recueillement, tant chez les assistants que chez les deux protagonistes), à **prendre les deux pouces du sujet**, à pleine main, tout en fixant fermement le regard entre ses deux sourcils, à la racine du nez.

Bien entendu, l'Opérateur et son Sujet sont assis vis-à-vis l'un de l'autre ; — les genoux du Sujet entre ceux de son Magnétiseur, qui occupe un Siège un peu plus élevé que lui.

On recommande au Sujet de faire tous ses efforts pour regarder fixement l'Opérateur, et rester entièrement passif, dans l'état le plus complet possible de relaxation physique et mentale.

Au bout de quelques minutes (dix ou quinze au maximum), les yeux du Sujet se fermeront d'eux-mêmes, ou on pourra les aider par la **Suggestion**, et on pratiquera les **Passes**, comme il a été dit.

408. — Points hypnogènes. — Nous avons déjà vu (403) qu'il existe des points du corps humain qui sont, en général, plus sensibles que d'autres, plus perméables au magnétisme. Ce sont d'abord l'ŒIL DE SIVA (entre les deux Sourcils), puis la Racine des Ongles des doigts; principalement du Pouce. D'où la conséquence naturelle qu'en pressant ces dernières assez fermement, surtout avec ses pouces à soi, on détermine souvent, et, en tout cas, on aide presque toujours la production du Sommeil magnétique.

On peut aussi essayer de l'Imposition des doigts en pointe (réunis en forme de cône, par leurs extrémités,) à l'Œil de Siva, ce qui a presque infailliblement une influence calmante.

409. — Méthode de Fowler. — Cette méthode, due au Dᵣ Fowler, éditeur de la « *Thérapeutique suggestive,* » est utile à connaître, pour appliquer à des sujets distraits, incapables de laisser en repos un instant ni leur physique ni leur mental : aux girouettes humaines, en un mot.

Elle consiste simplement à faire ouvrir puis fermer les Yeux du Sujet à chaque nombre que compte à haute voix l'Opérateur.

On explique bien au Sujet que, à chaque nombre qu'énoncera l'Opérateur, il devra fermer les yeux pendant deux ou trois secondes, pour les rouvrir lentement, et les tenir ouverts jusqu'à ce qu'il entende le nombre suivant : à ce moment il les ferme comme la première fois, et ainsi de suite.

Puis l'Opérateur commence à compter lentement, d'une voix sourde et monotone : **1... 2... 3... 4... 5... 6... 7... 8...** etc.

15

Tout en comptant ainsi, de plus en plus lentement, l'Opérateur fixe le Sujet, le prie de le fixer aussi, et lui tient les pouces.

L'Attention du Sujet étant, par ce moyen, un peu captée, il s'endort, en général, assez promptement.

410. — Sommeil naturel en sommeil magnétique.

— Cette méthode peut être précieuse, soit dans le cas d'un malade impressionnable et prévenu, soit dans le cas d'enfants que leurs parents désirent traiter à leur insu.

Il consiste à transformer le sommeil naturel en sommeil magnétique, c'est-à-dire à influencer un sujet déjà naturellement endormi, sans le réveiller, et à le soumettre progressivement au Magnétisme de l'Opérateur.

Car, de même qu'on peut influencer magnétiquement une personne éveillée, de même on peut, tout aussi bien, la magnétiser quand elle dort.

Pour cela, on s'approche du Dormeur, avec toutes les précautions voulues, et on commence à pratiquer les Passes habituelles au-dessus de lui, en le fixant entre les Sourcils, et en pratiquant la Concentration mentale coutumière.

Au bout de plusieurs minutes de Magnétisation, et avant de parler, ou de faire aucun bruit, on tente une suggestion mentale facile, comme par exemple de remuer légèrement un bras, ou une main qui peuvent, par hasard, se trouver visibles.

Si elle se réalise, le succès n'est plus douteux, et, tout en continuant les passes pendant quinze à vingt minutes en tout, on commence à suggérer à voix très basse au début :

«Vous dormez profondément (ou : « tu dors...., dans

« le cas d'un enfant)... sans vous éveiller... vous ne
« pouvez pas vous éveiller... dormez toujours pro-
« fondément... »

Puis on se rend compte du **Degré d'influence** obtenu, en prenant avec précaution un bras du sujet
(par exemple) et en le dressant en l'air, tout en
suggérant doucement, mais avec volonté :

« Votre bras se dresse en l'air... vous dormez pro-
« fondément... votre bras se raidit... dormez sans
« vous éveiller... etc. »

Si le bras reste comme on l'a mis, le **Sommeil Magnétique est obtenu**, et l'on peut interroger le sujet
comme nous l'avons dit.

Sinon (et si les opérations ne l'ont pas réveillé), il
faut continuer les **passes**, et les **suggestions** de Sommeil.

La séance terminée, **avant de quitter le dormeur**,
il ne faut pas manquer de lui **suggérer de s'éveiller**
comme d'habitude, à son heure habituelle, sans aucune fatigue, ni aucun souvenir de ce qui vient de
se passer.

Dans le cours de cette expérience, avoir toujours
présent à la mémoire que : **appeler une personne
par son nom**, c'est la réveiller en sursaut, presque
toujours : on utilise même cette remarque pour faire
reprendre connaissance aux personnes évanouies,
tant l'effet est, en général, puissant. Donc, **pas de
noms propres.**

411. — **Réveil.** — Nous terminerons là notre
bref exposé des Méthodes de Sommeil Magnétique, et
nous passons au **Réveil**, qui en est de beaucoup la
partie la plus importante ; car, qu'on arrive ou non à
endormir un sujet, dans l'immense majorité des cas,

cela importe assez peu. Mais que, une fois endormi, on soit impuissant à le réveiller, cela, toujours en général, importe davantage. Je sais bien qu'il y a eu parmi les Opérateurs très célèbres, le Dr ESDAILE, entre autres, qui d'habitude, ne réveillait jamais ses Sujets, et les laissait dormir, dans leur lit d'hôpital, tant que la Nature les y portait; mais ce n'est pas un cas général. Toutefois, il peut servir à calmer les in_quiétudes futiles, sur la santé d'un Sujet qu'on ne pourrait pas réveiller tout de suite.

Le Sommeil Magnétique ne peut faire aucun mal, physique ou moral : au bout de quelques heures, — quelques jours parfois, — le Sujet s'éveillera nécessairement de lui-même, parfaitement bien portant et tout à fait inconscient du temps pendant lequel il aura dormi. Il n'y a donc absolument rien à craindre de ce chef.

Mais encore y a-t-il des situations où il est incommode — pour ne pas dire plus, — d'abandonner le Sujet à un Sommeil prolongé.

C'est pour cela qu'il convient de tâter, avec beaucoup de prudence, chaque nouveau Sujet, afin de conserver sans cesse sur lui le Pouvoir Magnétique qui le soumet à la Volonté de l'Opérateur, aussi bien pour s'éveiller que pour toute autre chose.

Un sujet qui refuse de s'éveiller, est un Sujet qui a échappé au contrôle magnétique du Magnétiseur, ce qui ne devrait jamais arriver à un Opérateur attentif, prudent et un peu habile.

Certains Sujets — et parmi les meilleurs — éprouvent un tel bien-être dans le Sommeil Magnétique, qu'ils se refusent catégoriquement à revenir aux épreuves de la terre.

On use, dans ce cas, de subterfuge, en leur promettant de les *endormir à nouveau*, autant qu'ils le voudront, ce qui, d'ailleurs est, en général exact, et, leur retirant la crainte de quitter à jamais un état qui leur plaît tant, les décide à se laisser éveiller.

Toutefois, et par-dessus tout, le Magnétiseur doit toujours maintenir un RAPPORT tel, entre son Sujet et lui, que jamais ce dernier ne puisse se soustraire à sa Volonté. Le Magnétisme pourrait presque devenir mauvais s'il en était autrement.

Tout ceci étant posé en principe, « lorsque le Ma-
« gnétiseur voudra Réveiller, il fera quelques
« Passes [à « grands courants, »] des épaules aux
« pieds, afin de dégager la tête, en entraînant le
« Fluide en bas ; puis, en y mettant un peu de force
« musculaire, il fera vivement devant les yeux et le
« visage des passes longues, en les descendant de
« côté [en oblique], jusqu'à ce que le Sujet donne
« signe qu'il revient à lui; puis il continuera les
« mêmes passes [toujours en oblique,] devant la poi-
« trine et le corps entier; alors le Sujet devra être
« réveillé, mais non encore dans son état normal. »

« Le Magnétiseur fera une Insufflation Froide sur
« les Yeux ; il touchera les sourcils depuis leur nais-
« sance, afin de dégager entièrement les yeux. »

« Il faudra continuer, sans s'arrêter, les mêmes
« passes sur tout le corps, jusqu'au moment où le
« Sujet sera complètement dégagé. »

« Le Magnétiseur pourra aussi [et devra] faire
« quelques Passes transversales devant l'esto-
« mac. »

« Il est fort essentiel de bien dégager, après avoir
« réveillé, car souvent il arrive que le Sujet, qui ne
« s'est point laissé débarrasser entièrement, éprouve,
« dans la journée, un peu de lourdeur dans la tête,

« ou d'engourdissement dans les jambes, ce qui
« pourrait dégénérer en un malaise général, et pro-
« voquer même des accidents graves. » (LA FONTAINE,
Art de magnétiser, p. 48 et seq.).

Il est bon d'exécuter assez longuement les **Passes
Transversales**, vivement menées, en croisant les
bras, et en faisant passer rapidement les mains devant le Sujet, de manière à produire un léger « éven-
tement » d'abord à hauteur de la tête, puis, en descendant graduellement sur la poitrine.

Il est souvent bon aussi d'exécuter un massage très
léger et rapide un peu partout : le long des membres,
sur tout le corps, et quelquefois derrière le cou. En
même temps, on **Souffle Froid** sur la nuque.

Outre tous ces excellents procédés manuels, il faut
user de la **Suggestion Verbale**, et déclarer au Sujet
d'un ton parfaitement décidé, quoique sans brutalité :

« Je vais vous éveiller... vous allez vous sentir très
« bien... vous ne ressentirez aucune fatigue... pas de
« mal de tête... aucun mal d'estomac... aucune gêne
« nulle part... vous vous sentirez parfaitement re-
« posé... rafraîchi par un excellent sommeil... allons...
« éveillez-vous tout doucement... sans aucun effort...
« éveillez-vous parfaitement... » Puis, à mesure que
le Sujet ouvre les yeux et reprend peu à peu ses
sens, on continue sans se lasser des suggestions
analogues, car sa **Suggestibilité** est très grande
durant les périodes qui suivent immédiatement le
sommeil :

« Vous voici parfaitement éveillé... tout à fait
« éveillé... tout est fini... vous vous sentez très bien...
« pas alourdi du tout... tout à fait éveillé... »

On s'assure, en interrogeant le Sujet, qu'il n'éprouve
aucune gêne locale, nulle part, — gêne que l'on fe-

rait disparaître par un léger massage magnétique, et des suggestions appropriées, — et l'expérience est terminée.

412. — Sujets difficiles à Éveiller. — Voici maintenant, à l'égard des Sujets difficiles à éveiller, comment il faut se conduire :

1° D'abord leur demander pourquoi ils ne s'éveillent pas : si quelque chose les gêne, les influence ; et on agira en conséquence.

2° Leur accorder un certain temps pour s'éveiller : leur commander, par exemple, de s'éveiller irrésistiblement au bout de cinq minutes exactement, et pendant ce temps, les dégager continuellement par des Passes transversales et des Insufflations froides.

3° Si ces moyens réussissent mal, user d'aspersions d'eau froide ; tout d'abord, plonger les mains du Sujet dans une cuvette d'eau froide, courante, s'il est possible, ou autrement, fréquemment renouvelée.

N'était la brutalité de son action, une douche froide serait un moyen héroïque, mais, en général, d'application plutôt malaisée.

L'Eau est, comme nous l'avons vu, un solvant énergique du Prana, et en absorbe avidement de grandes quantités. Quand le Sujet est débarrassé de cet excès de Fluide, il devient facile à éveiller par simple suggestion.

413. — Passes magnétiques. — Nous avons à peine effleuré ce sujet, pourtant si important, afin de ne pas interrompre indéfiniment notre description des méthodes de Sommeil ; mais maintenant il faut y revenir.

Les Passes ont pour effet de manier, de diriger, de

répartir le **Fluide magnétique** que l'Opérateur émet comme nous l'avons dit (406).

Nous avons déjà fait ressortir la grandeur de ces gestes, à une certaine époque si bafoués, et qui ont donné naissance au geste de bénir.

Car bénir, c'est magnétiser, et rien autre chose.

Les **Passes**, pour un **Psychiste** éclairé, c'est l'acte de diriger consciemment le **Magnétisme du Monde** : la **Force-Vie** ; le **Prana du Kosmos**, et de l'utiliser à sa fonction la plus haute : la **Vie de l'Homme**.

Par quelle étrange « *Amentation* » de pauvres aberrés ont pu ridiculiser ce véritable **Rite Éternel**, est un des **Mystères de la grande Oscillation évolutrice**.

Quoi qu'il en soit, nous allons nous borner à les étudier dans leurs formes pratiques.

Les **Passes**, pour utiliser une image criante de grossièreté, jouent un peu dans l'Invisible le rôle du râteau et de la fourche dans la récolte du foin : elles amassent ou dissipent le fluide, l'égalisent ou l'entassent à volonté — et selon la **Volonté**. On conçoit donc qu'on puisse les employer **tout autant à éveiller qu'à endormir**, ou même à soulager en dehors de tout sommeil.

414. — Passes longitudinales. — Elles se font toujours de haut en bas, et **chargent de fluide, endorment le sujet.**

Ce sont celles précédemment décrites (406), qui se font en commençant au-dessus de la tête, sans employer ni force ni raideur, les bras étendus en avant, les mains simplement ouvertes, en laissant naturellement descendre ces dernières qui doivent presque frôler le sujet.

Arrivées en bas (à hauteur du nombril, généralement), on ferme les mains en griffe, d'abord, puis on peut fermer les poings un peu, sans les serrer le moins du monde, et on les reporte au-dessus de la tête du Sujet, où on les ouvre à nouveau. Et ainsi de suite.

415. — Passes à grands courants. — Elles répartissent le Fluide aggloméré sur un seul point, et se pratiquent un peu comme les précédentes, mais en se tenant plus loin du Sujet, et en faisant des mouvements beaucoup plus amples, et aussi plus rapides.

On les emploie quand le Sujet se plaint de la tête ou de l'estomac, pour dissiper le Fluide accumulé sur ces points.

416. — Passes obliques. — C'est un genre de Passes à grands courants, mais dans lequel les deux bras décrivent des sortes d'arcs de cercle devant le Sujet, de manière à dégager la tête et la poitrine, et en même temps à éloigner complètement le fluide, en le rejetant dans l'atmosphère. Elles servent à réveiller doucement le Sujet.

417. — Passes transversales. — C'est le moyen le plus radical de dissiper le Fluide amassé sur un point, en l'envoyant directement dans l'ambiance.

On les exécute en croisant les bras en ciseaux devant la poitrine, les paumes des mains en avant, vers le Sujet, et en se livrant à un mouvement analogue à celui de la natation, par un déploiement rapide des deux bras ensemble, vers la droite et la gauche. Pendant cette détente, les mains forment palettes et dirigent un courant d'air des plus dispersifs sur le Sujet.

15*

Ces Passes sont un excellent moyen de réveiller et de dégager un Sujet. Il est bon de toujours y avoir recours.

Toutes les Passes qui précèdent sont d'un usage classique dans le Magnétisme. M. Durville, dans son excellent manuel « *Théories et Procédés du Magnétisme* » (II, p. 66-121), leur adjoint encore l'imposition des mains (sans contact); — l'application des mains (avec contact); les frictions (ou massage très léger); et enfin les insufflations (ou souffles chaud et froid, à propriétés naturellement inverses).

418. — Passes vibratoires. — Mais c'est d'Amérique que nous vient le mode le plus puissant d'émission du Magnétisme Humain : la Passe, ou l'Application Vibratoire. On avait déjà remarqué que le fait de contracter un muscle, puis de le décontracter immédiatement donnait naissance à une émission notable de Fluide. Mais c'est (autant que nous avons pu voir), à l'inventeur de l'*Ostéopathie*, le Dr A. T. Still, que l'on doit d'avoir appliqué cette remarque dans une contraction et décontraction perpétuelle des muscles de l'avant-bras ou du bras, produisant une Vibration, dans le Physique et un écoulement continu et abondant de Prana dans l'Invisible.

Voici la traduction de son livre « *Osteopathy,* » p. 18-19 :

« La Vibration consiste en certains mouvements « oscillatoires produits par une succession d'efforts « individuels rapides de la main de l'Opérateur. Il « ne doit y avoir que peu ou pas de force déployée « par les muscles du bras. La paume de la main, ou « les doigts, doivent se placer sur la partie à traiter, « le bras étant étendu, et un léger mouvement de

« tremblement ou de Vibration doit être commu-
« niqué à la main par les muscles du haut du bras.
« Le mouvement est assez difficile à acquérir tout
« d'abord, mais la pratique le perfectionnera... Une
« bonne méthode pour s'exercer à ce genre de trai-
« tement consiste à placer un verre d'eau sur une
« table, et posant la main sur la table, à exécuter le
« mouvement vibratoire. Si l'on possède le geste vi-
« bratoire délicatement correct, l'eau ne fera que
« trembler en son centre, et ne sera pas balancée
« d'un côté à l'autre. Il faut pratiquer jusqu'à réus-
« site. La Vibration en se servant des doigts seule-
« ment est la Vibration Digitale ; celle où on use de
« la Paume de la main est la Vibration Palmaire ;
« et la méthode où l'on emploie les phalanges de la
« main fermée, s'appelle Vibration Phalangienne. »

Ces Passes Vibratoires peuvent naturellement se
faire aussi en traînant les doigts en vibration comme
dans une passe traînante ordinaire.

Soit en Passe, soit en Application, nous les
considérons comme le plus puissant système de
Magnétisation qui existe ; mais aussi l'un des plus
fatigants pour l'Opérateur qui fera bien de se ména-
ger dans son exécution.

**419. — Traitement Général Ostéopa-
thique.** — Nous en avons maintenant terminé avec
le Magnétisme proprement dit, mais comme Appen-
dice, nous allons donner l'étrange et effectif « Traitement général » des Ostéopathes, les mêmes auxquels
nous venons d'emprunter les Passes Vibratoires.

On emploie de préférence un banc de massage, ou
une sorte de table assez peu matelassée sur laquelle
on fait étendre le patient.

Celui-ci doit se mettre sur le ventre, avec un oreiller sous le cou et le menton, de façon à se mettre relativement à son aise, les bras, de préférence, le long du corps.

L'Opérateur alors place l'index de la main droite sur le côté gauche de la colonne vertébrale, et le médius sur le côté droit, de façon à avoir les vertèbres entre ces deux doigts. Puis, commençant à la vertèbre cervicale, il descend lentement et soigneusement le long de la colonne vertébrale, en explorant continuellement tout le parcours.

Quand il rencontre un point sensible, c'est qu'il y a un trouble du centre nerveux sur lequel on appuie. Si l'on remarque un point plus chaud ou plus froid que les parties avoisinantes, c'est qu'il y a une contraction musculaire dans le voisinage de la région spinale, qui, affectant la circulation nerveuse, cause une douleur ou un trouble dans la partie du corps que commande le nerf en émergence à ce point.

On note tous ces points pour les traiter magnétiquement, plus tard, par simple Application des Mains, ou par Vibration.

Puis le patient étant sur le dos, on le palpe partout où il ressent une douleur, de la gêne, ou de l'enflure.

Après s'être bien rendu compte de l'état général, on commence le Traitement comme suit :

420. — On exécute des **Frictions** descendantes le long de la colonne vertébrale, commençant au cou et descendant graduellement, d'abord d'un côté puis de l'autre, en s'arrêtant sur les points notés dans la première exploration, et en les traitant à part par **Vibration** ou autrement.

Cette opération est en somme plutôt une sorte de massage léger que du Magnétisme pur, et il faut l'exécuter de préférence avec la Paume de la main, plutôt qu'avec les doigts. On termine par une **Friction Magnétique légère**.

On passe ensuite au cou, que l'on masse vers la nuque, puis vers la gorge. Ensuite on attaque les épaules et les bras, que l'on manipule, pour terminer par une **Friction Magnétique**. Les **Jambes** finissent ce traitement général.

On revient alors sur les régions douloureuses ou affectées, que l'on reprend par les mêmes méthodes, et l'on termine enfin par une **Friction générale** de haut en bas, qui égalise la répartition magnétique, et laisse le patient calmé et reposé.

Nous ne pouvons, bien entendu, nous étendre davantage sur ce sujet passablement médical, mais son efficacité est facile à concevoir pour tout Magnétiseur un peu exercé.

En le combinant avec la vieille méthode de MESMER, de faire passer le **Courant Fluidique** à travers le corps du patient, la **Main Droite** sur le creux de l'estomac et la gauche vis-à-vis, dans le dos, on obtiendra des résultats extraordinaires.

421. — Comme nous l'avons déjà dit (183), tous les Procédés de Guérison Psychique doivent être pratiqués en état de concentration mentale, et de respiration rhythmée.

422. — **Eau magnétisée.** — Il peut être utile de savoir magnétiser l'eau ou divers objets, car les procédés sont identiques, même pour les arbres, comme le faisait PUYSEGUR.

Pour cela, il faut d'abord se mettre dans l'état de recueillement voulu, par la **Relaxation générale**, la **Respiration Rhythmée**, et une courte **Concentration Mentale**, avec, si on le peut, quelques minutes de **Vibrations verbales** du mot **A U M**.

Quand on se sent bien prêt à opérer, on peut employer le procédé de DELEUZE, qui n'est pas sans analogie avec celui de *Silik-Moulou-Khi* (327) :

« Pour magnétiser de l'eau, on prend dans ses
« **mains** le vase qui la contient, et l'on passe alterna-
« tivement ses deux **mains** le long de ce vase, de
« **haut en bas**. On introduit le **Fluide** par l'ouverture
« du vase en y présentant à plusieurs reprises les
« **doigts rapprochés** [en pointe]; on fait aller son
« **Haleine sur l'Eau** [Insufflations chaudes]; on peut
« quelquefois l'**agiter avec le pouce**. » (*Instruction Pratique*, p. 129.)

Naturellement il faut, simultanément, pratiquer la Concentration Mentale, la Respiration Rhythmée et fixer le regard sur l'Eau qu'on magnétise.

Il est bon aussi d'activer la circulation du Fluide, avant de commencer, en stimulant les nerfs des bras et des mains par quelques mouvements spéciaux : battement des mains l'une contre l'autre; frictions des mêmes; pratique extrêmement courte de passes vibratoires des deux mains ensemble, les trois doigts du milieu de chaque main joints et opposés devant soi à hauteur de la ceinture, etc.

D'autres bons accumulateurs de **Fluide** sont : l'*Aimant naturel* ou artificiel; le *Verre* et le *Cristal;* le *Papier;* la *Gélatine en feuilles;* etc.

423. — Pendant toutes les pratiques qui déterminent un écoulement abondant de **Magnétisme** ou de **Prana**, on a avantage à user d'un moyen emprunté aux **Yogis** Hindous, et rapporté par le Yogi RAMACHARAKA (*Science of Breath*, p. 58) : c'est de se représenter **Mentalement**, durant la Concentration Mentale, l'acte de **Pomper** mécaniquement le **Prana** dans l'Atmosphère, et de le **Refouler** consciemment dans l'organisme qu'on traite, où on le voit stimuler une vitalité nouvelle, et déplacer les mauvais **Fluides**, de la même manière que le fait de pomper de l'eau propre dans un baquet d'eau trouble finit par expulser entièrement celle-ci et le remplir d'eau pure.

Les temps d'**Inspiration** de la respiration rhythmée correspondent à l'**Aspiration** du mouvement de **Pompe**, et le temps d'**Expiration** du souffle s'assimile au **Refoulement** de la pompe.

Tous les **Psychistes** savent que leur Pouvoir **mental** est directement proportionnel à la clarté des **Images** qu'ils projettent, ou, en d'autres termes, que la clarté de conception est une condition essentielle de **réalisation psychique**.

C'est à ce point de vue que le petit moyen rapporté ci-dessus prend une très grande importance **pratique**.

424. — Traitement magnétique relayé. — Cette méthode ne peut, naturellement, s'employer que par le concours de plusieurs **Psychistes** ou Magnétiseurs. Malgré sa très grande importance pratique, on la trouve assez peu souvent décrite : elle consiste simplement, dans des cas graves et pressants, à employer plusieurs **Magnétiseurs** successivement sur le même sujet, de sorte qu'il n'y ait pas d'interruption dans le flot de **Prana** qui est « refoulé » dans le **Malade**.

Dans ce cas, il faut que les Psychistes qui se
relaient auprès du Patient se persuadent bien intimement que leur tâche consiste uniquement à maintenir la circulation d'un courant continu de Prana
dans le Malade, et ils doivent se mettre d'accord
préalablement sur l'idée mère qu'ils doivent maintenir dans leur mental pendant ce temps, et sur le
genre de résultat qu'ils doivent chercher à produire :
ou si cela ne se trouve pas praticable, alors qu'ils
s'en tiennent à l'idée générale de Santé, d'Amour,
d'Harmonie parfaite, etc.

Ce serait une très grande erreur de croire qu'un
sujet ne doit être magnétisé que par une seule personne : il en est ainsi seulement quand les personnes qui se succèdent auprès de lui sont des empi-
riques à idées toutes différentes les unes des autres et
discordantes. Mais quand une série de Psychistes
entraînés, intelligents et « synarchiques, » se succèdent, les effets ne peuvent être que bienfaisants
au suprême degré.

425. — Par le moyen du Traitement relayé,
plusieurs Psychistes de bonne volonté, mais de
développement encore peu avancé, peuvent produire
des effets presque aussi puissants qu'un seul Opérateur très exercé.

Dans le Traitement des malades, cette action continue est généralement préférable à celle que pro-
duirait une chaîne magnétique constituée par les
mêmes Opérateurs agissant ensemble.

426. — **Traitement électrique.** — Il est
aussi possible à un Psychiste isolé d'obtenir des
effets se rapprochant beaucoup du Traitement

relayé, par un judicieux emploi du Courant Électrique continu, très prolongé et de très faible intensité.

Dans les cas de grande dépression nerveuse, où le sujet réagit faiblement ou pas du tout ; dans les cas de douleurs constamment récurrentes ; dans tous les cas, enfin, où l'on sent qu'une action prolongée et continue serait bienfaisante, il faut penser immédiatement à l'application du courant voltaïque faible — pendant la nuit principalement — pour supplémenter et compléter le Traitement Mental proprement dit.

Le Courant Électrique fournira au patient l'Aliment Pranique, pour ainsi dire, que le Traitement Mental élaborera ensuite au mieux des besoins. C'est une réalisation plus active, plus pratique et plus moderne du baquet de MESMER ou de l'arbre légendaire de PUYSÉGUR.

Tous les constructeurs électriciens fabriquent des appareils pour cet usage maintenant bien connu ; mais celui qui nous a paru le plus pratique est celui que M. CHARDIN, Ingénieur électricien de Paris, conseille pour sa méthode « *Électro-Cinésique Vasculaire*, » que nous citerons au paragraphe suivant : ladite méthode, dans son ensemble, consistant simplement à soumettre le malade à un courant électrique de très faible intensité qui le parcourt pendant de longues heures de la tête aux pieds, ou inversement.

On conçoit que, pour des applications prolongées et de longue haleine les dispositions pratiques d'un appareil sont à considérer : celles de l'appareil CHARDIN sont bonnes à l'usage.

Pour mon usage personnel, j'emploie en général un

seul — (rarement deux ou trois) — élément voltaïque
à la fois — le plus souvent même cet unique élément
traversant une résistance de 500 ou de 1.000 ohms
— avec l'électrode positive (+) sur le haut du front
et deux électrodes négatives (—), une sous la plante
de chaque pied, ces dernières reliées à un rhéo-
phore bifurqué. Je n'ai qu'à me louer de cette dis-
position.

**427. — Mention de diverses méthodes qui
se rapportent plus ou moins au magnétisme animal.** — Pour être tout à fait complet, il
peut être intéressant de mentionner quelques systèmes assez curieux, qui peuvent se rattacher plus
ou moins vaguement au **Traitement par le Fluide,**
mais ce dernier étant « *produit* » par des méthodes
« *industrielles,* » et non plus par un autre être
humain.

1). — La **Magnéto-Thérapie** de M. Hector Durville
vient en premier lieu : elle est abondamment exposée dans les ouvrages de cet auteur, et consiste brièvement à appliquer sur le lieu du mal des **Aimants**
en lames ou plaques courbes, s'adaptant bien au
corps : lesquels Aimants étant vitalisés, c'est-à-dire
saturés de **Magnétisme humain,** de la même manière que l'était le Baquet de Mesmer, ou l'**Eau
Magnétisée** (422).

Dans les cas de migraines et de névralgies, ces
aimants agissent souvent merveilleusement.

2). — La **Métallo-Thérapie** du Dr Burq, puis du
Dr Moricourt son successeur, consistait à appliquer
des « *armatures,* » ou plaques légères composées de
métaux divers, sur certaines régions du corps du
malade : l'influence se produisant par simple contact

de l'épiderme avec la plaque métallique bien polie. Chez les malades à grande sensibilité nerveuse (hystériques, etc.) l'effet était souvent très énergique. Le détail se trouve dans les ouvrages de ces Docteurs.

3). — L'Électricité, enfin, telle qu'elle est employée par M. Charles CHARDIN, par exemple, est incontestablement, nous venons de le voir, une méthode peu différente du Magnétisme « à grands courants » par une source autre qu'un Magnétiseur ordinaire : c'est l'emploi du Prana électrique, au lieu de Prana Magnétique humain, et voilà tout. Voir le détail des applications de ces courants faibles et prolongés dans les divers « *Précis d'Électricité Médicale* » que cet auteur publie constamment, ou dans les « *Instructions* » jointes à ses appareils.

II. — Hypnotisme

428. — L'**Hypnotisme** dans sa pureté (et nous ne le considèrerons qu'ainsi), est tout entier l'invention du chirurgien anglais James BRAID.

Ce savant est né à Rylaw House, en Écosse, vers 1795, et est mort vers 1860, à Manchester, où il pratiquait la médecine. Ses études ont pris leur origine dans les expériences faites à Manchester par le magnétiseur français Charles LAFONTAINE, dont nous avons déjà parlé (385).

Le Dr BRAID assista à ces expériences, et, adversaire du magnétisme, il chercha une autre cause aux phénomènes indéniables qui se produisaient par son action : ses études le conduisirent à une Doctrine qu'il nomma « *Neurypnologie* », de νεῦρον nerf, ὑπνος sommeil, et λογος discours, et qu'il définit (p. 12 de son rare ouvrage *Neurypnology*, Londres, 1843) « *une* « *condition particulière du Système nerveux, dans* « *laquelle il peut être jeté par un procédé artificiel* » ou encore : « *une condition particulière du Système* « *nerveux, produite par une attention fixe et abstraite* « *de l'Œil mental et visuel, sur un objet unique, de* « *nature non excitante.* »

429. — De Neurypnologie (ou Neuro-Hypnologie), le Dr BRAID a tiré Neuro-Hypnotisme, et, par abréviation, Hypnotisme, ainsi qu'il l'explique en détail, p. 13 de l'ouvrage déjà cité. Et il insiste sur ce fait qu'il a forgé le mot Hypnotisme, pour désigner uniquement sa découverte de certains phénomènes qui se produisent par son mode d'opérer. La chose est donc bien claire, et nous avons parfaitement le droit de nous opposer formellement, comme nous le faisons, à ce qu'on vienne nous présenter des phénomènes de Suggestion, comme étant de l'Hypnotisme : ils n'en font pas partie, et sont une chose tout à fait à part et distincte de la découverte de BRAID.

430. — Quand, bien plus, les modernes viennent à inclure des pratiques Mesmériques sous le nom d'Hypnotisme, comme on le fait généralement maintenant, il devient évident que l'on n'obtient plus qu'un chaos et une confusion de plusieurs procédés Psychiques, qui pourtant sont en eux-mêmes parfaitement distincts et considérés clairement comme tels par ceux qui les pratiquaient à l'origine.

Nous avons donc la parfaite certitude d'être dans le vrai, quand nous distinguons, comme nous le faisons, le Mesmérisme de l'Hypnotisme, et celui-ci de la **Suggestion**, qui est encore une autre branche absolument distincte du **Traitement Psychique**.

431. — BRAID explique nettement comme quoi, après une séance de LAFONTAINE, qui eut lieu le 13 novembre 1841 (la première à laquelle il a assisté), puis de suivantes, il a cru pouvoir attribuer la cause du Sommeil à la **Fixité du Regard**, qui, en paralysant les centres nerveux des yeux et de leurs dépendances, et détruisant l'équilibre du système nerveux, produisait le phénomène en question (*op. cit.*, p. 16).

Tout le livre de Braid est une preuve qu'il n'a jamais vu là que des phénomènes **PHYSIQUES**, et il le dit expressément dans la note, p. 17. C'est donc une grave erreur que d'accoler à son système la **Suggestion**, qu'il repousse formellement sous le nom d'**Imagination**, ou de cause **Mentale**.

432. — **Nature de l'Hypnotisme.** — Somme toute, l'Hypnotisme de BRAID est uniquement cette pratique connue des **Fakirs** de temps immémorial, et qui consiste à produire le sommeil par la Fixation du regard dans une position anormale : soit en regardant le bout de son nez, soit en cherchant à fixer un objet brillant placé très près du front, au dessus, et entre les yeux.

On obtient ainsi un degré de sommeil voisin de la **Fascination**, et qui en présente tous les inconvénients, avec, en plus, celui de ne pas établir de *rapport* entre l'Opérateur et le Sujet ; car, dans le cas des Fakirs précédemment cités, ils s'endorment et se réveillent absolument d'eux-mêmes, sans autre Opérateur qu'eux ; et, dans aucun Hypnotisme, l'Opérateur n'a de *rapport* réel avec son sujet.

Les **Suggestions** que l'on fait accepter dans cet état peuvent être émises par n'importe qui avec le même succès, et, en somme, le Sujet est abandonné à lui-même et ouvert à n'importe quelle influence étrangère.

433. — Maintenant que nous connaissons la genèse des Maladies et Inharmonies diverses par **Parasitisme** de Pensées Vagabondes rétrogrades, nous voyons clairement que le Sujet Hypnotisé est une proie de choix pour de telles entités : il est à la fois sans défense, et dans l'état le plus propice pour **Inhiber** n'importe quelle idée, sans en avoir la moindre conscience.

La chose est tellement vraie que les Fakirs prennent toujours des précautions (qui naturellement nous paraissent ridicules, quand nous en ignorons l'utilité), pour se soustraire aux influences possibles d'Entités malveillantes (ou rétrogrades) de l'Invisible : ils s'entourent toujours au moins des **Vibrations verbales** du mot sacré « **AUM** » et souvent de rites prophylactiques spéciaux, qui ne sont pas de notre ressort.

Mais il n'est pas difficile de comprendre que, en négligeant toute précaution de cette nature, comme le faisaient invariablement BRAID et ses imitateurs, on obtient, dans la pratique, plus d'accidents que d'autres choses : et c'est ce qui est arrivé et a donné un mauvais renom — parfaitement justifié — à l'Hypnotisme.

La « *découverte* » de BRAID n'en est donc pas une, pas plus que celle de MESMER, mais tous deux ont eu le mérite de rappeler l'attention de l'humanité sur des méthodes Psychiques tombées dans un profond oubli.

434. — Il est classique de rattacher à l'Hypnotisme le procédé employé au xive siècle par les moines grecs du Mont Athos, qui obtenaient « *la vision de la Lumière du Thabor* » par la contemplation de leur nombril : on les appelait « *ombiculamini*, » ou, en grec ομφαλόψυχοι à cause de cette particularité. On trouve la description assez détaillée de leur procédé dans l'ouvrage du Dr P. Max SIMON sur « *Le Monde des Rêves*, » Paris, 1888, p. 230.

III. — Suggestion

435. — Nous allons maintenant entreprendre l'étude du sujet peut-être le plus important de tout notre ouvrage. En général, on ne se fait pas une idée bien exacte de la toute-puissance, touchant à l'Omnipotence, de la Suggestion : c'est seulement quand on sait que l'Homme n'est que la Concrétion d'un Agglomérat Psychique, d'une part, et que, de l'autre, les Agglomérats Psychiques se forment par Suggestion, qu'on se rend compte de ce que nous devons, consciemment ou non, à la Loi de Suggestion.

Ce n'est que peu à peu, et avec une lenteur vraiment surprenante, que la Suggestion a pris, tout dernièrement, dans la Science, la place prépondérante qu'elle a toujours occupée dans l'Évolution de l'Univers.

Car elle ne se borne pas à régenter l'Homme : ses effets sont tout aussi intenses — davantage même peut-être s'il est possible — sur tous les Animaux, et je ne sais même pas si les Végétaux en sont exempts.

Il est véritablement miraculeux qu'une semblable Force ait pu agir constamment non seulement sous nos yeux, mais encore en nous, sans avoir été précédemment soupçonnée, excepté par de rares Génies, qui ont d'ailleurs eu beaucoup de mal à survivre à cette découverte, car elle passait, jadis, pour ne pas être très orthodoxe.

436. — POMPONACE. — Pierre POMPONAZZI, dit POMPONACE, né à Mantoue vers 1462, et mort à Bologne vers 1525, est un de ceux qui ont connu le pouvoir de la **Suggestion**, et qui n'en est pas mort : son Traité seul fut brûlé par ordre des Inquisiteurs de Venise. Il était professeur de Philosophie à Padoue, puis à Ferrare, puis à Bologne. C'est lui qui, le premier (?), a osé écrire dans son traité « *De Incantationibus,* » que les **Guérisons Miraculeuses** produites par les Reliques des Saints étaient dues uniquement à l'**Imagination** et à la **Foi** des malades. Bien que Philosophe du xve siècle, il lui revient certainement l'honneur d'avoir, en deux mots, caractérisé la **Guérison Psychique**.

Mais, de son temps, ses théories n'eurent aucun succès, et c'est à grand'peine qu'il esquiva le bûcher. Et encore, ses ouvrages les plus « *forts* » sont posthumes.

437. — FYENS. — Thomas FYENS est un médecin belge, né à Anvers vers 1567, mort en 1631 ; il a également entrevu la toute-puissance de la **Suggestion**, qui dans ces temps s'exprimait par **Imagination**. Il fut médecin d'abord de Maximilien de Bavière, puis ensuite, à Bruxelles, de l'Archiduc Albert. Entre temps, il professa la Médecine à Louvain.

Son ouvrage « *De viribus Imaginationis Tractatus,* »

est un véritable Traité de Suggestion comme nous l'entendons maintenant ; il y examine ; « Si l'Ame a le pouvoir d'agir sur les Corps?» « Dans quels Corps elle peut agir, et par quelle Action ? » « Si l'Ame agit « par la Puissance imaginative? » « Si la « *Phantaisie* » « possède le pouvoir de changer un corps de lieu?» (*Télépathie.*) « Par quel pouvoir la Phantaisie change les Corps » « Ce qu'elle peut dans notre corps, et, spécialement, si elle peut y créer des Maladies ? » et enfin, le bouquet : « **Si elle peut guérir les Maladies?** »

Après cela, le doute n'est plus guère possible, et il faut bien convenir que la Vérité, éternelle, a été plus ou moins nettement connue dans tous les temps.

438. — Comme nous l'avons déjà dit (379), la Suggestion s'est manifestée à l'état latent, pour ainsi dire, dans les écrits des Mesméristes, mais aucun n'a compris le parti qu'il était possible d'en tirer. Ce n'est qu'après le milieu du xixe siècle que cette véritable Fontaine de tous les Miracles a été captée et amenée au grand jour.

439. — Le Docteur DURAND DE GROS. — C'est le Dr Joseph-Pierre Durand, né, en 1826, à Gros, près de Rodez (Aveyron), et plus connu peut-être sous son pseudonyme de A.-J. Philips, qui semble avoir donné (tout au moins en France) les premières expériences publiques de ce que nous nommons aujourd'hui « *Suggestion.* »

Le Dr Durand de Gros, que des raisons politiques avaient contraint à s'exiler, rapporta de Londres (où elles arrivaient d'Amérique) les expériences de Suggestion Hypnotique qu'il présenta en

16

1853 à Bruxelles, Alger, Genève, Marseille, etc.

440. — Seulement, il appelait son système Électro-Biologie, et cette appellation obscure a fait tomber dans l'oubli le nom de son créateur.

Il se donnait, à cette époque, pour un Médecin Américain du nom de PHILIPS, mais, dans la réalité, ce n'est que plus tard, vers 1857, qu'il se fixa à Philadelphie, s'y fit naturaliser citoyen américain, et y reçut le degré de Docteur en Médecine.

Afin de ne laisser subsister aucun doute sur les enseignements de M. DURAND DE GROS, qui nous apparaissent comme le premier emploi raisonné et scientifique de la Suggestion, voici un extrait textuel de son introduction à l' « Électro-dynamisme vital..., » Paris, Baillière, 1855, in-8°, p. XVIII :

441. — « Aujourd'hui, vingt-sept octobre mil huit
« cent cinquante-trois, les élèves de M. PHILIPS ont
« essayé de répéter les expériences d'Électro-Bio-
« logie que ce Professeur a faites au Casino. Le suc-
« cès a été complet. Toutes les Expériences d'Illu-
« sion ont réussi : ainsi une canne a été prise pour
« un serpent; un foulard a pris l'apparence d'un
« corbeau; la salle de réunion s'est transformée en
« perspectives de paysage, un Verre d'eau a été
« bu pour du vin, et a causé l'ivresse. La produc-
« tion du Mutisme, de la Claudication, et des di-
« verses Variétés de la Paralysie a encore eu lieu ;
« la suppression locale de la Mémoire, du nom
« propre, et de la première lettre de l'alphabet a
« été pleinement effectuée. Ces expériences ont été
« faites sans l'intervention active de M. PHILIPS, sur
« des personnes inconnues du Professeur, et amenées
« par des élèves... »

Dans la même introduction nous relevons encore, plus loin :

442. — « ... M. G..., sans perdre la conscience de
« lui-même, a été tour à tour aveugle, sourd, muet,
« boiteux, paralytique, bègue, inerte et idiot, jus-
« qu'à perdre le souvenir de son propre nom... »
« ..... M. Philips affirme que le moyen par lequel
« il fait naitre dans l'organisme ces désordres fac-
« tices et momentanés *peut également guérir ceux*
« *qui en sont naturellement atteints*..... »
Et plus loin :

443. — « M. Philips regardant fixement le sujet,
« lui fermait les yeux, et après quelques attouche-
« ments retirait ses mains. « *Vous ne pouvez pas*
« *ouvrir les yeux,* » lui disait-il d'une voix impé-
« rieuse, et, en effet, le sujet ne pouvait pas les ou-
« vrir malgré des efforts parfaitement indiqués par
« de fortes contractions musculaires... »
Plus loin encore, l'Automatisme Rotatoire :

444. — « Après la suppression du mouvement,
« des effets de mouvement forcé ont eu lieu. M. N...
« ayant imprimé une certaine Impulsion à ses bras,
« l'intervention de M. Philips a été nécessaire pour
« la faire cesser. »
Somme toute, l'Électro-Biologie de M. Philips,
c'est-à-dire du Docteur Joseph-Pierre Durand de Gros,
est exactement ce qui est aujourd'hui connu sous
le nom de « SUGGESTION. »

445. — Nous n'avons pas pu trouver d'antériorité
à ces expériences du Dr Durand : — sauf, bien entendu, les lueurs isolées et discontinues que nous

avons plusieurs fois signalées chez presque tous les Mesméristes : Deleuze en tête (*Instruction pratique*, Paris, 1825, in-8°, p. 435 et seq.). La provenance Américaine d'où le Dr Durand aurait tiré à Londres son idée première n'a pas laissé de traces que nous ayons pu retrouver, de sorte que, aucun auteur — à notre connaissance — n'a réduit la Suggestion en un Système Complet avant « M. Philips[1]. »

448. — Le livre Classique sur le sujet, par le Dr Liébeault : « *Du Sommeil et des États analogues,* » ne date que de 1866.

Il y cite d'ailleurs les « *Électro-Biologistes* » (p. 17) comme « étant arrivés à produire un état d'inertie « de l'attention ressemblant à celle du sommeil : « c'est le charme ; il en diffère seulement par l'idée « qu'ils suggèrent... » etc.

[1]. Au moment de mettre sous presse, nous retrouvons dans un intéressant ouvrage anglais de M. James Coates : « *Seeing the Invisible,* » quelques renseignements importants pour la connaissance de la *source américaine de la SUGGESTION* : d'après cette autorité, ce serait le Professeur Joseph-Rodes Buchanan (l'inventeur, en 1849, de la *Psychométrie*, qui aurait, au cours de ses recherches sur la « BIOLOGIE, » remarqué la toute-puissance de sa propre pensée sur les Sensitifs dont il dirigeait les expériences psychométriques et autres. Le professeur Denton, célèbre géologiste et psychiste américain, mort dans l'Océan Pacifique du Sud, en 1883, et disciple du Professeur Buchanan, a développé cette idée dans quelques-uns de ses ouvrages.

Il est donc possible que ce soit à ces sources que le Docteur Durand de Gros ait puisé, en Angleterre, la connaissance de ce qu'il a baptisé « *Electro-Biologie.* »

Les dates et le nom même de *Biologie* l'indiqueraient assez.

Voir la Bibliographie, article : BUCHANAN.

L'École de Nancy, dont le Dr Liébeault est le fondateur, n'a donc fait que continuer — **brillamment**, il est vrai, — **dans les traces des électro-biologistes** dont Durand de Gros est le pionnier.

447. — Les Docteurs LIÉBEAULT et CHARCOT. — Le Dr Ambroise-Auguste Liébeault est né à Favières (Meurthe) en 1823, et est mort au même lieu en 1904. Il est, comme nous venons de le dire, le fondateur de l' « *École de Nancy*, » concernant la **Suggestion** hypnotique, par opposition à l' « *École de Paris* », dont le Dr Jean-Martin Charcot (Paris, 1825-1893) était le Chef.

Les théories du Dr Charcot sur l'hypnotisme sont d'ailleurs aujourd'hui universellement reconnues inexactes, et, par une amère ironie, leur apparente vérité durant la vie de leur champion sert maintenant à renforcer d'un argument sans réplique les Théories opposées de l'École de Nancy, qui affirmaient la **Toute-Puissance de la Suggestion**. — Le Dr Charcot était un tout-puissant **suggesteur**, non seulement sans le savoir, mais encore en **niant** ce pouvoir de **suggesteur** qu'il appliquait si merveilleusement en parfaite inconscience.

Mais, pour en revenir au Dr Liébeault, son irréconciliable adversaire, bien que essentiellement **suggesteur** aussi dans sa méthode, il n'en reconnaissait pas moins, avec une perspicacité qui lui fait honneur, l'existence indéniable du **fluide des Magnétiseurs**, et il a même publié ses expériences probantes à ce sujet, dans une petite brochure intitulée : « *Étude sur le ZOOMAGNÉTISME*, » dont une seconde édition a paru plus tard sous le titre légèrement différent :« *Extériorisation de la force neurique, ou fluide magnétique.* »

16*

448. — Le Docteur HUDSON. — Il nous est impossible de quitter cet aperçu historique sur la question sans nommer le Docteur (en Philosophie) Thomson Jay HUDSON, un savant Américain, et peut-être un des modernes qui a le mieux compris cette insondable question de la **Suggestion.** Toutefois, comme le Dr HUDSON s'est encore plus illustré par sa méthode de **Traitement Mental,** c'est au chapitre qui traitera de ce sujet que nous jetterons un coup d'œil sur sa personnalité.

Nous lui avons emprunté beaucoup d'idées, surtout en ce qui concerne la **Suggestion dans la Vie Inférieure.**

Les lois psychiques de la Suggestion.

449. — Il serait extrêmement facile de composer un volumineux ouvrage sur cet immense sujet, — mais il est bien plus malaisé de l'exposer décemment en un simple chapitre.

La **Suggestion,** en effet, est comme le **Trait d'union** entre le **Conscient** et le **Subconscient** : c'est comme le levier dont use l'**Esprit** pour diriger la **Matière.**

Il s'ensuit que sa généralité doit être absolue, et que nous devons la rencontrer **partout où la Vie est jointe au moindre Intellect.**

Et il en est ainsi en effet.

Nous avons déjà effleuré (5) (en considérant la **Loi d'Analogie**) la question de la Constitution cellulaire de l'Homme, et vu le groupement du **Mental des Cellules** en ce que VAN HELMONT nommait des «*Archées.*»

Nous avons vu également, en regardant d'un peu près ces **Archées** (137), qu'ils possédaient nécessairement un **Chef** : l'**Archeus Faber,** ou **Archée Prin-**

cipal, qui déterminait la Forme générale du corps, et le fonctionnement harmonieux de toutes ses parties.

Cet Archée principal, non seulement agit sur chaque groupe de cellules, mais encore sur chaque cellule individuellement : il en est le Chef direct.

L'Esprit Conscient, d'autre part, est absolument incapable — en général — d'Action directe sur les cellules, ainsi que notre vie de tous les jours le démontre surabondamment.

450. — Suggestion dans la Vie Inférieure.

— Ceci posé, examinons un peu le mécanisme de la Suggestion dans la Vie Inférieure, afin d'en déduire des Lois qui s'appliqueront ensuite à l'Humanité.

Étant entendu que l'Intellect existe partout où la Vie Animée se manifeste : ce qui est incontestable, car la vie animée implique une série indispensable d'Actes déployant une initiative quelconque, voici une série de déductions qui en découlent :

1°). — Tout progrès de l'Intelligence Animale ne peut être dû qu'au développement d'instincts « surajoutés » qui répondent à des conditions ambiantes neuves et progressant aussi.

2°). — Ces « instincts surajoutés » proviennent nécessairement d'Actes exécutés d'abord intelligemment, qui ensuite passent à l'état d'habitudes et se transmettent alors héréditairement.

3°). — Cet Intellect qui s'adapte ainsi aux conditions ambiantes ne peut être que l'embryon d'où se développera plus tard le cerveau.

4°). — Cet Intellect est évidemment l'éducateur continuel de ce qui correspond au Subconscient.

5°). — Donc, tout développement de l'Intelligence Animale est dû aux Suggestions données par cet Intellect à son Subconscient.

6°). — Il s'ensuit nécessairement que Toute Évolution dans tous les Êtres Animés se fait uniquement par la Suggestion.

Et ceci est exact depuis la Monère, l'être animé le plus rudimentaire, jusqu'à l'Homme, le plus compliqué. C'est la Loi invariable dans toute l'échelle. Nous ne pouvons malheureusement pas nous étendre ici sur les détails de sa démonstration : mais ils sont bien connus et universellement admis par la science. On les trouve au besoin, en abrégé, tant dans les ouvrages du Yogi RAMACHARAKA que dans ceux du Dr Thomson J. HUDSON (*passim*).

451. — De sorte que cette extraordinaire Loi de Suggestion est le Facteur essentiel de l'Évolution de la Civilisation, aussi bien que celui du perfectionnement de l'instinct des animaux : et dans ce cas elle se révèle comme le contre-poids de la Loi d'Hérédité, qui, elle, est le Frein d'une Évolution trop rapide.

Elle est encore (la Loi de Suggestion), si on la considère à ce point de vue, le seul moyen donné à l'Homme d'éviter, de surmonter ou de neutraliser les Maux provenant de cette Hérédité.

452. — La Suggestion est encore le fondement du Dressage de tous les Animaux, dont la base est de persuader l'animal en question que l'Homme est le plus fort : et la réussite est d'autant plus grande que le Subconscient de la bête est plus profondément atteint.

Non seulement dans le Dressage des Animaux, mais encore dans toute Éducation, surtout d'êtres humains, on retrouve la Toute-Puissance de la

Suggestion : les enfants y sont tout particulièrement sujets, et, en bien comme en mal, c'est elle qui détermine toute leur croissance.

Ses effets ne se bornent pas au jeune âge : on a réussi par son intermédiaire à réformer des criminels, et à les remettre sur le chemin normal de leur Évolution ; quoique dans ce cas le succès soit moins certain.

453. — Suggestion en Retour. — Et encore bien plus : toute Suggestion, bonne ou mauvaise Réagit inévitablement sur le Suggesteur lui-même, de sorte qu'il est impossible de suggérer la Santé, le Bonheur, l'Harmonie, sans en éprouver soi-même les Bienfaits : c'est là la Loi d'Attraction, ou d'Amour ; c'est aussi la cause qui nous a déterminé à donner à notre ouvrage sa forme présente, au lieu d'un simple traité de Culture Personnelle.

Comme la Charité, la Suggestion, dans ce cas, est deux fois bénie : elle bénit celui qui la reçoit ; elle bénit celui qui la donne.

Nous espérons que par ce rapide aperçu, on commence à se rendre compte de l'importance éminemment capitale, si j'ose dire, de la connaissance approfondie des Lois Psychiques pratiques gouvernant un sujet de semblable universalité : il ne s'agit ici, ni plus, ni moins, que de l'étude de la technique de formation de l'Agglomération, qui est notre personnalité présente.

Nous espérons aussi que, maintenant, cette figure qui nous est chère, de considérer l'Homme comme la Matérialisation d'un Agglomérat psychique, est devenue limpide dans le mental de nos lecteurs, et qu'ils sentent tout le parti qu'ils en peuvent tirer, non seulement pour le **Traitement des Inharmonies** en général, mais encore pour leur propre gouverne personnelle.

454. — Habitudes. — Les Habitudes, par exemple, se précisent nettement comme un lieu de moindre résistance à certains courants psychiques, rendu tel par une **Suggestion** répétée.

La **Suggestion** les a créées, la **Suggestion** peut les anéantir — exactement par le même procédé : nous possédons en elle un puissant **Levier**, qui s'appuie sur toute notre **Évolution** antérieure, et dont l'omnipotence n'est limitée que par l'usage que nous avons jusqu'à présent négligé d'en faire **consciemment**. Plus nous en usons, et plus il devient puissant, aussi bien sur nous que sur les autres.

455. — La FOI. — Nous allons maintenant examiner en détail les conditions qui régissent la pratique de la **Suggestion**. C'est tout d'abord la **FOI**.

L'importance primordiale de la **Foi** a été supérieurement mise en lumière par l'Évangile, et elle n'est nullement exagérée : **Elle**, et elle seule, détermine la **perméabilité** de notre agglomérat psychique **aux** Suggestions, aux **Germes-Pensées** qui en déterminent à la fois l'Accroissement et la Direction, bonne ou mauvaise : sans cette perméabilité, point d'Évolution accélérée possible. De plus, la **Foi** détermine cet état de **Polarisation Psychique** appelé quelquefois **Attention Expectante**, qui est comme l'attente d'un signal de la part de notre vitalité, pour se manifester puissamment dans la Direction qu'elle sent qu'on va lui imprimer.

Enfin la **Foi** est encore la principale déterminante

de l'**Enthousiasme** tant religieux que simplement scientifique, et nous avons vu que l'enthousiasme, comme toute passion, d'ailleurs, déterminait un mouvement attractif de **Prana** d'une extrême intensité.

Il n'est donc pas surprenant que tous les **Guérisseurs**, depuis le Grand Maître de tous, **Jésus-Christ**, jusqu'au dernier (scientifique) en date, qui est sans doute le savant Dr Thomson Jay **Hudson**, ne se soient accordés en une absolue unanimité pour exiger la **Foi** comme condition primordiale du succès de toute **Suggestion**.

456. — Il est quelquefois instructif d'étudier l'Évangile — surtout en ce qui concerne les « *miracles* » de guérison et de résurrection, parcequ'on y retrouve — chose assez étrange — tout à fait les circonstances analogues à celles qui prévalent encore de nos jours : il n'y a réellement rien de changé dans les **Lois de la Suggestion**.

457. — **La Foi dans l'Évangile.** — Il y a surtout deux passages importants, l'un **positif**, pour ainsi dire, et l'autre **négatif**, inverse du premier, qui se renforcent mutuellement ; le premier est l'anecdote bien connue de la guérison de l'enfant, ou de l'esclave du Centurion, au moment où, étant descendu de « *la Montagne*, » le **Christ** entrait à Capharnaüm (Matth. VIII, 5-13 ; Luc, VII, 1-10) : le Centurion pria le Maître en ces termes : « *Maître, je ne suis pas digne* « *que tu entres sous mon toit, mais dis seulement la* « *parole, et mon enfant sera guéri.* » Et le Maître lui répond : « *Va, et selon ta FOI, qu'il soit fait de toi.* » Et l'enfant fut guéri sur l'heure. « *Amen, je vous le* *dis,* » ajouta le Christ à ses Disciples, « *je n'ai jamais trouvé tant de foi en Israël.* »

Jamais l'admirable Puissance de la Foi n'a été plus simplement et plus glorieusement exposée. C'est bien avec cette Foi, simultanément intelligente et inconditionnelle que l'on peut remuer les montagnes.

Quant aux Guérisons Miraculeuses du même genre, elles occupent un bon quart de l'Évangile en général : en fait, le Christ est le guérisseur psychique ancien sur lequel il nous reste le plus de documents précis en ce qui concerne chaque Cure en particulier.

458. — Voyons maintenant ce que cause l'absence de la Foi ; elle est aussi vigoureusement exposée dans un autre passage, sur lequel nous reviendrons sans doute plusieurs fois : il est si important qu'on le retrouve plus ou moins dans les quatre Évangélistes : Matth. XIII, 54, etc. ; Marc, VI, 1, etc. ; Luc, IV, 24, etc. ; Jean, IV, 44, etc. : c'est le thème bien connu : « **NUL N'EST PROPHÈTE EN SON PAYS.** » De retour à Nazareth, le Christ voulut enseigner dans la Synagogue : mais ses auditeurs furent d'abord irrespectueux et incrédules, puis franchement hostiles : « *Quia non est Propheta* « *sine honore, nisi in patriá suá, et in domo suá, et* « *in cognatione suá.* » — « *Nulle part un Prophète n'est* « *sans recevoir d'honneur, si ce n'est dans sa propre pa-* « *trie, dans sa propre maison et dans sa propre parenté.* » (Marc, VI, 4.)

« *Et il ne pouvait faire là de miracle, sinon qu'il* « *guérit quelques pauvres malades par l'imposition des* « *mains.* » (Marc, VI, 5.)

Sans relever l'argument que cette constatation pourrait fournir, nous semble-t-il, aux adversaires de la « *divinité* » du CHRIST, nous nous contenterons d'en tirer cette Règle Pratique Invariable de ne jamais essayer de lutter de front avec l'Incrédulité. Semblable aux pires convulsions terrestres elle est condamnée à se détruire elle-même, et si le CHRIST avouait son impuissance devant elle — ce qui est le cas d'après l'Évangile — il serait futile à nous, psychistes inférieurs, de songer à faire mieux que lui.

459. — Incrédulité et Haine. — L'Incrédulité et la Malveillance produisent une sorte de racornissement de l'Être Psychique, qui le rend absolument imperméable, stérile, à tout Germe-Pensée dirigé sur lui.

Essayer de traiter dans ces conditions, c'est exactement agir comme Ulysse qui labourait une plage pour y semer du sel : le travail s'effectue bien « *matériellement* ». si l'on peut dire, mais son insuccès n'est malheureusement pas douteux.

Depuis JÉSUS-CHRIST, cette condition n'a pas varié d'un atome.

460. — Cependant, il faut exercer ici une distinction : il y a l'incrédulité malveillante, haineuse, rétrograde — qui est celle contre laquelle le temps est le seul remède, semble-t-il ; et il y a l'incrédulité honnête, si l'on peut dire, comme celle de THOMAS, dans l'Évangile, qui désire seulement voir avant de croire, mais qui est entièrement disposée à se ranger docilement du côté du fait accompli : on pourrait presque dire de celle-là que c'est une bonne incrédulité, car, n'étant pas agressivement malveillante, elle constitue plutôt une **Passivité** qu'une **Incrédulité**, et, à ce titre, elle ne cause nul obstacle à la **Loi de Suggestion.** C'est le point neutre, en réalité, entre les deux Pôles de la **Foi** et du **Scepticisme.**

461. — **Encore la FOI.** — Pour en revenir à la Foi, il faut bien remarquer que, cette vertu appartenant à l'ordre de l'**Inconscient**, prend sa source tantôt dans le **Superconscient** (et c'est là la **Foi** proprement dite); mais tantôt aussi provient uniquement du **Subconscient**, et constitue alors bien plutôt la **Superstition.**

Il est tout à fait hors de doute que, en ce qui concerne le **Traitement Mental**, l'une est tout aussi bonne que l'autre : bien plus (triste constatation!), la **Foi** du **Subconscient** est **Indispensable**, et de l'autre, on peut fort bien se passer, comme le prouvent tous les jours les « *Christian Scientists* » qui prescrivent à leurs patients de nier le mal qu'ils éprouvent, c'est-à-dire d'affirmer quelque chose qui est en contradiction directe et patente avec ce que leur conscience leur affirme.

Mais le **Psychiste** éclairé possède ensemble la **Foi de l'Esprit**, par sa Connaissance de la Vérité, de son **Ontologie réelle**, de son Origine Divine et Incréée, et celle de l'**Instinct**, par l'empire qu'il a pris sur son Agglomérat psychique.

462. — La Foi qu'on acquiert ainsi par l'étude et le raisonnement d'abord, est une des plus parfaites, tant que nous sommes sur la Terre, parcequ'elle est, de toute nécessité, au-dessus des atteintes de n'importe quelle Incrédulité, — ou **Contre-Suggestion,** — que nous examinerons tout à l'heure. En plus, elle est supérieure parcequ'il y a Accord Parfait entre l'Esprit d'une part et le Subconscient de l'autre, ce qui détermine toutes les influences dans le même sens ; et c'est ce genre de Foi qu'il faut s'efforcer d'inculquer à tout Patient en cours de Traitement.

Il ne faut négliger aucun moyen d'accroître cette Foi jusqu'à son entière perfection, et c'est pour cela que la pratique est précieuse, en mettant la Vérité de notre Doctrine au-dessus de tout doute possible.

463. — D'ailleurs, nous pouvons bien l'avouer candidement, toute la partie documentaire et historique de notre travail, toute la Bibliographie que nous donnons à sa suite n'ont d'autre but que de permettre au Lecteur sincère de se créer pour lui-même la FOI, la Conviction inébranlable que nous avons puisées nous-même dans leur étude.

464. — **Contre-Suggestion.** — La Contre-Suggestion mérite maintenant toute notre attention : elle ne se range pas nécessairement dans l'Incrédulité, parcequ'elle peut être Inconsciente, et même étrangère au Sujet qui en est affligé ; toutes les Maladies, par exemple, sont des Contre-Suggestions à la Loi d'Harmonie, et certainement elles ne sont pas, en général, Volontaires ni Conscientes de la part du Patient.

La Contre-Suggestion est cette Vibration Rétrograde qu'il faut saturer, étancher, avant de pouvoir faire agir aucune Suggestion directe.

Le Subconscient, composé surtout de Prana dans sa manifestation la moins haute, est incapable de discriminer : toute Affirmation, pour lui, est exacte, et il se met en devoir de la réaliser instantanément ; toute **Négation**, de même, et il agit de même à son égard ; peu lui importent les contradictions ; elles ne sont pas de son ressort : il **exécute des ordres**, et c'est tout : c'est un **exécutif**.

Dans ces conditions, on voit immédiatement comme quoi les **actes** du **Subconscient** sont constamment **déterminés par la somme algébrique des suggestions et des contre-suggestions** qu'il inhibe. Il fonctionne suivant la **Résultante des Forces** qui l'influencent. C'est pour cela que, dans un **Traitement**, il faut premièrement se débarrasser de toute contre-suggestion possible, et, pour cela, commencer par **Traiter contre la Crainte**, qui est le **Fléau** le plus commun de notre époque dans ses innombrables ramifications, ainsi que nous l'avons déjà vu (252).

Les **Contre-Suggestions** ont aussi la plus grande importance en ce qui concerne l'ambiance du Patient traité ; tout le monde sait qu'il est impossible de soigner certaines maladies (nerveuses, généralement), sans soustraire le malade à son entourage, quelles que soient les excellentes intentions de ceux qui le composent : il en est de même, et au plus haut point, avec tous les Patients traités par la **Suggestion**, et tant qu'ils ne possèdent pas la foi « **GNOSTIQUE**, » pourrait-on dire, que nous avons décrite comme l'apanage du **Psychiste** éclairé.

Un Patient guéri peut fort bien retomber dans son même mal par simple **Contre-Suggestion**, même involontaire, d'**Incrédules** qui l'entourent et lui répètent à satiété « *qu'il est impossible qu'il soit guéri par de tels moyens,* » ou bien « *que c'est son imagination seule qui le croit guéri, mais qu'il ne l'est pas et qu'il le verra bien.* » De tels discours seraient suffisants pour rendre ma-

lade un esprit un peu faible, et à bien plus forte raison un mental qui vient d'être éprouvé par une
maladie.

D'ailleurs c'est une **Vérité de l'Évangile** : le CHRIST
le recommandait à presque tous ceux qu'il guérissait.
A sa descente de « la *Montagne*, » il dit au lépreux
qu'il guérit : « *Vois, ne le dis à personne, mais va te
« montrer au Prêtre, et faire l'offrande que prescrit
« Moïse, en témoignage de ces choses.* » (Matth. VIII,4.)

Ou bien les mots n'ont pas de sens, ou bien ils
signifient ce que nous venons d'exposer; et de plus
en plus le CHRIST apparaît comme une Figure d'extraordinaire **Guérisseur**.

C'est donc une autre **Règle Pratique** : il ne faut
traiter que dans une **Ambiance Sympathique**, et recommander au Patient, même (et surtout) entièrement
guéri, de garder le silence sur les moyens de sa guérison — à moins, comme nous l'avons dit précédemment, qu'il ne soit sûr de sa Foi.

**465. — Contre-Suggestions imposées par
d'autres Opérateurs.** — Il peut arriver que l'on
ait à traiter des malades qui ont été soit « *hypnotisés* »
dans de bonnes intentions, soit « *violentés* » d'une manière ou d'une autre par quelque hypnotiseur qui leur
a, pendant leur sommeil, imposé la suggestion « *de ne
jamais se laisser endormir par d'autres que par lui.* »

Inutile de dire que, en cas de nécessité, il ne faut
pas hésiter une seconde à passer outre : cette **Contre-
Suggestion**, comme toutes les autres, est susceptible
d'être inhibée avec les précautions nécessaires, et le
bon opérateur est sûr d'être toujours **plus fort** que le
mauvais, — ou que le moins bon — suivant les cas.

D'ailleurs une telle **Contre-Suggestion** ne s'adresse

qu'à des tentatives d'opérateurs-amateurs inexpéri-
mentés, et elle est si parfaitement justifiée dans ce cas
qu'il ne faut jamais manquer de la mentionner soi-
même dans la pratique, afin d'éviter des incidents de
sommeil spontané, etc., chez les sujets particulièrement impressionnables qu'on a à traiter.

Mais il ne faudrait pas se faire d'illusion sur l'infail-
libilité du résultat : comme toute **Suggestion**, celle-
ci est soumise à la **Loi d'Équilibre** entre les **Affirmations et les Négations**.

Et elle subsiste autant que son contraire n'est pas
imposé avec une force plus grande — rien de plus.

466. — Langage du Subconscient. — Une
autre conséquence fort importante du mode de fonctionnement du **Subconscient** est que, quoique intelligent dans un sens, il l'est cependant assez peu, et
que certaines formes de langage, une **Rhétorique
Spéciale**, sont susceptibles de l'influencer plus que
d'autres.

Un admirable exemple de ce fait est l'extraordinaire
succès de **Mrs Eddy** et de sa **Christian Science** : nous
avons vu (353) comment **toute** la réussite de son système est basée **uniquement sur la Figure de Langage Mental** employée — à l'exclusion absolue de
toute autre — dans ses **Traitements**.

Il faut considérer le **Subconscient** auquel on
s'adresse comme un Être d'Intellect passablement rudimentaire, quelque chose comme un enfant, ou un
animal très intelligent, par exemple, et habitué à **agir
sans penser**.

Ce qu'il y a de plus étrange, c'est que cet Être
puisse manipuler des **Pensées** absolument comme
des **Objets matériels**, ainsi que nous l'avons vu dans

la Mentation subconsciente ; cela est vrai, à la condition qu'on ne lui demande jamais de créer de pensée. Cette limitation est formelle.

467. — Affirmation et Négation. — Bref, le Langage de choix à son égard c'est, comme nous l'avons vu, l'**Affirmation** et la **Négation**, qui constituent l'angle optimum de pénétration du **Germe-Pensée** en lui. Toute autre forme de langage « **se réfracte** » plus ou moins, et ne pénètre qu'en partie.

Le meilleur **Germe-Pensée** est donc celui qui s'exprime en un langage **positif, affirmatif et impératif**, à l'exclusion absolue de dénégations vagues, d'imprécisions diverses qui seraient sans aucun effet.

Il est d'ailleurs plus difficile d'empêcher un acte donné que de le faire accomplir : c'est de là qu'a pris naissance la **Suggestion Relayée**, que nous verrons plus loin.

Nous savons que chaque mot appelle, **matérialise**, la **pensée** à laquelle il correspond : de là, nécessité de **châtier son vocabulaire**, en tout temps, comme nous l'avons dit (319), mais bien davantage encore, s'il est possible, quand il s'agit de créer un **Germe-Pensée**, qui, entre autres propriétés, possède au plus haut point celle de **réagir sur son Créateur** (453).

468. — Ce va même être ici pour nous la première (et la dernière) occasion de dire un mot des prétendus « *dangers* » que peuvent courir les Sujets avec des Opérateurs indélicats : ces dangers existent certainement, mais ils ne peuvent être que rares et fort éphémères, par la nature même des choses, car l'Opérateur qui a l'imprudence de s'y livrer dégrade son agglomérat psychique à une allure bien plus ra-

pide encore que ne peut le développer l'Opérateur
bienfaisant ; et il se détruit lui-même plus efficacement que n'importe quelle cause étrangère ne pourrait le faire.

Aucune race d'animaux féroces ne prospère en ce
bas monde, et les conditions défavorables qu'elles
rencontrent sont encore centuplées dans l'Invisible.
C'est la Crainte seule que l'on peut avoir d'eux,
avant d'être éclairé sur ce point, qui leur donne
l'apparence de manifestation possible qu'on peut leur
voir quelquefois. Mais si, averti, on les regarde en
face comme tout Psychiste éclairé peut, et doit, le
faire, ils s'évanouissent dans le Néant auquel est
condamné tout Être Rétrograde.

C'est bien simple : tout est contre eux, et ils ont à
remonter, non seulement la grande Loi d'Évolution,
mais encore la Volonté propre de la totalité des Êtres
qui l'appliquent et s'en font un bouclier indestructible.

Mais c'est assez de temps perdu sur un inintéres-
sant sujet, basé sur la Crainte, c'est-à-dire de l'Essence de Néant. Revenons-en au langage de la Suggestion.

**469. — Règles du Langage pour Subcons-
cient.** — Le Subconscient, simpliste de sa nature,
est d'une Crédulité sans bornes : il réalise toujours
servilement l'Idée qu'on lui impose, sans aucune dis-
crimination — ni récrimination — et obéit, purement
et simplement, de la même manière qu'une balance,
par exemple, oscille, suivant les poids que l'on dé-
pose dans l'un ou l'autre plateau.

470. — Voici quelques Règles principales du
langage pour Subconscient :

1°). — Choisir toujours des mots exprimant une Qualité, et jamais un Défaut, même (et surtout) quand la Suggestion a pour but de déraciner ce défaut. Les Anciens nous donnaient le bon exemple avec leurs mots fastes et néfastes. Ne pas tomber, seulement, dans la « foi du subconscient, » c'est-à-dire dans la Superstition, à cet égard.

2°). — Employer toujours le mode actif, impératif, positif, direct. Dire, par exemple : « telle chose est, » et jamais : « le contraire de telle chose n'est pas. » Cette dernière tournure est un indice de dépolarisation du Mental, incompatible avec l'Optimisme dévolu au Psychiste instruit.

3°). — Il faut user, abuser même de la Répétition, sous toutes ses formes intelligentes : il n'est pas besoin d'être grand clerc pour savoir que c'est par la Répétition que se précisent, chez tout le monde, les éléments d'abord, peut-être, vagues, d'un énoncé quelconque. La Répétition est l'un des moyens d'action les plus puissants sur le Subconscient ; c'est par elle que se crée l'Habitude, dont on connaît la force toujours croissante. A force de se répéter n'importe quoi, consciencieusement, on finit par le croire, d'abord, puis par le réaliser, ensuite, automatiquement : c'est la Loi qui a présidé à notre Agglomération Psychique. On dit que l'habitude est une seconde nature : mais nous savons, nous, que la « première » nature est aussi uniquement le résultat d'habitudes.

Employer donc systématiquement ce procédé de persuasion si cher aux orateurs populaires, qui consiste à affirmer une idée simpliste jusqu'à saturation, et même quelquefois davantage, au goût de ceux de leurs auditeurs qui sont moins simplistes.

La plupart des Incantations Magiques, ou des

17*

mantrams doivent une bonne partie de leurs vertus
à ce principe tout philosophique.

4°). — Formuler toute **Suggestion** en **termes
simples, concis,** modérément exagérés, pour les
rendre plus **frappants, plus impressionnants,** et faire
la part de l'**Inertie possible dans l'Exécution.**

5°). — Entretenir toujours une scrupuleuse et parfaite **Harmonie** entre les **Suggestions** et les **Actes,**
ou la **Conduite,** autant que faire se peut.

Il faut être de bonne foi.

Il ne s'agit pas — si l'on veut réussir — de projeter une **Suggestion** quelconque, puis d'agir, de
penser et de se comporter de manière à la rendre ir-
réalisable. On peut faire des **Miracles,** ce n'est pas
douteux, mais encore y a-t-il la **Manière.** Sans la
Foi et la bonne volonté, point d'effets.

6°). — L'**Affirmation Négative, ou Négation,** nécessite encore des attentions plus grandes, s'il est
possible : non seulement l'idée d'anéantissement de
la chose niée doit de beaucoup dominer dans tout le
langage, mais encore il faut constamment exalter la
Polarité opposée à la chose niée, et toujours terminer
la séance sur des **Affirmations immitigées,** et jamais
sur des **Négations** quelque artistement qu'on ait
pu les envelopper.

471. — Les divers modes de Suggestion. —
Jusqu'à présent nous avons principalement considéré — sans le dire, d'ailleurs — la **Suggestion
Mentale** et la **Suggestion Verbale,** qui sont les deux
principales manifestions de cette force. Mais, outre
celles-là, il y en a bien d'autres — même en laissant de
côté la « *Suggestion Histionique* » du grec ἱστός étoffe,
le même mot d'où provient « *histologie,* » la science

de l'« *étoffe* » du corps humain et des autres.

Cette suggestion au qualificatif bizarre est ce que le Dr Thomson Jay HUDSON, pourtant si perspicace sur d'autres points, a découvert pour expliquer les actions magnétiques des passes avec contact : transmission directe de Pensée de cellule à cellule.

472. — Suggestion Mentale. — La Suggestion Mentale, telle qu'elle est ordinairement pratiquée, n'est autre chose que la **Transmission de Pensée**, ou la **Télépathie**, comme on voudra : la distance (ou l'**Espace**), non plus que le **Temps** n'existant pas pour l'Invisible. Ses principes, qui sont ceux que nous avons exposés en grand détail lors de notre étude de la **Télépathie** (240), ont donc pour base la **projection d'images**, bien plutôt que de **mots** ; elle est renforcée par toute **émotion**, et aussi par la pratique énergique de la **Respiration Rhythmée**, outre toutes les autres conditions précédemment exposées.

473. — Suggestion Verbale. — La Suggestion Verbale est celle où les Pensées sont déjà un peu **matérialisées** par les **vibrations du Verbe**, qui augmentent de leur puissance celle du **Germe-Pensée** lui-même.

Le **Ton** de l'Opérateur a une grande importance : il faut qu'il soit **décisif** et **sans réplique**, quoique également sans violence. Éviter avec soin toute brutalité, toute brusquerie même qui pourrait déterminer une antipathie **subconsciente** du Sujet et entraver toute action.

Il faut toujours agir par **persuasion** : — exprimer l'idée **impersonnellement** ; proférer que **sa réalisa-**

tion est inévitable : pour ainsi dire fatale, et dès ce moment absolument en dehors des Volontés propres, tant du Sujet que de l'Opérateur.

Dès le début, on a soin de suggérer le parfait accord, l'identité absolue de ces deux volontés du Sujet et de l'Opérateur : d'affirmer au Sujet que c'est lui-même qui veut absolument exécuter ce qu'on lui suggère, et qu'il oublie totalement que cela lui a été suggéré par un autre.

En un mot, il faut diriger le développement du **Germe-Pensée**, le cultiver intelligemment dans le **Mental** du Sujet, et ne jamais essayer de la force, qui ne conduirait qu'à des désagréments de toute nature.

La **Voix** la meilleure est celle un peu basse, plutôt que criarde, parfaitement énergique, lente, distincte, dont chaque mot martèle, pour ainsi dire, le Subconscient du Sujet.

474. — Suggestion Mimée. — La Suggestion Mimée est une matérialisation encore plus grande de la pensée, qui s'exprime alors par des Attitudes correspondantes du corps humain. Toutes les Passions impriment plus ou moins leur Signature sur les corps qui leur sont soumis. Et, inversement, le fait d'assumer volontairement et momentanément cette Signature *induit* dans notre agglomérat psychique la Passion correspondante.

C'est une sorte d'action de dehors en dedans sur le Subconscient, par opposition à la Suggestion mentale qui est, elle, une action de dedans vers le dehors.

Évidemment, il ne faut pas attribuer à cette vulgaire Réaction plus d'importance qu'elle n'en comporte, et ce ne sera jamais par le **physique** qu'un **Psychiste** essaiera de **Maîtriser** le mental, mais elle est curieuse à mentionner pour délimiter l'énorme étendue du sujet.

475. — Suggestion écrite. — La **Suggestion Écrite** est encore un autre mode d'attaque du **Subconscient** par les **Sens**. Elle mérite un mot parceque c'est sur elle que sont basés tous les **Talismans** et **Phylactères** qui, dans leur ensemble, ont empoisonné tous les âges et persistent encore dans celui-ci. Elle s'adresse généralement à la **Superstition** la **plus basse**, et, bien que nous soyons parfaitement d'accord sur son efficacité sur le **Subconscient**, néanmoins nous la considérons — en général — comme une chose **Dégradante** pour l'homme qui se sait **immortel et incréé**.

Comme de tout, cependant, on peut en faire parfois très bon usage, témoin le procédé de **Culture Personnelle** connu sous le nom de **Photographie mentale**, et décrit par Victor Turnbull (*Magnétisme personnel*, p. 36), que voici à peu près :

476. — Photo-Suggestion. — Étant dans l'état indispensable de tranquillité et de calme, asseyez-vous à une table et écrivez très lisiblement, en **gros caractères**, une phrase succincte, énonçant la **Suggestion** que vous désirez cultiver.

Exécutez cette opération dans un grand recueillement, avec un grand **Effort de Volonté** : à chaque mot que vous écrivez, pensez que, l'écrire, c'est le **réaliser en substance physique** ; le faire passer du plan spirituel sur le plan matériel, c'est l'**imposer à la nature par votre volonté**.

Le texte étant écrit, mettez-vous en état de relaxation générale, et contemplez fixement votre écriture, en vous concentrant mentalement avec intensité, et dans le plus grand calme, sur le sens des lignes que vous avez sous les yeux.

Faites durer cette séance de dix à quinze minutes, et répétez-la plus ou moins fréquemment, selon les opportunités. Il sera superflu, bien entendu, de recommencer à écrire le texte chaque fois : une fois écrit, il pourra servir indéfiniment, tant qu'on sentira le besoin de cultiver la **Suggestion** qu'il exprime.

Ce procédé est susceptible d'extensions qui peuvent quelquefois être utiles à connaître, bien que leur application compliquée en restreigne forcément l'usage; elles consistent, par des moyens divers, à faire apparaître en **Lettres de feu** (ou lumineuses) les mots de la **Suggestion** à imposer : tout le monde sait l'application que l'on fait journellement de ce procédé par les « *réclames lumineuses*, » et tout le monde a pu remarquer aussi combien plus elles se gravent dans l'imagination que les mêmes réclames en caractères ordinaires ; de même aussi, tous les conférenciers et tous les éducateurs de la jeunesse connaissent et utilisent le **Pouvoir impressionnant des Projections Lumineuses** dans la spécialité qui leur est propre : une série de tableaux ordinaires, de même dimension et de même ton, serait très loin de posséder le même pouvoir impressif, particulièrement sur une audience impulsive et inaccoutumée à concentrer son attention.

477. — Il peut donc être utile de savoir que, en écrivant un texte avec une pointe mousse sur une plaque de verre noircie à la lampe, et en plaçant

cette plaque dans une lanterne de photographie ordinaire, qui ne laisse passer de lumière que par cet
endroit, on peut réaliser chez soi toute suggestion
lumineuse. A la rigueur, même, au moyen d'une
lampe électrique, de quelques cartons et de la même
plaque noircie et «gravée,» on obtiendra le même
résultat.

Dans les cas où l'emploi d'une lanterne de projection est praticable, il est bon de savoir qu'il existe un
accessoire permettant d'écrire sur une plaque noircie, pendant qu'elle est dans l'appareil, et de renouveler ainsi le « *Mané, Thecel, Pharès,* » biblique, dont
la profonde impression est rendue évidente par sa
transmission jusqu'à nos jours.

Enfin, tout bon chimiste pourra trouver une prépa-
ration phosphorée qui, employée avec les précautions indispensables (sous forme d'huile phosphorée,
ou autrement) permettra de tracer sur un tableau
noir des caractères qui apparaîtront, dans l'obscurité, avec le flamboiement particulier au phosphore,
et qui lui a fait donner son nom.

478. — Suggestion Matérielle.

— La Sug-
gestion Matérielle est la forme la plus basse de ce
grand levier : elle se manifeste principalement dans
l'Influence que possèdent sur nous certains lieux,
certains tableaux, certains paysages, etc.

Les aliénistes en essaient assez souvent l'usage sur
leurs patients, quand ils sont inaccessibles à tout
autre moyen.

Ce genre de Suggestion est des plus curieux,
parcequ'il confine à la remarquable branche de la
Voyance que l'on nomme actuellement Psychométrie (mot dépourvu de sens s'il en fut jamais), et qui

consiste à évoquer des visions au moyen du contact d'un objet matériel : à en extraire, pour ainsi dire, un Germe-Pensée, et à le développer instantanément en un Tableau mental complet. Bien entendu, nombreux sont les Germes-Pensées inhérents à un fragment de Matière, aussi la diversité des résultats obtenus est-elle immense.

La Suggestion Matérielle atteint sans doute son maximum d'intensité dans ce qu'on nomme vulgairement les « lieux hantés, » où se produisent des phénomènes psychiques dont les causes peuvent être assez diverses, mais qu'un Psychiste instruit n'aura pas de peine à interpréter d'après leurs manifestations.

Il n'y a qu'une seule Énergie dans l'Univers : c'est le Prana, et nous connaissons ses Lois, non seulement d'action, mais encore d'agglomération.

Les marionnettes de l'Invisible ne possèdent donc que l'importance qu'on veut bien leur accorder : intrinsèquement, elles sont, tout juste, rien du tout : des Formes-Pensées plus ou moins vivaces, et rien d'autre.

479. — Suggestion relayée. — La Suggestion Relayée est encore une branche de la grande Force utile à connaître : nous avons dit, en passant, qu'il était toujours plus facile de faire exécuter un acte que d'en empêcher l'exécution : — c'est-à-dire que la Suggestion active est toujours plus puissante que la suggestion négative, ou passive.

Autant qu'il m'a été permis de le retrouver dans mes recherches, c'est une somnambule de Deleuze qui a « inventé » ce procédé de Suggestion.

Comme document, le passage est curieux, parce qu'il prouve simultanément : 1° que les Mesméristes

connaissaient et employaient la Suggestion à son
état rudimentaire ; 2° qu'ils l'employaient quelquefois
sous sa forme la plus puissante que nous connais-
sions encore aujourd'hui.

Voici ce qu'on lit dans la « *Lettre d'un Médecin
étranger* [KOREFF] à M. DELEUZE, » qui fait suite à
l' « *Instruction pratique*, » p. 435 (édition de 1825) :

« Une de mes somnambules s'était expressément
« défendu plusieurs mets qu'elle aimait beaucoup ;
« elle ne pouvait s'en abstenir, malgré tout ce que
« j'avais pu lui dire dans son état de veille. Prévoyant
« alors l'inutilité des représentations que je lui ferais
« encore, elle me *pria de vouloir* que, chaque fois
« qu'elle serait tentée de manger de ces mets, *elle*
« *fût saisie d'une angoisse inexprimable, et que son*
« *gosier se fermât ;* cela eut lieu effectivement... »

Ce serait donc plus exactement à la Somnambule
du « *Médecin étranger* KOREFF » que reviendrait l'honneur de cette « *découverte*. »

Le procédé en question est d'un emploi courant
dans les usages modernes de la Suggestion. D'après
le Dr Paul JOIRE (*Traité de l'Hypnotisme*, Paris, 1908,
p. 309, puis 319), le Dr BÉRILLON, entre autres, em-
ploierait couramment ce moyen sous le nom de
« *oran d'arrêt psychique.* »

Il consiste tout bonnement à suggérer au patient
une paralysie momentanée, qui le frappera locale-
ment chaque fois qu'il essaiera d'enfreindre la Volonté de l'Opérateur. On substitue ainsi un acte positif et simple : une paralysie ou contracture
momentanée, à une injonction toujours plus ou
moins complexe, et qui, de plus, a l'inconvénient grave
d'être directement contraire à une habitude prise,
qui, elle, constitue une Contre-Suggestion puissante.

De sorte que la **Suggestion Relayée** se conforme
à deux de nos règles ensemble : la simplicité de
l'Acte, et la non-évocation de toute contre-suggestion adverse.

Voici un exemple de ce type d'opération :

« Vous ne - - - - - - - plus... Quand vous vou-
« drez - - - - - - malgré ma Volonté, vos -.-.-. (*mains?*)
« se paralyseront....seront **Raides**, ...contracturées..
« comme maintenant... (*on les contracture par des*
« *passes*)... vous voyez, ... vous ne pouvez plus les
« remuer... il en sera ainsi chaque fois que vous
« voudrez - - - - - - désormais... vous serez obligé d'y
« renoncer de vous-même... et alors vos -.-.-. (*mains?*)
« reprendront leur souplesse première... »

Naturellement les variantes de ce mode sont innombrables.

480. — Technique de la Suggestion. —
Avant d'abandonner le sujet de l'**Hétéro-Suggestion**,
il ne sera sans doute pas mauvais d'examiner un peu
sa **Technique Pratique**, comme nous l'avons fait rapidement pour le sommeil magnétique.

Pour que la **Suggestion** agisse avec toute son efficacité, elle doit influencer le plus de sens possibles
chez le Sujet, c'est-à-dire qu'elle doit être proférée
simultanément : verbale, mentale et mimée, autant
que faire se peut.

Le **Verbe** qui l'exprime doit être la matérialisation
d'un **Germe-Pensée** lumineux, vivace, puissant, et
tout le corps, toute l'âme, tout l'esprit, doit vibrer
puissamment en parfait **Unisson**.

481. — État Psychique du Suggesteur. —
L'Opérateur doit induire en lui-même un état psychique voisin de l'auto-hypnose, qui le mette de

pair avec le Subconscient auquel il s'adresse : car, toutes les précautions que nous avons décrites avec un luxe inusité (pour nous) de détails, au chapitre de la Culture Personnelle, ont pour effet uniquement de placer l'Opérateur dans un état voisin de l'auto-hypnose qui le rend particulièrement perméable aux affirmations qu'il profère.

Et l'expérience a démontré qu'il en est de même avec l'Hétéro-Suggestion : un Opérateur est d'autant plus puissant qu'il possède davantage la capacité de se dégager partiellement de la matière qui l'étreint, et de se mettre au niveau du Sujet qu'il suggère.

La chose est évidente en soi quand il s'agit de Télépathie, par exemple, mais elle reste tout aussi vraie dans les formes inférieures (ou verbales) du procédé.

C'est d'ailleurs là la seule et unique cause des différences, on pourrait dire « foudroyantes, » qui existent entre les divers Opérateurs : les uns sont des Psychistes entraînés ; les autres pas. Et parmi eux tous, bien peu savent ce qu'ils font.

482. — Éducation du Sujet. — Le Sujet, de son côté, est tout aussi susceptible d'éducation que le Psychiste lui-même : par la répétition, ou l'itération, suivant le terme « *scientifique* » cher à nos amis d'Outre-Atlantique, son Subconscient s'assouplit et se développe, exactement comme un muscle qui prend de l'exercice par une gymnastique méthodique et raisonnée. On peut même dire qu'il n'existe pas de Psychistes, tant actifs que passifs, qui ne se soient développés eux-mêmes, consciemment ou non, volontairement ou non.

Voici brièvement une méthode de cette gymnastique psychique suggestive :

1° Hallucinations des sens. — On habitue les Sens du Sujet à percevoir exactement ce qui leur est suggéré par l'Opérateur, en commençant par des sensations agréables — ou pour le moins indifférentes — comme par exemple « *un charmant paysage*, » etc., pour s'élever graduellement à de plus compliquées. Mais l'on a bien soin de ne pas se laisser aller à des expériences cruelles sur ce sujet, comme on en lit quelquefois le récit dans les ouvrages d'Hypnotiseurs brutaux.

2° Actes matériels. — L'Opérateur étant bien maître des Sens de son Sujet, et lui faisant, à volonté, éprouver telle sensation qu'il désire, passe aux Actes matériels, qu'il choisit d'abord, comme précédemment, simples et d'exécution facile ou agréable.

Le Type de ce genre de Suggestions se rapporte à la Contracture des membres : mains qui ne peuvent plus s'ouvrir ou se fermer ; bras qui se lèvent ou restent tendus, impossibilité de se lever ou de s'asseoir, chute à genoux, etc.

3° Actes post-hypnotiques. — Au bout d'un certain nombre de séances et le Sujet étant devenu de plus en plus accoutumé tant à la Suggestion qu'à l'Opérateur, on suggère des Actes de plus en plus compliqués, à exécuter en dehors du sommeil, et à une échéance fixée.

Il y a des exemples de Suggestions qui se sont réalisées à des échéances d'un an et au delà.

483. — Auto-suggestion. — Nous avons déjà vu la plus grande partie de ce sujet en étudiant la Culture Psychique, car la Science que nous considérons en ce moment présente cette particularité remarquable que, pour l'étudier décemment, il faut d'abord la connaître !

Ce n'est pas très facile, et cela, joint à son autre propriété curieuse d'être divisée en **gradins**, en étages, pour ainsi dire, fait que fréquemment on s'imagine être au bout de ses forces tandis qu'on est tout bonnement devant une marche un peu haute à franchir d'un seul coup.

Une troisième de ses caractéristiques, et non la moins étrange, est qu'elle n'est susceptible d'aucune démonstration : tout ce qu'on peut faire c'est de montrer le chemin et de prier les incrédules de voir pour, et par, eux-mêmes.

Comme ces conditions paraissent dater de l'Apparition de l'Homme sur la Terre, il semble qu'il n'y a guère qu'à les accepter simplement et poursuivre son chemin avec sérénité.

484. — Nous allons maintenant revenir un peu sur les **Lois** qui ont présidé à l'établissement des textes précédemment donnés comme exemples (217 et seq.).

Comme on le sait abondamment, toute **Pensée** porte en soi le germe de sa réalisation ; et plus elle gagnera en précision, en relief, en vie, plus sa **Germination** sera rapide dans l'Invisible, et, par conséquent, plus sa **Réalisation Matérielle** sera prompte et certaine.

D'ailleurs, maintenant que nous connaissons les procédés d'opération de la **Mentation Subconsciente**, nous nous rendons compte que les résultats, infailliblement obtenus, sont le fruit, non pas seulement des efforts forcément intermittents de nos **Affirmations Conscientes**, mais bien plus encore du **Travail** perpétuel de notre **mentation subconsciente** qui ne s'interrompt jamais, et qui œuvre inlassablement —

comme elle l'a toujours fait — à notre **Agglomérat psychique.**

485. — C'est pour cela qu'il est de la plus vitale importance de ne jamais plus tolérer l'entrée dans notre mental de **Germes-Pensées** « **indésirables,** » qui, tels la pomme gâtée dans un panier de ces fruits, contaminerait lentement, mais sûrement, tout notre ensemble.

Maintenant que nous savons regarder nos **habitudes** face à face, nous savons exactement de quelle étoffe elles sont faites ; ce sont simplement de vulgaires suggestions que nous avons récoltées au petit bonheur, et un peu partout : — le plus généralement, par exemple, là où nous eussions mieux fait de les laisser.

Mais, une fois acquise l'habitude, la bonne, celle-là, de commander à toutes les autres, on sera surpris de l'agréable facilité avec laquelle on devient enfin son **Maître,** au lieu d'être un pauvre ballot manié par toutes les mains (*psychiques*) étrangères qui daignent s'en amuser un moment.

C'est à cela que vise la **culture psychique.**

486. — **Auto-Suggestion plastique.** — Il n'y a d'ailleurs guère de limites à la puissance de l'Auto-Suggestion, et d'après des **Psychistes** sérieux et convaincus, MM. ARNULPHY et BOURGEAT, voici un procédé, qu'ils garantissent, d'**Auto-Suggestion Plastique** (*Culture psychique*, p. 174, etc.) :

Après chaque séance de **Respiration Rhythmée** (et de relaxation générale), pensez à la partie de votre visage, par exemple, dont vous voulez modifier la forme, et faites-vous une **Image mentale** bien lucide du portrait auquel vous voulez ressembler (l'aide d'une bonne photographie est précieuse pour commencer).

Cette image étant bien clairement obtenue (et elle peut ne pas venir très vite au début), suggérez-vous :

Ceci est mon visage... ; mon visage est ainsi...

Et, en même temps, par les procédés que nous connaissons, il faut affirmer le fait : le regarder comme accompli.

Concentrez votre pensée ainsi pendant quinze à trente minutes, en maintenant toujours l'affirmation et l'image simultanées.

Respirez rhythmiquement pendant toute la durée de cette Concentration, et, pour activer la transformation désirée, magnétisez la partie en question par un léger massage, en la pétrissant doucement sous les doigts après vous être isolé la tête sous un foulard de soie ou une couverture de laine.

On peut (disent les mêmes auteurs), par le même procédé, faire pousser les cheveux, la barbe, la moustache, et même en modifier la couleur.

Le tout est d'arriver à se faire une image bien nette, toujours la même, une image vivante de la réalisation désirée ; une fois cette image obtenue dans l'Invisible, sa transposition dans le monde visible n'est plus qu'une question de temps. Au bout d'une semaine, un changement évident est déjà obtenu.

La réalité de ces faits est démontrée par les modifications remarquables que subissent souvent les traits de personnes vivant ensemble, de couples bien unis particulièrement : ils prennent un air de famille et de ressemblance intime provenant de l'interpénétration de leurs agglomérats psychiques, et conséquemment de l'identité d'impulsion imprimée à leurs inconscients.

487. — Auto-suggestion par polarisation.

— Cette singulière méthode, d'ailleurs extrêmement limitée, est due à M. Hector DURVILLE (*Magnétisme personnel*, p. 208) :

D'après cet auteur, l'application continue d'un doigt de la main gauche au milieu du Front, au-dessus de la racine du nez, chasse presque toujours la tristesse, et donne naissance à des idées gaies.

Ce point du front est celui que nous avons désigné sous le nom d'*Œil de Siva*. D'après M. DURVILLE, ce moyen peut faire cesser très rapidement l'impression pénible laissée par un cauchemar; en une ou deux minutes, le résultat est obtenu.

On peut rapprocher de ce fait le procédé assez connu qui consiste à arrêter une crise d'éternuement en appuyant avec une certaine fermeté le bout de l'index droit au-dessous du nez, sur la partie de la lèvre supérieure qui joint cet organe.

488. — Choix des heures.

— Toutes les heures du jour ne sont pas également favorables à la pratique de l'auto-suggestion — ou, pour mieux dire, certains moments sont infiniment plus propices que d'autres, et leur choix va même jusqu'à constituer un puissant élément de succès.

Ce sont les heures de veille qui avoisinent immédiatement les heures de sommeil, le matin et le soir, qui sont les meilleures.

A ces moments le Mental est moins intimement enfoui dans le corps, et le Subconscient est d'une perméabilité « *optima.* »

Tous les Magnétiseurs savent que leurs Sujets, avant et après le sommeil Magnétique, passent par un état hybride, qui n'est ni veille ni sommeil, et qui pourrait assez bien se caractériser par le mot inélégant d' « abrutissement. »

Le phénomène analogue se présente (à un moindre degré, bien entendu) dans le sommeil naturel, et il y a grand intérêt à en profiter : on recueillera des résultats plus décisifs avec des efforts moindres, parceque ceux-ci auront été amplifiés, renforcés par le jeu même des lois naturelles.

A un autre point de vue, ces heures sont précisément celles où on a coutume de se renfermer chez soi, et elles sont donc également favorables aux conditions de discrétion qui doivent accompagner les premiers essais d'Auto-Suggestion, pour éviter sûrement toute Contre-Suggestion intempestive.

Notons en passant que la Lecture des journaux quotidiens, par exemple, déjà peu recommandable en elle-même à n'importe quel moment, devient particulièrement pernicieuse, quand on la pratique (comme cela a lieu souvent) le matin dans les deux à trois heures qui suivent le réveil, ou le soir, pour s'endormir.

489. — Suggestibilité. — La Suggestibilité d'un Sujet donné est la mesure de la Perméabilité actuelle de son Mental Féminin, ou Subconscient vis-à-vis du Germe-Pensée, ou Ferment Mental projeté par un Intellect Masculin ou Conscient quelconque.

Ces termes « masculin » et « féminin » ne doivent pas se prendre ici comme exclusivement attachés aux Sexes Humains correspondants : certaines femmes possèdent une Mentation Masculine, et certains Hommes une Mentation Féminine.

Naturellement pourtant, en règle générale, les

18

Humains sont plus abondamment pourvus de la Mentation que décèle leur Sexe — mais il ne faut pas s'y fier aveuglément.

490. — Il est une autre règle invariable dans la Nature, concernant la Génération : quand un Sexe vient d'être Fécondé, ou saturé par la polarité positive qui lui correspond, il cesse momentanément d'être soumis à la loi de polarité et agit exactement comme une pile électrique « polarisée, » qui n'émet presque plus de courant, jusqu'à récupération par le repos.

C'est ce qu'on traduit communément par la Fatigue du Sujet : saturation semblerait un terme plus exact.

Tout Intellect Féminin saturé par un Masculin quelconque cesse donc momentanément d'être sensible à un Germe-Pensée de Puissance ordinaire : il faut attendre qu'il se dépolarise.

491. — Tout le monde sait que, la plupart des Femmes ont un Subconscient à grande capacité et à dépolarisation rapide, qui les rend, en général, d'excellents sujets.

Les Adolescents, les Vieillards des deux sexes, en qui également le Subconscient domine généralement, fourniront un plus grand pourcentage de bons suggestifs que les adultes où le Mental conscient est en activité perpétuelle, et, par conséquent a plus de chance d'avoir saturé déjà le Subconscient qui lui correspond.

Ainsi les gens d'Intellect profond, les Penseurs actifs — pas les rêveurs — mais les Gens d'Affaires positifs, déductifs, sont, en général, bien plus difficiles à influencer que les artistes, les poètes, les rêveurs, les intuitifs, en bloc, qui, par profession ou par goût, recherchent les impressions, et font ainsi une éducation réceptive complète de leur mental.

492. — D'autre part encore, les avares, les ambitieux, tous les gens possédés d'une idée fixe quelconque sont le plus souvent rebellés à toute influence suggestive, parceque leur **mental féminin est saturé à demeure, polarisé** dans sa norme par cette idée fixe, qui est un **Ferment-Pensée** constamment renouvelé.

Enfin, nous avons vu (186) comment, par le Rhythme Respiratoire et la **Volonté**, n'importe quel **Psychiste** pouvait s'envelopper d'une **Coque imperméable aux Germes-Pensées** et à toute influence d'autrui.

493. — Nous pourrions nous étendre à perte de vue sur ce sujet : ainsi, par exemple, la **Pureté du corps, de la nourriture, des Pensées**, augmente la **perméabilité psychique**.

Les Aliments de haut goût, particulièrement les Viandes fortes, les Alcools, le Tabac, et toutes les Drogues sans exception, semblent produire une **imperméabilité, un racornissement** correspondant.

En se rappelant le **processus de développement** de tout dans la Nature, par Attraction des Semblables et Degrés successifs, on pourra se rendre compte de la croissance des **Germes-Pensées** dans les Intellects féminins, et l'appliquer à mesurer la possibilité des **Suggestions criminelles**, par exemple, question qui, comme on le voit, est beaucoup plus complexe qu'on pourrait le croire au premier abord.

IV. — Traitement mental pur.

494. — Nous n'avons plus ici à donner dans le détail les précurseurs ni les contemporains : nous les avons déjà examinés dans notre coup d'œil initial sur les Méthodes Psychiques de Guérison.

Nous avons vu comment ce sont vraisemblablement les Chaldéens qui nous ont laissé les plus anciennes traces de cette Science, et comment depuis eux tous les peuples, dans tous les âges, l'ont pratiquée plus ou moins : ZOROASTRE chez les Iraniens (329); ASKLEPIOS (333), AMPHIARAOS (335), et TROPHONIOS (336), chez les Grecs; tous les Yogis des Indes (337); le CHRIST et ses Disciples (339); puis, parmi les contemporains, Mrs EDDY et sa *Christian Science* (346); l'évêque Oliver C. SABIN (356); le Magnétiseur Mystique Jean SEMPÉ, et son successeur, l'abbé JULIO (358-59); le Zouave JACOB (360); Louis ANTOINE LE GUÉRISSEUR (361); etc.

Nous avons ainsi constitué une démonstration évidente, par les faits eux-mêmes, non seulement de la possibilité pratique, mais encore de l'efficacité certaine et courante de ce genre de Traitement (362).

Nous devons maintenant une mention toute spéciale à un Savant Américain qui, le premier à notre connaissance dans les temps présents, a placé le Traitement mental sur une base scientifique et nettement expérimentale.

495. — **Le Docteur Thomson J. HUDSON.** — Thomson Jay HUDSON est né à Windham, Portage County, dans l'État d'Ohio, le 22 février 1834, et est mort à Détroit (Michigan), le 26 mai 1903, à la suite

d'une maladie de cœur. Son enfance se passa dans la
ferme de son père, puis il se destina au barreau.
Mais il resta peu de temps homme de loi et devint
éditeur du journal *Detroit Daily Union;* enfin, vers 1880,
il entra, à Washington, dans l'Administration de
l'Examen des Brevets d'Invention, et fut nommé *Exa-
minateur Principal* en 1886.

C'est en 1893 que parut son premier livre « *La loi
des Phénomènes psychiques,* » auquel il doit une
renommée universelle parmi tous les peuples de
langue anglaise ; c'est dans ce livre qu'il expose, avec
une impeccable logique, la **dualité du mental** (Conscient et Inconscient), et toutes les innombrables
conséquences que la pratique peut en tirer.

C'est là qu'il a assis sur une inébranlable fondation
le **Psychisme moderne** à peu près tel que nous l'exposons ; nous disons « *à peu près,* » parceque, malgré
tous ses talents, le Professeur (et Docteur en Philosophie) Hudson n'a pas vu la primordiale **scission de
l'inconscient en superconscient, et subconscient.**
De telle sorte qu'il nous offre pêle-mêle, et comme
tout étonné lui-même, l'**instinct** et le **génie** comme
venant de la même source.

Mais, ainsi qu'il le dit quelque part, il est rarement donné à un seul homme de porter une science
à sa perfection : il la conduit à un point donné, où
d'autres la reprennent, et ainsi s'accomplit l'évolution.

De sorte que nous ne nous attarderons pas aux
légères erreurs dans lesquelles cette myopie partielle
l'a forcément entraîné.

Pour nous, le Dr Hudson restera comme le premier
Savant qui a placé scientifiquement les phénomènes
de la **Télépathie** au-dessus de tout doute possible,

qui a formulé les **Lois Précises** et **Générales de la Suggestion** dans toute son étendue, et qui a publié une **Méthode de Traitement Mental** à la fois émi-nemment efficace (il l'a vérifiée par plus de cent expériences, tant par lui-même que par un ou deux amis) (« *Law of Psychic Phenomena*, » p. 192), et par-faitement conforme à la raison et à la logique les plus rigoureuses.

496. — Le Yogi RAMACHARAKA. — Ce grand Adepte est une Individualité mystérieuse con-temporaine qui ne veut pas permettre — même à ses éditeurs, « *the Yogi Publication Society* » — de pré-ciser sa personnalité.

Il dit n'agir que comme un instrument pour la divulgation des Vérités Occultes; que, dans ces cir-constances, le mérite du travail accompli ne lui appartient pas; et qu'il n'a aucun désir de s'en attri-buer la gloire.

S'il est permis d'en juger par ses ouvrages, ce grand Maître semble bien réellement Hindou d'origine, et d'un développement spirituel peu commun.

Il est à la fois un **Gnani Yogi** d'une élévation de pensée exquise et un **Exégète chrétien** qui a entre-pris — dans sa « *Mystic Christianity* » — la tâche déli-cate d'accorder les principaux Dogmes du Christia-nisme avec la **SANANTANA**, ou, du moins, avec le « *Système Éclectique* » de philosophie qu'il professe, et que nous avons tâché de notre mieux d'exposer après lui.

Il nous rappelle, vivant dans notre siècle, ces grands Sages de l'Inde : PATANJALI, KAPILA, VYASA, KANADA, GOTAMA, JAIMINI, et tant d'autres, dont il nous reste tout juste les noms, mais associés à une impérissable Doctrine : l'Unité du Tout en Brahman ou l'Absolu ; la Samsâra, ou Métempsychose, que PYTHAGORE leur a empruntée; la Spiritualité universelle (Loi 1 du Kybalion); etc.

Les ouvrages du Yogi RAMACHARAKA se font remarquer par la simplicité, la clarté, et en même temps la profondeur de leurs enseignements : on y sent vibrer à chaque page cette Foi « Gnostique » qui est l'apanage de l'Esprit émancipé, et qui communique au lecteur sa chaleureuse conviction.

Et, en même temps, on n'y rencontre jamais rien qui ne soit conforme à la plus pure raison, et aux données scientifiques les plus modernes : c'est beaucoup ce qui a déterminé notre si grande prédilection pour son Système.

497. — Nature du Traitement Mental. — Ainsi que nous le savons d'avance maintenant, le Traitement Mental n'est, en gros, qu'une Branche de la Télépathie, sur laquelle on greffe cette autre Branche : la Suggestion Mentale.

Nous avons déjà vu (76) la capitale importance de la Télépathie parmi tous les phénomènes Psychiques et nous avons donné la méthode pratique de son développement rationnel (240 et seq.).

C'est au Dr HUDSON que l'on doit d'avoir formulé sans ambages cette règle pratique, savoir :

« La condition la plus parfaite pour la Projection « ou la Réception d'impressions ou de communica- « tions télépathiques, est celle du Sommeil naturel. » (Law of Psychic Phenomena, p. 184.)

498. — Nous allons maintenant passer à la des-

cription des Méthodes Pratiques, dont nous examinerons trois variantes, dues respectivement au
Dᖳ HUDSON, à l'évêque SABIN, et au Yogi RAMACHARAKA,
avec une mention, en passant, aux prières de Jean
SEMPÉ.

499. — Traitement mental du Dᖳ HUDSON.

— Voici la chaîne de raisonnements qui l'ont conduit à sa méthode :

1° Il existe, inhérent à l'Homme, un pouvoir qui
lui permet de communiquer ses pensées aux autres,
indépendamment des moyens objectifs de communication. (C'est la définition même de la « Télépathie. »)

2° Un état de passivité parfaite de la part du
« percipient » est la condition la plus favorable pour
la réception des impressions ou communications
télépathiques.

3° Il n'y a rien qui différencie le sommeil naturel du sommeil artificiel.

4° Le Subconscient est soumis au contrôle par
Suggestion pendant le sommeil naturel tout autant
que, et exactement comme, il l'est durant le sommeil artificiel.

5° La condition de sommeil naturel étant la
plus parfaite des conditions passives qu'il soit possible d'atteindre, est la meilleure condition pour la
réception d'impressions télépathiques par le subconscient.

6° La plus parfaite condition pour la projection
d'impressions télépathiques est également celle du
sommeil naturel.

7° Le subconscient de l'opérateur peut être déterminé à projeter des impressions télépathiques

à un « *percipient* » endormi, en voulant fortement
qu'il en soit ainsi, juste au moment de s'endormir.

D'où suit naturellement l'exposé de sa méthode :

500. — « La meilleure condition possible pour la
« projection de suggestions thérapeutiques d'un
« Guérisseur à un Patient est atteinte quand tous
« les deux sont en état de sommeil naturel ; et ces
« Suggestions peuvent être ainsi projetées par un
« Effort de volonté du guérisseur juste au moment
« de s'endormir. » (Op. cit. p. 192.)

**501. — Rapprochements avec l'antique
Incubation.** — Il est fort intéressant de rapprocher
ce fait de la pratique universelle de l'Incubation
dans les Temples et les Églises de l'Antiquité et du
moyen âge, où l'on utilisait aussi les propriétés du
sommeil.

Nous en avons donné d'innombrables preuves ti-
rées de l'ouvrage de Miss Hamilton sur cet unique
sujet.

Le Dr Hudson déclare en outre qu'il n'y a aucun inconvénient — bien au contraire — à ce que le patient n'ait aucune connaissance du procédé par
lequel on opère : et ce, afin de ne pas soulever de
Contre-Suggestion due à son incrédulité possible,
— et, il faut bien l'avouer, assez excusable — chez
une personne qui n'a pas fait une étude approfondie
du sujet.

502. — De sorte que le procédé que nous conseillons sans hésitation au débutant : — celui qui nécessite le moindre développement psychique conscient
— c'est certainement le précédent, tel qu'il est dé-

crit, purement et simplement; avec la précaution
additionnelle, si l'on peut la remplir, de ne pas in-
former le patient de la méthode par laquelle on en-
treprend sa guérison ; ou bien alors avec la précaution préliminaire, remplaçant celle-là, de lui inspirer
une FOI justifiée dans l'efficacité certaine du procédé, basée, entre autres preuves, sur la « commune
renommée » dans tous les âges, parmi tous ceux qui
se sont fait une spécialité de ce genre de traitement.

**503. — Traitement mental par la Chris-
tology.** — Nous ne donnons pas ce Traitement
comme un modèle de logique — loin de là — mais
comme il est, dans ses grandes lignes, celui de tous
les Christian Scientists, qui, au nombre de 800.000,
ou environ, guérissent ou sont guéris par son moyen,
il nous semble, qu'à titre pratique, il mérite une
mention : de plus son accomplissement ne demande
pas encore un Psychiste très expérimenté, et c'est là
la raison qui nous fait le donner avant celui que nous
considérons comme le vrai Traitement Mental
scientifique, celui du Yogi Ramacharaka.

Le Traitement de l'Evêque Sabin se divise ainsi :

1°). — Le Préambule, ou Introduction ;

2°). — Les Négations ;

3°). — Les Affirmations ;

4°). — La « Louange, » « Laus Deo, » ou l'Invocation
Divine.

Il est bon de savoir, dès l'abord, que tous les Christian Scientists nient l'existence de la Maladie et de
la Matière — par Principe.

Ceci posé, voici un paragraphe de la « prière »
christologique :

« Moi, qui suis un Enfant de Dieu, fait à son ex-

« presse image et ressemblance, je suis un Être par-
« fait, qui vit, se meut et possède son existence en
« Dieu, le Père, le Bien, la Lumière, la Vie. L'Esprit
« est tout, la Matière rien ; donc tout est l'Esprit In-
« fini, et ses manifestations infinies, car Dieu est
« Tout dans Tout. L'Esprit est la Vérité éternelle :
« la Matière est une Erreur mortelle. L'Esprit est
« réel et éternel; la Matière est irréelle et tempo-
« raire. »

Tel est l'Exorde; voici maintenant les Négations :
« Moi, qui suis l'Image et la ressemblance de Dieu,
« vivant, me mouvant et ayant mon Être en Dieu, je
« ne saurais avoir que la Perfection dans mon am-
« biance. Je n'ai aucune Inharmonie d'aucun carac-
« tère ou espèce. Il ne peut y avoir aucune maladie,
« aucune catastrophe, aucun désastre, aucune dou-
« leur, aucune maladie ou mort, soit en moi, soit
« autour de moi, soit près de moi. Les Maux du Ma-
« lin, connus sous le nom de Magnétisme animal
« perverti, sont sans pouvoir sur moi, sur mon intel-
« lect, sur ma morale, sur ma santé, sur mes affaires,
« ni sur rien autour de moi, ou se rapportant à mo
« ou aux miens..... »

Puis les Affirmations :
« Ayant ma Vie, mon Mouvement et mon Être en
« Dieu, je possède une Santé parfaite; je suis im-
« mergé dans l'Amour parfait; environné par le Bien
« Éternel; et je suis de la Vie Éternelle; et mes pas
« sont guidés par l'Intelligence Éternelle. Ayant été
« créé à l'image et à la ressemblance de mon Dieu,
« et ayant reçu la Domination du Monde entier, je
« possède cette Domination, car elle est mienne, et
« je ne l'abandonne pas. L'Éternel m'a créé, m'a
« donné la Domination sur le monde entier, et je

« proclame cette Domination. J'ai cette Domination
« non seulement sur moi-même, mais sur tout : donc
« **Tout est à Moi.** J'ai la **Santé** parfaite, j'ai la **Pros-**
« **périté,** j'ai la **Sagesse** et l'**Intelligence.** Mon **Cœur**
« est rempli d'**Amour,** de **Paix,** de **Joie,** de **Charité**
« **fraternelle,** de **Sainteté** et de **Droiture,** et chacun
« de mes pas, de mes pensées, de mes actes et ac-
« tions est guidé et dirigé par le grand **JEHOVAH.**
« Je ne saurais m'égarer : Dieu m'a donné Son Fils
« **Jésus-Christ** pour me montrer le chemin. Il me
« donne la Sagesse; Il me donne le Pouvoir; Il me
« donne la Force ; Il me donne l'Amour; Il me donne
« la **Connaissance Spirituelle.** Je les possède entiè-
« rement, car elles sont **miennes** dans la Création
« originelle, et elles sont **miennes** par droit de nais-
« sance. Dieu bénit tout en moi et autour de moi ;
« protège les membres de mon Église, et les Travail-
« leurs dans le monde ; protège tout, car Dieu est
« le **Bien Omniprésent,** et toujours présent en temps
« de besoin. »
    « Dieu est avec moi : Il est en moi **maintenant** ; Il
« est en moi toujours, toujours vigilant, me proté-
« geant dans toutes les vicissitudes de l'existence. »
    Puis l'Invocation :
    « Je Te loue, ô mon Dieu, pour ma **santé parfaite,**
« pour mon bonheur parfait, pour ma parfaite har-
« monie. Je Te loue pour ma **Prospérité,** mon Con-
« tentement, ma **Paix,** ma **Joie.** Je Te bénis, je Te
« loue, Toi qui veilles sur mes pas, qui me rends vic-
« torieux dans toutes les entreprises de la vie où je
« suis engagé. Je Te loue pour Ta sagesse et Ta force,
« Ta Sainteté et Ta Justice, et je Te loue au nom et
« par le nom de Jésus-Christ notre Sauveur. »
    Cette prière n'est pas donnée, dit l'auteur comme

une Règle, mais seulement comme exemple d'une Prière qui guérit.

Quand on traite un Patient, il est bon d'intercaler dans les Négations sa Maladie et de nier formellement son existence (nous avons vu que par là, on désagrégeait sa Vitalité). Il est excellent aussi de débuter par la Négation de la Crainte (comme celle que l'on emploie pour soi-même).

Bien entendu, tout ce rite s'accomplit dans les conditions de Relaxation générale et de recueillement précédemment prescrites, en pratiquant continuellement la Respiration rhythmée, et en débutant par la Concentration Mentale décrite par l'auteur, et traduite par nous (213).

504. — Prières de Jean SEMPÉ. — Voici maintenant la Formule qu'employait Jean SEMPÉ (*Prières Merveilleuses*, par l'abbé JULIO, p. 31) :

« O Toi, par qui tout a été fait, et par qui tout sera
« transformé pour retourner à la Source Première,
« Principe émané du Sein de l'Éternel, Ame de l'Uni-
« vers, Divine Lumière, je T'invoque à mon aide. Oui,
« viens, Fluide Créateur, pénétrer mes sens assoupis.
« Et Vous, augustes Messagers du Très-Haut, Anges
« de Lumière, Esprits Célestes, Vous tous, Ministres
« des Volontés de mon Dieu, venez à moi, j'implore
« votre assistance. Hâtez-Vous, venez m'éclairer et me
« guider, venez porter à Dieu ma prière : il connaît
« mes désirs. Je veux soulager mes frères et sœurs,
« les fortifier, les maintenir ou les rendre Justes de-
« vant Lui...

« Je vous implore par le Fils Unique, égal au Père,
« qui règne avec le Saint Esprit, en l'Unité d'un seul
« Dieu. Ainsi soit-il. »

19

Jean SEMPÉ avait de plus coutume de faire des signes de croix sur les « *jointures* » (?), ou sur les plaies, de la tête aux pieds du malade, et, en même temps il prononçait « l'*impération* » suivante, exactement comme le Thérapeute Chaldéen que nous avons vu (327) :

« Au nom de Jésus et au nom de son serviteur, Jean « SEMPÉ, Mal, cesse de faire souffrir... Au nom de Jé- « sus, je le veux et je te le commande : va-t'en, « retourne d'où tu viens, et restes-y toujours. Ainsi « soit-il. »

Nous ne donnons pas ces documents pour qu'on les mette servilement en pratique, mais nous pensons qu'ils contiennent des indications précieuses sur lesquelles il nous paraît inutile d'insister davantage.

505. — Traitement Mental du Yogi RAMACHARAKA.

— Nous déclarons sans la moindre hésitation que c'est là notre méthode de prédilection, et nous allons la rapporter presque dans les termes mêmes du Maître, traduits de son ouvrage « *The Science of Psychic Healing*, » pp. 161 et seq. :

En opérant le Traitement Mental, l'intellect du Guérisseur doit pouvoir se représenter les conditions qu'il désire induire dans le patient : c'est-à-dire qu'il doit voir mentalement son patient guéri, et tous ses membres organes et cellules fonctionnant normalement.

Bref, le degré de perfection auquel le Guérisseur parviendra à s'halluciner mentalement, pour ainsi dire, du rétablissement de la santé dans son malade, sera la mesure de son degré de succès dans le Traitement Mental.

Rejetez tout doute de votre esprit, et **Entraînez votre mental à voir** la condition désirée, exactement comme si elle était réellement devant vous, exposée à votre regard physique. Entraînez-vous à cela de jour en jour, et vous serez surpris de la rapidité de vos progrès à acquérir le sens de Pouvoir et de Guérison, qui vous envahira comme un flot.

En ce qui concerne la transmission de la Pensée, cela ne demande aucun grand effort de la part du Guérisseur ; la principale difficulté consiste à former l'image Mentale dont nous venons de parler : une fois le Germe-Pensée évoqué, il est facile à projeter simplement en pensant qu'il est réalisé.

Ceci pourra paraître étrange à ceux qui ont toujours pensé qu'une profonde Concentration et qu'un grand Effort accompagnaient toute projection de pensée. Mais la vérité est que la Concentration ne sert qu'à créer une image Mentale parfaitement nette — une Vision Claire — et que, cela une fois accompli, la transmission, ou Projection, s'accomplit par un simple acte de Volonté ou de Désir : en d'autres mots, en pensant qu'elle est réalisée.

Quelques Psychistes ont trouvé avantageux dans la pratique de s'imaginer qu'ils voyaient le Germe-Pensée jaillir de leur cerveau — tel la Flèche d'or d'ABARIS — puis voyager dans l'espace ; et enfin pénétrer le Mental de leur Patient. Ce plan aidera certainement, en tout cas, l'Intellect à faire durer la vision jusqu'à ce qu'elle ait fait son effet.

506. — Traitement d'un Patient Présent.

— Pour traiter un patient présent, il faut d'abord lui prescrire le calme et la tranquillité — s'efforcer, en un mot, de produire en lui la plus parfaite relaxation possible. Nous n'entendons pas par là qu'il faut qu'il dorme, ou qu'il sommeille, mais seulement qu'il devra détourner ses pensées le plus possible des choses et scènes de la vie extérieure. Pour aider à cette réalisation, il est bon que la pièce où l'on opère soit calme et tranquille, et il faut éviter une lumière vive, qui pourrait détourner l'attention.

Ces préliminaires accomplis, le **Guérisseur** reste parfaitement tranquille jusqu'à ce qu'il sente que son Mental est prêt pour le traitement, qu'il est **EN RAPPORT** en un mot; et que ses Vibrations sont au Ton convenable. Cela s'effectue le mieux, comme nous l'avons déjà maintes fois répété, par la **Relaxation** (149), la **Respiration Rhythmée** (183), la **Fixation du Regard** (198), la **Concentration Mentale** (209-213), et, au besoin, une **Invocation** préliminaire.

Quand on a atteint le degré d'auto-hypnose convenable (ce que chacun doit nécessairement décider par lui-même) — et seulement alors — on commence le **traitement** proprement dit.

Comme dans la Télépathie, exactement (240, etc.), on évoque la **vision** mentale du patient rétabli : on crée l'**image** mentale des conditions nécessaires à ce résultat et on **pense** que ces conditions sont transférées dans le mental du malade. C'est comme la projection d'une photographie mentale, pour ainsi dire.

On peut aussi employer des mots (silencieusement, bien entendu) pour produire la condition mentale désirée : nous avons vu que c'était ainsi qu'agissent les **Guérisseurs Mystiques.**

Le principal, c'est de former l'**image** mentale de la condition idéale que l'on veut produire. Efforcez-vous de voir mentalement votre Patient parfaitement guéri, et maintenez cette image toujours présente à l'esprit durant tout le Traitement.

Simultanément, il n'est pas mauvais d'accompagner, ou plutôt de faire suivre cette opération de quelques mots d'avis et d'encouragement, et d'expliquer brièvement au malade comment il peut lui-même aider à son rétablissement en dirigeant ses Pensées d'accord avec les vôtres.

507. — Traitement d'Absents, ou Télépathique. — Dans le Traitement d'Absents (ou Télépathique), le Guérisseur procède exactement de même que si son Patient était présent. Il faut qu'il s'imagine qu'il est là, présent, dans la pièce, devant lui, et il lui adresse le Traitement, exactement comme il l'adresserait au Patient présent.

C'est dans ce cas que l'on peut avoir avantage à Voir le Germe-Pensée quitter le cerveau de l'Opérateur, voyager dans l'espace et pénétrer dans le Mental du malade.

Beaucoup de Guérisseurs, en pratiquant le Traitement d'Absents, parlent mentalement à leur Patient (comme s'il était présent), lui donnant les indications nécessaires, exactement comme s'il était devant eux en personne pour les entendre. Cette Conversation Télépathique peut consister seulement en Suggestions mentales de Santé, de Force, de Vitalité recouvrée, ou bien encore en Affirmations mystiques, du genre de celles précédemment indiquées comme exemple.

La Pensée d'Amour est un puissant auxiliaire à la restauration de la Santé. Il faut projeter votre Pensée d'Amour dans le Mental de votre Patient, et s'en servir pour en expulser toutes les Pensées adverses et négatives qui s'y sont installées.

Dans le Traitement d'Absents, il est bon que le Patient assume une attitude de calme et de repos aux heures d'Opération : ce qu'on obtiendra en s'entendant mutuellement à ce sujet. Toutefois, cela n'est pas du tout indispensable, surtout quand l'Opérateur est un peu exercé, et nous avons vu que le Dr Hudson ne prévenait jamais ses patients.

Naturellement, à défaut de convention mutuelle, les heures de sommeil présentent de grands avantages aux débutants.

508. — Traitement métaphysique du Yogi RAMACHARAKA. — On remarquera que, dans le cas précédent, il n'a été fait aucun usage direct de nos connaissances sur les rapports de l'homme et de l'Absolu : c'est-à-dire que nous avons agi par Suggestion Mentale et Projection Télépathique, pures et simples, sans faire intervenir aucune pensée mystique, quelle qu'elle soit.

Mais tout Psychiste un peu développé sait par expérience quel puissant levier est pour lui la Contemplation Mentale de son Moi incréé, et quel état voisin de l'Extase, il peut atteindre par ce moyen — qui décuple pour ainsi dire sa Puissance Psychique.

C'est pour utiliser cet état d'Auto-Hypnose supérieur (si j'ose employer ce quasi-blasphème), que le Yogi RAMACHARAKA nous donne les indications qui vont suivre (*Psychic Healing*, p. 166) :

Le Traitement Métaphysique est un terme dont on a fortement abusé, et qui a été employé souvent pour désigner indistinctement tout Traitement Mental.

Au fond tout Guérisseur qui emploie une méthode Psychique de guérir, a un certain droit à dire sa méthode « *métaphysique*, » puisque ce mot signifie seulement « *au delà du physique* : » cependant l'acception habituelle du terme, parmi les Philosophes, est plutôt « *la Science de l'Être.* »

C'est en se conformant à ce dernier sens que nous allons nommer Traitement Métaphysique cette forme de Traitement dans laquelle on emploie le fait de faire comprendre au Malade la Réalité qui se cache derrière les Apparences ; l'*Être Réel de l'Univers.*

Quiconque peut développer son Moi dans la Réalisation du « ce-qui-est, » possède une source inépuisable de Puissance Curative, tant pour lui que pour les autres, si seulement il apprend à la diriger.

Et il en est d'autant plus remarquable de constater que cette dernière faculté n'est pas toujours mise en pratique par ceux qui ont atteint ce haut degré de développement, et qu'en fait, ils manifestent généralement une tendance à négliger entièrement le Physique, comme indigne d'occuper leurs Pensées, et tournent toute leur attention vers les régions supérieures de l'Être.

Cette attitude n'est pas la meilleure : le Physique joue son rôle propre dans le développement du Moi, et le fait de le négliger est une contravention à la Loi de Vie.

509. — Le procédé mis en usage dans cette forme de Traitement peut se définir comme le contrôle du Subconscient par le Superconscient, directement, sans passer par l'intermédiaire de la Conscience.

Le Superconscient manifeste dans ce cas son pouvoir direct à contrôler le Subconscient.

Mais, d'un autre côté, il semblerait que le véritable facteur de la Cure est ce fait que la Mentation étant occupée dans la contemplation des plans les plus élevés de manifestation, cesse de s'occuper du fonctionnement des plans inférieurs, et conséquemment ces derniers peuvent opérer suivant les Lois précises de l'Univers sans la perturbation et la continuelle projection de Pensées négatives qui détermine les conditions anormales chez tant de personnes.

Le fait de se rendre compte de la véritable nature du Moi Incréé possède à lui seul une tendance à élever l'âme au-dessus des Pensées de Crainte et de Tracas qui agissent comme de véritables Poisons et causent la maladie de beaucoup de personnes.

510. — Nous considérerons dans le chapitre suivant un Traitement Métaphysique Supérieur que nous nommons Traitement Spirituel.

Présentement nous allons nous occuper seulement de la forme de Traitement employée par les Guérisseurs Métaphysiques qui réduisent leur méthode de Guérison à l'enseignement à leurs Patients de certains Systèmes Métaphysiques, contenant en eux-mêmes plus ou moins de Vérité.

Mais, même dans cette dernière forme de Traitement, il est facile de voir que, inconsciemment, le Guérisseur fait usage du traitement télépathique, ou de la suggestion, ou même des deux (362).

Le Traitement qui suit immédiatement l'enseignement métaphysique amène forcément en opération le Traitement Mental, ou la Suggestion, bien que le Guérisseur en soit inconscient et repousse avec indignation cette imputation, en expliquant que sa méthode est « tout à fait différente. »

Néanmoins, tout **Psychiste** reconnaîtra facilement le **Traitement Mental** ou télépathique et la **Suggestion** sous ses divers déguisements.

Une des meilleures preuves de ce fait que le **Principe** est le même partout, est ce résultat que toutes les diverses écoles de **Cures Métaphysiques** obtiennent des **Guérisons** à peu près dans les mêmes proportions, malgré les différences de leurs théories et de leurs croyances.

Naturellement toutes ont un terrain d'entente commun avec leur Dogme de l'**Unité de Vie et d'Esprit**, mais, à part cela, leurs théories diffèrent du tout au tout... et cependant elles n'en font pas moins toutes des **Cures** remarquables.

La **Christian Science**, et l'**Anti-Christian Science** paraissent effectuer également de bonnes guérisons : ce qui semblerait indiquer qu'une seule **Force Curative** est employée par tous, et qu'aucune secte n'en possède le monopole.

La **Force de la Vie Une est Toujours Présente**, toujours prête et bénévole pour ceux qui la requièrent et l'emploient, en dehors de toute croyance, de toute théorie ou de tout sectarisme de ceux qui en usent. Comme le soleil et la pluie, elle se répand sur tous indistinctement, quand ils s'exposent à Son pouvoir, ou quand ils L'appellent à eux. C'est le Tout pour le Tout.

Ces mesquines théories et différences de cultes sont presque amusantes quand on considère l'**Unité Infinie**.

L'**Amour et le Pouvoir de l'Infini** appartiennent à titre égal à tout individu à la recherche de la **Vérité**, tout autant qu'au culte ou à la secte qui se prétend le porte-parole du grand Tout.

Ces quelques Vérités sont absolument indispensables à posséder intimement avant de pouvoir aborder le Traitement Métaphysique.

Pour ceux qui les comprennent et qui veulent guérir eux-mêmes ou les autres par son moyen, nous leur dirons que la seule règle est ce qui suit :

511. — Pratique du Traitement Métaphysique. — Pratiquer, comme toujours, la Relaxation, la Respiration Rhythmée, la Concentration Mentale, et méditer profondément sur le Moi Véritable.

Quand la Réalisation se produit, donner le Traitement à soi ou aux autres dans des termes appropriés exprimant la Pensée autant qu'elle peut l'être (car des Mots ne sauraient l'exprimer tout entière) : voici un exemple de cette invocation :

« O ESPRIT, l'Unique, qui n'est pas né, et
« qui ne mourra jamais ; Omniscient, Omnipotent,
« Omniprésent, de qui je suis un Atome dans l'Océan
« de Vie, manifeste ta Présence et ton Pouvoir. Fais-
« moi saisir toujours davantage ce que Tu es, et ce
« que je suis en Toi. Fais que la Conscience de Ta
« Réalité et de la Mienne en Esprit sature tout mon
« Être, et descende sur tous les Plans de mon Intel-
« ligence. Fais que le Pouvoir de l'Esprit se mani-
« feste à travers mon Mental et sature le corps de cet
« autre Moi que je désire guérir, qu'Il lui apporte
« la Santé, la Force et la Vie, afin de le rendre un
« Temple plus digne de l'Esprit — un instrument
« d'expression plus parfait de la Vie Une qui circule
« en lui et en Tout. »

« Élève ce corps des grossières Vibrations des
« Plans inférieurs aux Vibrations les plus subtiles du

« Mental Spirituel, par lequel nous Te connaissons.
« Donne à ce corps, par le moyen du Mental qui
« l'anime, cette Paix, cette Force, cette Vie enfin qui
« est Sienne en vertu de son Être même. »

    « Fais que ton Essence, la Toute-Vie circule en Sa
« Partie, la ranime et la revivifie. Cela je Te le
« demande, ô Tout-Esprit, en vertu de l'éternel Pa-
« trimoine que je tiens de Toi : et c'est en raison de
« Ta promesse et de cette Connaissance innée en
« moi, que maintenant je le réclame de Toi. »

    512. — Au lieu de cette Invocation, toute autre
de même nature peut être employée : il n'y a pas de
Vertu spéciale attachée aux Mots : les Mots sont à
la portée de tout le monde mais leur Vertu réside
dans la Pensée — et, bien plus, dans la Réalisation,
la « *Vividité* » de la Pensée.

    Les Mots viennent, vont, puis changent : mais la
Pensée et la Réalisation qui leur donnent naissance
sont Éternelles.

    513. — **Traitement mental relayé.** — Ainsi
que nous l'avons vu pour le Traitement Magnétique
(424), la Coopération successive ou plus rarement
simultanée est une Méthode très applicable aux Traitements Psychiques en général. Son efficacité est
garantie par celle de la « *Chaîne* » que ne manquent
jamais de constituer les Psychistes durant leurs
expériences sur les Phénomènes Matériels « *à Effets
Physiques,* » du Spiritisme, par exemple.

    Bien entendu le Traitement Relayé n'est appli-
cable que dans des cas graves, généralement quand
l'Opérateur principal se sent trop surmené pour l'effort
qu'il aurait à fournir, et qu'il a la possibilité de se
faire aider par des assistants de bonne volonté, par-

tageant ses idées sur le **Traitement** à appliquer, et charitablement inclinés à agir dans ce sens.

Dans ces circonstances, le procédé a accompli des merveilles : il est d'un usage courant parmi les **Christian Scientists**, tout au moins parmi ceux qui suivent les méthodes de l'évêque Oliver SABIN.

C'est d'ailleurs là un avantage de la **Systématisation des méthodes** : une fois que l'on **sait** comment on agit, on peut l'apprendre à d'autres, puis alors exercer des efforts en commun.

Jusqu'à présent chacun avait une Théorie et des Idées différentes sur presque tous les points du **Psychisme** : d'où procédés défectueux et grande difficulté de coopération pratique : si bien que la méthode, et même sa possibilité, en était arrivée à tomber dans l'oubli. Mais les **Mesméristes** faisaient du **Relai** un usage constant et parfaitement efficace : le docteur ESDAILE, entre autres.

514. — Traitement mental des enfants ou autres individus à mental incomplètement développé, etc. — En règle générale, les enfants sont des sujets de choix pour le **Traitement Mental**, à cause de leur absence totale de **Contre-Suggestion** raisonneuse : et comme, de plus, ils sont justement ceux pour qui la médecine ordinaire est le plus obligée de **Deviner** le mal (surtout dans le cas de très jeunes enfants) on voit immédiatement la très grande importance de cette branche du sujet.

Tous les parents ont pour **Devoir** strict de se mettre eux-mêmes en état de conserver la Santé, et de diriger le développement général de leurs enfants par ces méthodes à la fois si simples, si scientifiques et si efficaces.

Il y a toutefois des **Règles Spéciales** qu'il est bon d'observer dans ces cas spéciaux : le **Traitement Mental** s'adresse d'ordinaire d'égal à égal : c'est un échange de fluide d'un Mental à un autre de même nature ; avec les enfants (ou certains autres individus à mentalité « *en enfance,* » ou encore « *aliénée,* ») il n'en est plus de même.

L'interlocuteur Invisible auquel on s'adresse est de nature un peu différente : **Dépendante** d'un autre **Intellect**, généralement : ainsi l'enfant est **Dépendant** de sa mère, ou de la personne qui la remplace ; les personnes « *en enfance* » ou « *aliénées* » sont commises aux soins de quelqu'un qui **Pense** pour eux.

Dans ces conditions, la règle que suivent les **Christian Scientists**, par exemple, consiste à **traiter mentalement en partie double**, à la fois le Malade et l'Intellect complètement développé qui le **Touche** le plus près, c'est-à-dire en général celui de la **Mère**, du **Père**, ou de la personne le plus attachée à lui.

S'il s'agit d'un cas de **Mentalité anormale**, ou même d'**Aliénation mentale**, combiner toujours **deux traitements** : l'un s'adressant au Patient lui-même, l'autre à la Personne qui possède le plus d'**Influence** sur lui : avec qui son **Rapport mental** est le plus étroit, le plus continu.

On voit qu'il ne s'agit là, en somme, que d'**éliminer la contre-suggestion** qui est particulièrement à redouter dans de semblables cas : un **Mental Faible**, comme ceux dont nous nous occupons en ce moment, est particulièrement **Sujet à la Contre-Suggestion**, et nous avons bien démontré que, si l'on permet à ce phénomène de prendre naissance, c'en est fait instantanément du succès de la **Cure**.

Tous les dérangements du Mental proviennent d'un

Germe-Pensée funeste dont la Personne atteinte a
toléré le développement en elle : elle prouve, par
cela même, son inaptitude à résister aux Influences
ambiantes, et, pour la Traiter avec succès, on perçoit clairement qu'il faut d'abord corriger ces influences ambiantes.

Dans la pratique les indications ci-dessus auront
fréquemment besoin d'être adaptées spécialement aux
cas particuliers, mais nous espérons en avoir donné
les grandes lignes de direction correcte.

**515. — Incidents particuliers à certaines
cures.** — Dans la majorité des cas, la Cure s'effectue
sans autre manifestation particulière digne de
remarque : soit instantanément et pour toujours,
soit, ce qui est peut-être plus fréquent, par degrés
successifs, et en plusieurs reprises, jusqu'à rétablissement parfait des conditions harmoniques.

Il arrive toutefois, plus rarement, qu'on rencontre
des incidents particuliers qu'il n'est pas mauvais de
connaître d'avance, afin de ne pas en être surpris,
ni surtout découragé.

Nous allons rapidement en mentionner quelques-
uns :

1). — **La Crise.** — C'est le phénomène bien connu
de tous les Médecins Naturistes, et qui est toujours
du meilleur augure, bien que parfois assez désagréable en lui-même durant sa manifestation : comme
MESMER le disait dans son Aphorisme CCXVII, « *le
développement des symptômes se fait dans l'ordre inverse
dans lequel la maladie s'est formée,* » et il peut arriver
que l'on voie momentanément réapparaître une série
de symptômes que l'on croyait « *guéris* » pour toujours. Il ne faut en aucune manière s'en inquiéter ;

c'est, au contraire, une preuve infaillible de l'Activité Vitale du Patient qui se réveille sous l'heureuse impulsion du Traitement. Il ne faut surtout aucunement tendre à contrarier cette action : bien au contraire, il faut l'aider par tous les moyens possibles, tout en veillant, bien entendu, à ce que le malade en soit aussi peu incommodé qu'il se pourra.

Dans le Traitement Mental, la Crise atteint parfois dès Paroxysmes très singuliers qu'on retrouve d'ailleurs assez bien mentionnés dans l'Évangile sous la rubrique d'Expulsion de Démons. Ces Anges déchus ne sont bien entendu que des Pensées Rétrogrades sous un autre nom, mais la vitalité et l'importance de quelques-uns d'entre eux peut amener ces Crises assez violentes contre lesquelles il n'y a rien à faire qu'à continuer intelligemment le traitement : elles ne sont en effet qu'une preuve de plus de son urgence et de son efficacité. Et avec la Sérénité qui ne peut plus désormais l'abandonner, le Psychiste continue à projeter son Influence Positive et par cela même irrésistible, pour anéantir ces Négativités récalcitrantes.

2). — La Contre-suggestion en retour. — Ceci est peut-être plus important encore que la crise : c'est une autre tactique du Rétrograde, qui a plus de chance de réussir que la première, si l'on n'y prend garde : elle consiste tout simplement à persuader le Patient de cesser le Traitement, pour une raison ou pour une autre, et le plus souvent, sans raison du tout.

Ce phénomène bizarre et assez fréquent se produit aussi bien dans l'Auto-Traitement que dans le Traitement des autres : il faut en être dûment averti et ne pas s'y laisser prendre, ni pour soi, ni pour les autres.

Il se manifeste dans l'Auto-Traitement soit par l'oubli de le pratiquer, soit par une répugnance formelle à accomplir cette même pratique, malgré ses heureux résultats antérieurs et le bien qu'on en a ressenti, ou par toute autre forme de Dégoût, de Découragement analogue. Inutile, sans doute, de répéter que ce n'est là qu'une vaine Apparence, une Négation intéressée provenant des Entités que l'on est en train de maîtriser ou même d'anéantir.

On peut se consoler par cette constatation que tout le monde y est sujet, plus ou moins, et heureusement, de moins en moins, au fur et à mesure que l'on s'avance davantage dans la pratique. C'est dans ces instants que le soutien, l'encouragement, et l'expérience des autres peut être d'un puissant secours.

Toutefois, il suffit d'un moment de réflexion pour se persuader intimement que, sans Persévérance, il est impossible d'arriver à rien, et que du moment où l'on est sûr de la voie que l'on suit, les incidents fortuits sont sans conséquence aucune, et ne doivent jamais détourner du But si élevé qu'on poursuit ; il faut se raisonner une bonne fois sur l'importance relative de ses propres actes, et décider définitivement si, oui ou non, on veut réellement dominer soi-même et les circonstances de sa vie, ou bien, au contraire, continuer à en être l'Esclave, comme le reste du troupeau humain : toute la question est là, et rien que là.

516. — Dans le Traitement des autres, le phénomène analogue se manifeste : c'est la rébellion ouverte — et trop souvent triomphante — de l'Entité Rétrograde en train d'être anéantie, qui se sauve par sa dernière chance de salut : la Fuite.

Incapable de, et impuissante à lutter contre le Positif du Psychiste, elle le reconnait, et, intelligemment, — se dérobe, en réalisant ce comble, de se faire sauver l'existence par celui-là même auquel elle nuit : par le Patient qui en est affligé.

C'est son ultime ressource contre son propre anéantissement (qui serait par cela même la délivrance du Patient), et, avec une fréquence incompréhensible, elle réussit à décider sa victime à cesser le traitement qui est en train de la guérir.

Tous les Psychistes qui ont pratiqué le Traitement Mental ont des anecdotes plus ou moins surprenantes à cet égard, et quelque incompréhensible qu'il soit à quelqu'un qui raisonne, — et se conduit par l'usage de sa raison, — le fait n'en est pas moins commun et journalier.

A son égard, il faut : d'abord ressentir toute l'admiration qu'il convient pour la puissance de l'impulsion ou des habitudes acquises, et en faire son profit pour soi-même ; et ensuite s'efforcer de délivrer les infortunés qui en sont affligés, par un Traitement spécial dirigé directement contre cette tendance rétrograde envahissante, véritable abdication du Moi devant la force de la matière.

Ce sujet pourrait nous entraîner fort loin, car notre Race actuelle (la 5ᵐᵉ) est précisément celle (123) où se livre le combat définitif entre l'Esprit et la Matière, et le petit fait que nous examinons là n'en est qu'une manifestation tangible. Nous nous bornerons à ces simples indications.

3). — La résistance inconsciente — ou consciente. — Ce phénomène se rencontre encore assez souvent : pour des causes différentes certains sujets maintiennent un antagonisme persistant contre le Traitement de l'Opérateur : quelquefois cet antagonisme est suffisant pour empêcher toute réussite du Traitement ; mais, d'autres fois il se traduit seulement par un malaise spécial après la séance, généralement un mal de tête particulier, accompagné d'une fatigue nerveuse générale : c'est là un signe presque infaillible d'une Résistance, consciente ou inconsciente, qu'il ne faut jamais manquer de traiter et de dissiper entièrement avant d'abandonner le sujet à lui-même.

Se rappeler ce que nous avons dit (403) à propos de l'ŒIL DE SIVA, et commencer par une imposition des doigts en pointe sur ce point, la main gauche à la nuque, puis continuer par des passes ou frictions appropriées.

Les Débutants principalement sont sujets à provoquer la résistance de leurs Patients, par quelque parole — ou même pensée — imprudente, généralement : il est bon de se surveiller scrupuleusement dans les commencements.

Souvent aussi, ils oublient de Suggérer à leur Patient l'abandon et la relaxation, ce qui dans la plupart des cas serait suffisant pour anéantir cette résistance irraisonnée.

V. — Traitement Spirituel.

517. — Nous arrivons à la dernière et à la plus haute méthode de Traitement Mental : méthode si élevée qu'elle est nécessairement incomprise ou confondue avec d'autres manifestations par presque tout le monde.

Il ne s'agit pas ici d'accorder une brève « inatten-

tion » au sujet, puis de se croire capable de le classer dans l'un quelconque de ces parcs ou magasins de débarras qui sont si commodes et si usités par les esprits à théories toutes faites : il faut le comprendre et en faire son profit.

C'est par la différenciation de procédés différents que l'Intellect s'aiguisera et deviendra susceptible d'une plus grande pénétration encore : c'est en n'étant jamais satisfait de ce que l'on sait que l'on aura chance d'apprendre davantage : et l'on peut se rassurer : il nous reste des « *éons* » et des « *éons* » de temps devant nous, avant de savoir, on pourrait dire, quoi que ce soit.

Dans le **Traitement Spirituel**, la **Personnalité** du Guérisseur s'efface entièrement : ce n'est plus *lui* qui guérit : il devient seulement l'instrument, le distributeur de la **Force curative spirituelle** de l'Univers.

C'est-à-dire qu'il est capable d'ouvrir son Mental Spirituel à cette Force, de l'attirer et de la capter par sa Volonté et de la diriger sur le Mental Spirituel du Patient, où elle détermine des Vibrations de telle intensité et puissance qu'elle stimule d'abord les Principes inférieurs de la Mentation, puis ensuite les organes et les parties elles-mêmes et qu'Elle les restaure finalement à la Santé. Les **Cures Spirituelles** sont fréquemment **instantanées**, mais il ne s'ensuit pas qu'elles doivent l'être toujours.

Le **Guérisseur Spirituel** captant en lui la Force Curative Spirituelle et la dirigeant sur le Patient le « *baigne dans un Océan d'esprit*, » pourrait-on dire, et c'est cette saturation qui le guérit.

Mais, comme nous l'avons dit, le Mental Spirituel n'est pas encore développé — ou la Conscience n'est pas encore parvenue à son niveau — en ce qui concerne la moyenne de l'Humanité actuelle ; seuls de rares individus ont pu élever le centre de leur Conscience à la région de ce Mental Spirituel, qui constitue l'Intuition, l'Inspiration, le Génie, etc.

C'est ce que nous avons appelé la **Conscience Cosmique** (120) et (193).

L'acquisition de cette haute **Mentation** confère en elle-même le pouvoir de **Guérison Spirituelle**, et c'est à ce titre que nous l'avons examinée.

Comme on le voit, le **Traitement Spirituel** met en opération des Forces totalement différentes, et d'un ordre de beaucoup supérieur à celles que l'on emploie dans la vie ordinaire, et le sujet ne doit être considéré qu'avec un respect en quelque sorte religieux.

518. — Le **Guérisseur Spirituel**, quand il veut exercer, doit d'abord atteindre un état de profond recueillement.

Il lui faut pacifier son corps et son âme en une **Relaxation** générale ; puis, en une condition voisine de l'**Extase**, sentir la proximité de l'**Océan de l'Esprit**, dont lui-même est une goutte : en un mot vibrer « *à l'unisson avec l'Infini.* »

Cette condition est impossible à décrire clairement avec des mots : mais certainement tout **Psychiste** en s'exerçant, rencontrera forcément ce degré sur son chemin, — un peu plus tôt, un peu plus tard — mais il y arrivera.

En cet État Spirituel, il peut ou non appliquer ses mains sur le Patient suivant son inspiration. Certains **Guérisseurs Spirituels** ne touchent pas leurs malades, tandis que d'autres « *sentent* » intuitivement qu'ils doivent le faire. Il faut se conformer à son inspiration, mais cependant remarquer qu'il semblerait que la « *touche* » d'une personne en qui l'Esprit circule porte en soi un Principe Curatif impossible à décrire. Le Christ et ses Apôtres guérissaient généralement par l' « *application des mains.* »

En exerçant ce Traitement, il faut éloigner toute responsabilité, ou initiative personnelle, et toute idée que l'on pratique soi-même la cure : il faut, au contraire, s'envelopper dans l'idée que l'on est seulement le distributeur de la Puissance de l'Esprit.

519. — D'après le Yogi RAMACHARAKA, beaucoup de Guérisseurs Spirituels ont perdu leur pouvoir curatif à la suite de l'égoïsme et de la vanité qu'ont fait naître en eux les applaudissements de la foule.

Il faut éviter cette erreur fatale; ce n'est pas le Guérisseur qui effectue la Cure : c'est l'Esprit : ne jamais l'oublier.

Le meilleur moyen de faire de soi le Distributeur de la Force Curative Spirituelle, est de se concentrer sur la Pensée que l'on est un conducteur par lequel circule le Pouvoir Curatif, et de s'efforcer de « *voir* » mentalement, ou de « *sentir* » la circulation de l'Esprit en soi pendant tout le traitement.

520. — La durée de ce Traitement ne doit pas être grande : ici encore, il faut s'en rapporter à l'Intuition. Souvent, lorsqu'on a pratiqué cette forme de Cure pendant un certain temps, le Guérisseur et son Malade « *sentent* » tous les deux la circulation du Courant Spirituel. Dans ce cas l'on peut être assuré que l'on a atteint les meilleures conditions.

Il est important que les deux intéressés simultanément : le Guérisseur et son Patient, soient tous deux dans l'état de recueillement favorable, parcequ'alors leurs Intellects à tous deux sont devenus bons conducteurs, favorables à la circulation spirituelle.

Pour déterminer, pour assurer cette condition mentale mutuelle et capitale, il est bon que le **Guérisseur** commence par faire lire à son Patient quelques lignes, ou quelques paragraphes d'un **Livre Spirituel** quelconque, en le priant de choisir lui-même les passages qu'il sait les plus propres à faire naître en lui l'émotion cherchée.

Par ce moyen, les Intellects de tous deux, Guérisseur et Patient, sont débarrassés des « *contre-suggestions* » les plus grossières, et le **Traitement** rencontre des conditions plus favorables.

521. — Il n'est pas nécessaire, ni même désirable que le **Guérisseur** s'évertue à évoquer l'image de la cure pendant qu'il l'opère : c'est là une différence radicale avec le **Traitement Mental** qui précède ; quand l'**Esprit** sature l'organisme du Patient, par l'intermédiaire de son **Mental Spirituel**, il le « *guérit*, » ou le « *régénère* » intégralement, sans distinction de parties ni d'organes. Le Patient est immergé dans un Bain d'Esprit, et chaque **Intellect Cellulaire** subit son influence et en reçoit la stimulation qu'il doit.

C'est là tout ce qu'on peut dire sur ce genre de **Traitement** : le reste ne peut s'apprendre que par la pratique. Il ne faut pas être effrayé de la tenter — pourvu, bien entendu, qu'on le fasse dans un bon esprit.

Peu à peu l'on se sentira devenir un instrument plus parfait pour la distribution de la Force Curative Spirituelle, et le Pouvoir du Guérisseur augmentera en conséquence.

522. — Le Yogi RAMACHARAKA recommande de toujours terminer tout Traitement Mental par un Traitement Spirituel donné à l'issue du premier, ne fût-ce que pendant un court instant.

Si même l'on présuppose que le patient pourrait avoir des préventions contre le nom Traitement Spirituel, à cause du Spiritisme, des Fantômes ou encore de Dogmes religieux, etc., on peut, en toute conscience, le faire sans le spécifier au malade ; s'il fallait faire l'éducation philosophique de certains patients avant de pouvoir les guérir, le plus grand nombre d'entre eux, hélas ! ne recouvrerait jamais la santé.

523. — Ce n'est point là une déception de la part du Guérisseur : sans cela nous ne la conseillerions pas, et elle serait opposée à notre principe (92) : jamais on n'obtient le Bien par des moyens de Mal. Mais, dans le cas considéré, l'Erreur appartient en propre au Patient, et, pour pouvoir le traiter ensuite contre celle-là aussi, il faut d'abord éliminer l'autre, la Maladie, quelquefois pressante ; ce ne semble vraiment guère le moment de soulever des questions de scholastique à propos de Cures Mentales.

524. — Ici se termine, à proprement parler, ce que nous avons à exposer sur le Traitement Mental dans toutes ses branches, et dans tous ses principes.

Puisse leur application contribuer puissamment au rétablissement de la Santé et de l'Harmonie Universelles.

VI. — Auto-Traitement. — Conclusion.

525. — Avant de clore définitivement le sujet, il sera peut-être bon d'ajouter quelques mots du Trai tement de soi-même, qui est, sans contredit, le meilleur de tous — quand on peut l'appliquer.

Il est toujours à portée, d'abord, puis rien ne peut le retarder, ni l'empêcher.

Toutes les formes de **Traitement Mental** que nous avons vues, sans exception ni réserve, sont applicables, avec les légères modifications inévitables, à ce **Traitement de soi-même**.

Néanmoins certaines sont plus rapidement efficaces, et d'une application plus indiquée.

526. — Ainsi, parmi les **Méthodes magnétiques**, le **Massage Vibratoire** peut être d'un emploi courant contre toute douleur subite, mal de dents, etc., sans préjudice, bien entendu, des autres méthodes avec lesquelles il peut très bien alterner.

La **Méthode** d'usage le plus fréquent est toutefois l'**Auto-suggestion**.

Le Dr HUDSON, p. 200 de son célèbre ouvrage « *The Law of Psychic Phenomena*, » donne un excellent exemple appliqué à un cas de mal de tête ordinaire :

527. — Auto-Traitement suggestif. — Le Patient, étant déterminé à se guérir lui-même, commence par se souvenir que son **Subconscient** doit être traité exactement comme une entité distincte. En conséquence, il suggère d'abord que le **Mal de Tête** va prendre fin ; puis qu'il est en train de finir ; et finalement qu'il est guéri.

Ces **Suggestions** doivent se donner sous la forme de mots, prononcés ou non à haute voix, suivant les cas, et il faut y persister jusqu'à ce que le résultat soit obtenu.

Une **Réitération** continuelle de la déclaration

que la Tête va mieux produira inévitablement ce résultat ; et, aussitôt qu'on le sent se produire, c'est le moment d'affirmer hardiment que le Mal a entièrement disparu, — ou plutôt que la tête est entièrement dégagée ; car les Suggestions négatives ne sont pas de mise ici plus qu'ailleurs.

Si l'on éprouve un reste de mal, il ne faut en tenir aucun compte, et persister dans la Suggestion que la Tête est entièrement dégagée.

528. — Évidemment, le grand obstacle est le manque de Foi possible au début. Nous traînons avec nous un pesant atavisme et réfractaire à secouer ; mais si nous le considérons, au contraire, comme la puissante résultante de Forces exactement de même nature que celle que nous mettons volontairement en lutte contre lui, il cessera de nous apparaître formidable et sera vaincu d'avance parceque attaqué précisément par ses points faibles.

529. — La première victoire, non seulement raffermira notre FOI naissante, mais encore affaiblira de plus en plus la résistance de notre antagoniste. Si bien qu'au bout de très peu de temps on arrivera à accomplir des merveilles en ce genre. Tout le monde sait que certains Fakirs de l'Inde possèdent sur les mouvements « *involontaires* » de leur corps exactement autant de contrôle que nous sur nos mouvements « *volontaires.* »

Le Psychiste, en s'exerçant, arrivera forcément au même résultat : c'est l'Opération d'une Loi immuable.

530. — La méthode proposée a cela d'avantageux

(à un certain point de vue) que, tout en respectant les **Lois de la Suggestion**, elle respecte aussi celle du sens commun, et n'entraine pas de dénégations aventurées de l'existence de la Matière, ou autres choses analogues.

Et elle n'en est pas moins efficace pour cela.

Il est sans doute inutile de répéter que les conditions de **Relaxation**, **respiration**, etc. doivent toujours être observées, là comme dans tous les autres cas.

Une autre remarque utile, c'est que la **méthode durant le Sommeil Naturel** est tout aussi applicable à soi-même qu'aux autres : sa puissance est aussi accrue si l'on fait précéder le moment où l'on s'endort des pratiques de **Relaxation**, etc., que nous ne saurions trop mentionner, car elles décuplent au moins, et centuplent quelquefois la Puissance curative.

531. — Enfin, point n'est besoin de dire que les trois dernières Méthodes dues au Yogi RAMACHARAKA (505), (508), (518), sont les véritables procédés de choix pour les **Psychistes** à même de les mettre en œuvre.

532. — **Pratiquer:** — Et maintenant, qu'on s'en persuade bien intimement, il faut pratiquer : pratiquer toujours, pratiquer sans cesse; c'est le seul moyen d'accélérer les progrès.

Notre conviction est si absolue sur ce point que c'est elle qui nous a déterminé à exposer les diverses méthodes de **Traitement Mental**, pour offrir au **Psychiste** un Champ d'activité illimité, car rien, ni personne, ne peut être un obstacle à **traiter** comme le conseille le Dr Hudson (500) avant de s'endormir, et, au besoin, à l'insu du Patient lui-même : on se rendra bien compte du résultat, qui ne peut, en aucun cas, être nuisible.

Sur soi-même, bien entendu, il faut **pratiquer constamment** : arriver enfin à s'émanciper du joug de la **Matérialité**, de la **Bestialité** sous toutes ses formes, même (et surtout) les plus séduisantes.

Être bien persuadé que **Rien n'est indifférent** : tout est, ou direct, ou rétrograde : plus ou moins; mais toujours au moins un peu l'un ou l'autre, de même qu'une balance n'est jamais juste : elle peut s'en approcher plus ou moins et c'est tout.

Et finalement prendre exemple sur les **athlètes du muscle** : ils savent s'entraîner et se tenir en condition; le **Psychiste** doit en faire de même : c'est son sport à lui, et c'en est un qui peut durer longtemps, car, nous l'avons vu (84), la **mort** elle-même est impuissante à l'interrompre. Le **travail**, les **efforts** que nous fournissons à cela sont un véritable placement éternel, au-dessus de toute contingence terrestre.

Je n'ignore pas que l'on recommande souvent d'autres exercices pratiques que le **Traitement Mental** : par exemple de s'exercer à influencer à des actes insignifiants des inconnus dans la rue ou dans les endroits publics; mais nous pensons qu'il vaut énormément mieux, pour le développement **Psychique**, employer son pouvoir au **Bien**, plutôt qu'à l'insignifiant, car comme nous venons de le voir, l'insignifiant est toujours un peu bien ou mal, et le rétrograde est habile à se dissimuler.

533. — Conclusion. — Nous sera-t-il permis,

pour conclure, de revenir sur cette figure bizarre par
laquelle nous avons débuté, savoir : que l'Homme
n'est, en réalité, qu'un **Agglomérat Psychique**, et
que c'est là la forme sous laquelle il est le plus avantageux de le considérer au point de vue thérapeutique?

C'est qu'elle est aussi, cette forme — par une heureuse rencontre — celle que viennent démontrer les
derniers progrès de la Science la plus **Matérialiste** :
ce qui n'est pas banal.

En effet, celle-ci reconnaît à chaque Cellule un
Mental individuel qui se groupe pour chaque collec-
tivité, formant un organe, en un **Mental Collectif.**
C'est là **exactement** ce que Van Helmont nommait
un **Archée.**

Ces Intellects Collectifs se groupent à leur tour
sous (ou « *en* ») un Chef Unique : le **Subconscient,**
le **Moi subliminal,** l'**Intellect Subjectif,** etc., que le
même Van Helmont nommait l' « *Archeus Faber,* »
l' « *Archée-Fèvre,* » comme on dit « *or-fèvre,* » et
que nous avons appelé **Archée principal.**

Toutes les Manifestations quelconques de Santé —
ou de Maladie — sont déterminées par cet Intellect :
l'**Archée principal,** ou ses subordonnés les **Archées,**
Intellects collectifs des Cellules groupées en Organes
et Fonctions, qui, eux, gouvernent directement les
Actes des Cellules, quels qu'ils soient.

Nous avons reconnu dans la **Suggestion** la
grande Loi naturelle de connexion entre l'**Esprit,**
ou la Pensée d'une part, et ces Intellects Multi-
Cellulaires de l'autre.

La **Télépathie,** enfin, est venue nous fournir la
Technique du procédé pour la mise en œuvre de
ces **Lois** et leur application pratique, générale et
efficace à rétablir la Santé et l'Harmonie en géné-

ral, dans tous les cas où elles sont compromises.

534. — Et maintenant clôturons par le « *Mantram* » et l'Adieu du grand Maître Psychiste, le Yogi RAMA-CHARAKA :

« **O TOI, Grand Pouvoir Infini,** — Toi, Grande
« **Flamme de Vie** de qui je ne suis qu'une Étincelle
« — je m'ouvre à Ton Pouvoir Curatif pour qu'il cir-
« cule en moi et qu'il renforce, rétablisse et régé-
« nère ce Frère dans la Vie.

« Fais que ce Pouvoir circule en moi afin qu'il en
« reçoive l'Énergie Vivifiante, la Force et la Vie, et
« qu'elles se manifestent en Santé, Force et Vitalité.

« Fais de moi un Distributeur digne de Ta Puis-
« sance, et emploie-moi au Bien. »

La Paix soit avec vous en vos Œuvres Curatives.

FIN

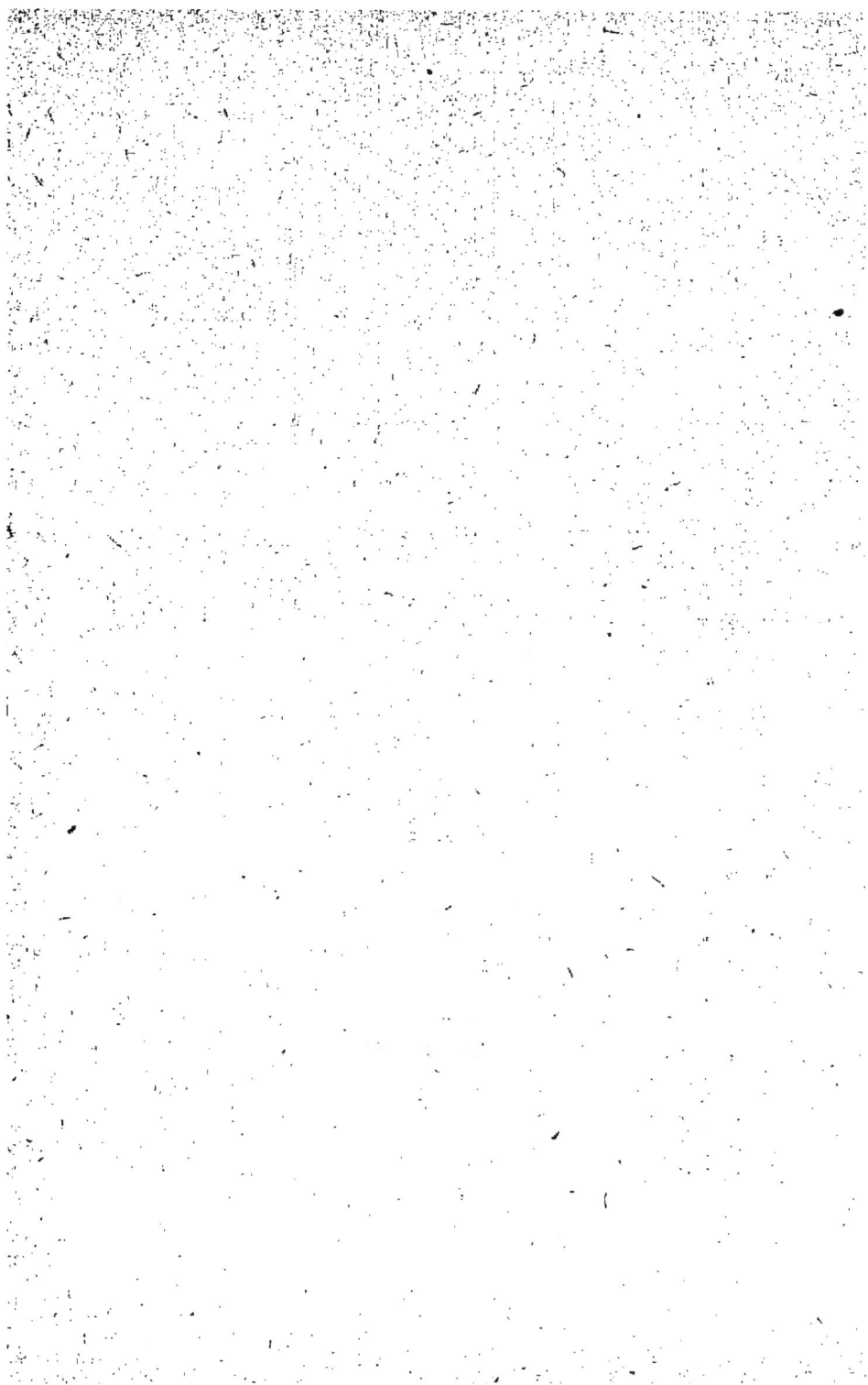

BIBLIOGRAPHIE

Nous donnons ci-après la description succincte de tous les ouvrages mentionnés dans l'exposé de notre Système, et aussi celle d'autres livres se rattachant intimement au même sujet, mais que nous n'avons pas eu occasion de viser plus spécialement.

Il nous aurait paru utile de donner une bibliographie de presque tous les auteurs qui se sont occupés de Magnétisme vital, ou animal comme l'appelait MESMER. Mais cela eût trop grossi notre livre, et, de plus ce travail se retrouve, bien plus étendu, quant aux détails et descriptions, dans le « Manuel bibliographique des Sciences psychiques, » en trois volumes in-8° de 5 à 600 pages chacun, que nous publions en ce moment [1].

A titre de renseignement, toutefois, nous allons donner la simple liste des principaux articles relatifs au Magnétisme, qui se trouvent dans ce Manuel.

En se reportant à ces articles, on trouvera tous les renseignements qu'il m'a été possible de réunir sur chacun d'eux.

Les Cotes qui se trouvent à la fin de certaines descriptions sont celles de la Bibliothèque Nationale de la rue de Richelieu, à Paris, où les ouvrages ainsi désignés peuvent toujours être consultés.

[1]. Chez Lucien *Dorbon*, libraire, à Paris.

Un recueil de la Bibliothèque Nationale que nous recommandons tout particulièrement est celui intitulé :

Recueil général et complet de tous les écrits publiés pour et contre le Magnétisme animal.

S. I. [Paris], vers 1788.

14 volumes in-4°.   [Tb⁶². 1

C'est une réunion factice avec titre imprimé particulier, qui renferme, outre à peu près tous les ouvrages imprimés publiés sur ce sujet de 1779 à 1787, des extraits (presque tous manuscrits) des Journaux du temps, plusieurs gravures satiriques, et deux pièces de vers manuscrites.

Dans cette monumentale collection, où tous les ouvrages de petit format sont remontés à châssis page à page, pour les ramener à l'in-4°, on trouvera une mine inépuisable de documents irrécusables sur MESMER et les débuts du Mesmérisme.

Enfin on trouvera sous forme d'annonces, à la fin du présent volume, toute une série de brochures et de publications spéciales à la « Société Végétarienne de France. »

ARTICLES SUR LE MAGNÉTISME ANIMAL

DANS LE

MANUEL BIBLIOGRAPHIQUE DES SCIENCES PSYCHIQUES

Adelon
Adkin
Albert d'Angers
Alexandre
Alexis
Almignana
Amouroux
Anglemont
Arcade   d'Orient
  (*Voir aussi* Vial)
Archbold
Archives...
Arrêt...
Assézat
Athénée...
Auguez
Azaïs
Azam

B. D.
Bacher
Bachelier d'A.
Bacot
Bailly (J.-S.)

Bapst et Azaïs
Baragnon
Barbeguière
Baréty
Barré et R.
Barreau
Bauche
Baudot
Beaumont
Beaunis
Beautain
Beaux de M.
Beckensteiner
Becquerel
Bégué
Bellanger
Belot
Berco
Bergasse
Bérillon
Berjon
Berjot
Berna
Bernheim

Bersot
Bertrand
Billaudel
Billot
Binet
Boin
Boissière
Bombay
Bonnefoy
Bonnet
Boret
Bormes
Bouillaud
Boujean
Bourdin
Bourru
Bouvier
Bouvignier
Bouys
Brack
Braïd
Brasseur
Breton
Brierre de B.

Brissot de W.
Broca
Broussais
Brown-Sequard
Browyne
Bruck
Brughat
Brullard
Buchanan
Bué
Burdin et Dub.
Burq

C.
C. D.
Cadet
Cahagnet
Cambry
Cancans
Canelle
Caron
Carra
Castera
Casti
Caullet de V.
Caylus
Cazalis
Cazotte
Chambard
Chardel
Chappelain
Charcot
Charpentier
Charpignon
**Chastenet-Puy-
segur**
Chautard

Choquet
Clocquet
Colardeau
Colin
Coll
Collongues
Comperet
Compte-rendu
Constantin
Coste
Court de Gebel.
Crampon
Crocq
Cullerre

Dalloz
Dampierre
Dardex
Dauger
Debay
Defer
Delandine
Delbœuf
Deleuze
Demangeon
Demarquay
Denis
Desages
Desmartis
Desnos
Despine
Desprez
Devilliers
Dichas
Didot
Dionis
Docteurs modernes

Donato
Donné
Doppet
Dubois
Dubreuil
Dulora de la Haye.
Dumez
Dunaud
Dupau
Du Pleix
Du Potet
Dupuy
Duroy
Durville

E. F.
Edard
Eddy
Eldir
Encausse
Espinouse
Esdaile
Eslon (D')
Eymard

F. D. P.
Fabius de C.
Fabre
Farémont
Faria
Fauvelle
Fauvety
Favre
Feinkind
Féré
Fiard

Filassier
Filiatre
Fleurville
Fluidus
Fodéré
Foissac
Fontetette-S.
Forel
Fortia de P.
Fos
Fournel
Fournier
Foutan
Foveau de C.
Franco
Frapart
Frère
Friedlander
Frommann
Frotté
Fugairon
Fustié
Fyens

G. C.
Gaden
Galart de M.
Gandon
Garcin
Garrigue
Gasparin
Gathy
Gauthier
Gavet
Gédéon
Gentil
Gérard
Géraud-Bonn.

Gerdy
Gigot
Gilbert
Gilibert
Girardin
Giron
Goclenius
Gorgeret
Goupil
Goyard
Gragnon
Grandvoinet
Grasset
Guibert
Guigout-Pigalle
Guillard
Guiollot
Gutierrus
Guyomar
•
Haldat
Hamard
Hannapier
Harembert
Harsu
Hautefeuille
Hébert
Hedde
Hélot
Hénin de Cuv.
Hermès
Hervier
Horne
Houssay
Hudson
Hue
Hugueny
Huguet

Humbert
Husson

Idjiez
Imbert-Gourb.

Jacob
Jacquier
James
Janin de C.
Jésupret
Joire
Joly
Jonas
Jozwick
Judel
Jussieu

Klinkosch
Koreff
Kuhnoltz

La Chave
La Favrye
Lafont
Lafontaine
La Grézie
Lallart
Landresse
Landsperg
La Poterie
La Salzède
Lassaigne
La Tourette
Laugier
Laurent
Leblanc
Le Brumont

Lelut
Lemonnier
Léonard
Léonidas
Lepelletier
Lequine
Leroux
Licetus
Liébeault
Liégeois
Linguet
Loisel
Loisson
Lo-Looz
Lombard
Long
Longecourt
Lordat
Loubert
Love
Lovy
Lucas
Luthereau
Lutzelbourg
Luys

M.
M. A.
M. G. C.
M. J. D.
Mabru
Mahon
Maine de B.
Majewski
Mandaroux
Maricourt
Marin
Marrin

Masson
Mauclerc
Meletier
Méric
Mesmer
Mesnet
Michal
Millet
Mirville
Moilin
Moll
Mongruel
Monin
Montègre
Morand
Morety
Moricourt
Morin
Morisson
Morogues
Mouilleseaux
Moulinier
Moulivelz
Moutin
Mukhopadhyaya

Neyremand
Nicolas
Niset
Noiset

Ochorowicz
OEgger
Olivier
Oppert
Orbet
Ordinaire
Orelut

Orient (Voir Vial).
Orosz
O Ryan
Osteopathy

Pailloux
Pambour
Panin
Paramelle
Parrot
Paulet
Paumier
Pauwels
Peaumecelle
Pelin
Pellieux
Perrières
Perry
Pérusson
Pétetin
Petiau
Pezzani
Philips
   (Voir Durand
   de Gros).
Pollemare
Piel
Pierquin
Pierrart
Pigault-Lebrun
Pigeaire
Pitres
Plain
Pointcarré
Poissonnier
Possin
Postel
Pressavin

Wetterstrand
Whipple
Wiart
Wirdig

Wirth
Wisermann
Wurtz

Yung

Ziegler.

BIBLIOGRAPHIE

Nota. — Les numéros précédant les noms d'auteurs sont ceux des paragraphes où il est question d'eux ou de leurs ouvrages.

A

(322) **ALLAN KARDEC.** — Voir **RIVAIL.**

329) **ANQUETIL - DUPERRON** (Abraham - Hyacinthe). — Zend-Avesta, ouvrage de Zoroastre... Traduit sur l'original Zend... *Paris*, 1771, 3 vol., in-4°
[O²h. 237

(361) **ANTOINE** (Louis) dit « le Guérisseur, » puis « le Généreux. » — Culte Antoiniste. Révélation par Antoine le Généreux. *Jemeppe-lez-Liège (Belgique)*, Mme *F. Deregnaucourt*, 1910, in-8° de 9 ff — 195 pp. — LXXIV pp. et 2 ff.

(162) **ARNULPHY** (Dr Victor). — La Santé par la Respiration. *Paris, Beaudelot*, 1910, *troisième édition*, in-8° de v-96 p. portr. et fig.

(485) —— et **BOURGEAT** (Gaston). — Méthode de Culture Psychique. *Paris, Beaudelot ; Bruxelles, Lebègue*, 1908, in-12 de 252 pp. [8°Tb³⁸.75

(344) **ATKINSON** (William-Walker). — The Law of the New Thought, A Study of Fundamental Principles and their Application. *London, L.-N. Fowler and Co* 1902, in-8° de 93 pp.

—— La Force Pensée, son action et son rôle dans la Vie. *Paris, Bureaux d'Études Psychiques*, 1904, in-8° de 106 pp.

B

(122) **BALZAC (Honoré de).** — Le Livre Mystique. Les Proscrits. Histoire intellectuelle de Louis Lambert [autobiographie]. Séraphita. *Paris, Werdet,* 1835, 2 vol. in-8° [Y². 15687 et 8

(394) **BARADUC (Dr Hippolyte-Ferdinand).** — L'Ame Humaine. *Paris, Geo-Carré,* 1896. in-8°, [8° R. 13792

—— La Force Vitale. *Ibid. Id.,* in-8° de VIII-224 pp. Figures [Tb¹¹. 125.

—— Mes Morts. *Paris, Leymarie,* 1908 in-8° de 87 pp. et 16 p. de clichés photogr. [8° R. 22133

(97) **BARÉTY (Dr A.).** — Le Magnétisme Animal étudié sous le nom de Force Neurique rayonnante et circulante dans ses ...
Paris, Doin, etc., 1887, in-8° de XVI-662 pp. [Tb⁶³. 58

BÉLIARD (Dr Octave) et GAUBERT (Dr Léo). — Le Périple. *Paris, Tassel, S. D.* [1907], in-8° de 224 pp.

(446) **BERNHEIM (Dr H.).** — De la Suggestion et de ses applications. *Paris, Doin,* 1887, in-12 de IV-428 pp. [Te¹⁴. 80 A.

(344) **BERRIER (Leroy).** — Cultivation of Personal Magnetism. A Treatise on Human Culture. *Davenport, Iowa, l'auteur,* 1899, in-8° de 123 pp.

—— The Power of Self Formation, *Ib. Id.,* 1904, in-12 de 97 pp.

—— The New Life, *Ib. Id.,* 1902, in-12 de 126 pp.

(370) **BERSOT (Ernest).** — Mesmer et le Magnétisme animal. *Paris, Hachette,* 1853, in-16 de 192 pp. [Tb⁶². 27

(57) **BESANT et LEADBEATER.** — Les Formes Pensées. *Paris, Publications Théosophiques,* 1905, gr. in-8° de II-111 p. et 58 lithographies en couleurs hors texte. [4° R. 1989

(380) **BILLOT (Dr G.-P.).** — Recherches Psychologiques sur la cause des Phénomènes extraordinaires observés chez les modernes voyants improprement dits

Somnambules magnétiques, ou Correspondance sur le Magnétisme Vital. *Paris, Albanel et Martin*, 1839, 2 vol. in-8° de XVI-342 et 368 pp. [Tb⁶⁴. 143

BLAVATSKY (Mᵐᵉ Helena Petrovna). — Isis Unveiled. Second Edition. *New-York, S. W. Boulon; London, Bernard Quaritch*, 1877; 2 vol. in-8° de XLV-628 et IV-692 p. avec 2 pl. pliées (T. II, p. 264). [8° R. 1404

—— The Secret Doctrine (and Index). *London, N. Y. et Madras, Theosophical Publishing Society*, 1893-95, 3 vol. in-8°. — Traduction française, *Paris, Art Indépendant*, 1899-1911, 6 vol. in-8° raisin [8° R. 16090

BOEHME (Jacob). — Clef ou explication des divers points et termes principaux employés par Jacob Boehme... *Paris, Dorbon l'aîné, S. D.*, in-8° de LVIII-70 p. (l'édition originale : *Paris, Migneret*, 1826, in-8°). [R. 31876)

(Voir les très nombreux ouvrages de ce Théosophe dans le « Manuel Bibliographique des Sciences Psychiques, » déjà cité en tête.)

(396) **BONNAYMÉ (D')**, de Lyon. — La Force Psychique, l'agent magnétique, et les instruments qui servent à les mesurer. *Paris, Libr. du Magnétisme*, 1908, in-12, 220 pp. et fig. [8° Tb⁶⁴. 347

(162) **BOSC (Ernest).** — Le Livre des Respirations. Traité de l'Art de respirer. *Paris, Chamuel*, 1898, in-16 de XV-198 pp. [Tb³⁸. 71

—— Traité de Yoga. *Paris, Daragon, S. D.* [1908?], in-8°, 206 pp. [8° O²k. 1275

—— Vie Ésotérique de Jésus de Nazareth, et Origines Orientales du Christianisme. *Paris, Dorbon aîné*, 1902, in-8° de 448 pp.

(98) **BOURRU et BUROT (les Docteurs).** — La Suggestion Mentale, et l'Action à distance des Substances Toxiques et Médicamenteuses. *Paris, J.-B. Baillière*, 1887, in-12 de 311 p. Planches. [Te¹⁴. 97

(381) **BOUYS (Théodore).** — Nouvelles considérations puisées dans la clairvoyance instinctive de l'Homme... etc. *Paris, Desenne, Debray*, 1806, in-8° de XXVIII-404 pp. [R. 29887

(428) **BRAID (James).** — Neurypnology, or the ratio-
nale of nervous sleep, considered in relation with animal magnetism... *London, J. Churchill ; Edinburgh,
A. et C. Black*, 1843, in-16 de xxii-265 pp.
[Te¹⁴. 64 *bis*

—— Traduction du précédent : *Paris, Delahaye et Lecrosnier* 1883, in-12 de xv-272 pp.   [Te¹⁴. 64

(99) et (445, Note.) **BUCHANAN (Joseph Rodes),**
*Docteur en Médecine, Psychiste éminent et Philosophe spi-
ritualiste américain, né à Francfort (Kentucky), le 11 décembre 1814, mort à San José (Californie), le 26 décembre 1899. — Le professeur BUCHANAN est l'inventeur
de la Psychométrie, qu'il a exposée pour la première
fois dans son « Journal of Man, » publié à Cincinnati
(Ohio), en* **1849.**
Manual of Psychometry : Dawn of a New Civilisation.
Boston (Massachussetts), 1886, in-12.

(126) **BUCKE (Dr Richard-Maurice).** — Cosmic Consciousness. A Study in the Evolution of the Human
Mind. *Philadelphia, Pennsylvania, Innes et Sons*, 1905,
in-4° de xviii-318 pp., portr. de l'auteur.

(426) **BURQ (Dr V.).** — Des Origines de la Métallothérapie. Part qui doit être faite au Magnétisme Animal.
dans sa découverte. *Paris, Delahaye et Lecrosnier*, 1882,
in-8° de 142 pp.   [Te⁷.211

C

(387) **CAHAGNET (Louis-Alphonse).** — Arcanes
de la Vie Future dévoilés... *Paris, l'auteur, Germer Baillière*, 1848-54, 3 vol. in-18.   [R. 30389-91

—— Lumière des Morts, ou Etudes magnétiques philo-
sophiques. *Ibid. iid.* 1851, in-18 de viii-322 pp.
[R. 30404
(Voir de nombreux autres ouvrages dans le « Manuel
Bibliographique des Sciences Psychiques, » cité en tête).—

CARPENTER (Edward). — A Visit to a Gnani
Chicago, Illinois, The Yogi publication Society, 1905,

in-8° de 65 p. Extrait d'un ouvrage plus considérable :

—— Adam's Peak to Elephanta. *London, Swan Sonnenschein and C°, ltd,* 1902, in-8°.

(376) CAULLET DE VEAUMOREL (le D^r). — Aphorismes de M. Mesmer dictés à l'assemblée de ses élèves. *Paris, Quinquet,* 1785, in-24 de xxiv-172-4 pp.
[Tb⁶³.4

(447) CHARCOT (Dr Jean-Martin). — Tome IX : Hémorrhagie, Ramollissement du Cerveau, Hypnotisme, électrothérapie (34 fig. et 1 pl.). *Paris, Lecrosnier et Babé.* 1890, in-8° de viii-571 pp. [T³⁵.146

(426) CHARDIN (Charles). — Précis d'électricité médicale : théories, appareils, définitions, terminologie... *Paris, O. Berthier,* 1896, in-18 de iii-448 pp. fig.
[Te¹⁵.234

Autre édition : *Paris, A. Maloine,* 1904, in-18 de 839 p. fig. [Te¹⁵.274

(99) COATES (James), Ph. D., F. A. S. — Seeing the Invisible; Practical Studies in Psychometry,... Telepathy... *London and New-York ; L.-N. Fowler and Co; Fowler et Wells Co,* 1909, in-8° de xix-298 pp. Portrait du professeur Joseph-Rodes Buchanan, et 4 planches hors texte.

(378) CHASTENET DE PUYSEGUR (Marquis Amand-Marc-Jacques). — Appel aux savans observateurs du xix° siècle... *Paris, Dentu,* 1813, in-8° de 338 pp.

—— Du Magnétisme Animal, considéré dans ses rapports avec diverses branches de la Physique générale. *Paris, Desenne,* 1807, in-8°, ix-418 pp.

—— Mémoires pour servir à l'Histoire et à l'Établissement du Magnétisme Animal. *Paris, Dentu,* 1784 (puis 1809 et 1820), in-8°. (La dernière édition est la plus complète : xxiv-473 pp. et gravures) : [Tb⁶⁴. 72. B

—— Recherches, expériences, et observations physiologiques... *Paris, Dentu,* 1811, in-8° de 430 pp.

COENDERS VAN HELPEN (Barent). — Escalier des Sages, ou la Philosophie des Anciens. Conçeu et mis en lumierre (*sic*) par un Amateur de la Vérité qui a pour l'anagramme de son nom : « Rediens nunc ero

pulchra fides. » *Groningue, Ch. Pieman*, 1686, in-f° frontisp. et 17 belles planches. C'est l'édition originale du « Thresor de la Philosophie des Anciens... » *Cologne, Claude le Jeune*, 1693, in-f° de v-340 pp. frontisp. et 17 pl.
[R. 1282

COLLINS (Mabel). — Lumière sur le Sentier. Traité pour l'usage personnel de ceux qui, ne connaissant pas la Sagesse Orientale, désirent en recevoir l'influence. Transcrit par M. C. [Mabel COLLINS], Membre de la Société Théosophique. Prix, 1 fr. 25. *Paris, Géo. Carré* [puis « *Publications Théosophiques* »], 1887 [puis 1909], in-32 de 45 pp. *Important opuscule de haute mystique.*
[6° R. Pièce 3831

(391) [CONSTANT (l'abbé Alphonse-Louis)].—Dogme et Rituel de la Haute Magie, par ÉLIPHAS LÉVI. Quatrième édition, avec 24 fig. *Paris, Félix Alcan*, 1903, 2 vol. in-8°.   (1894) : [8° R. 14959

COSMIQUE (La Tradition). [Par M. Max THÉON, de Tlemcen (Algérie)]. *Paris, Chacornac et alii*, 1905, 04, 06; 3 vol. in-8° de 375, 380, 380 pp. [8° R. 18189

(94) COULOMB (E.-J.) dit AMARAVELLA. — Le Secret de l'Absolu. *Paris, Société Théosophique*, 1892, in-12 de xv-256 pp.   [8° R. 11350

(5) CURIE (Pierre). — Œuvres publiées par les soins de la Société Française de Physique. *Paris, Gauthier-Villars*, 1908, in-8° de xxii-621 pp. et 2 planches. Portrait de l'auteur.   [8° R. 22290

CURIE (Mᵐᵉ Pierre, née Sklodowska).—Traité de Radioactivité. *Paris, Gauthier-Villars*, 1910, 2 vol. in-8° de 428 et 548 pp. avec 113 fig. 7 pl. et 1 portrait.

(344) CUTTEN (George-Barton) Ph. D. (Yale). — Three Thousand Years of MENTAL HEALING. *London, New-York, Toronto, Hodder and Stoughton*, S. D. [1911], in-8° de viii-318 pp. Portraits de Valentin GREATRAKES, sir Kenelm DIGBY, Frédéric-Antoine MESMER, John-Alexander DOWIE, George O. BARNES, Mrs Mary Baker EDDY.

D

(379) DELEUZE (J.-P.-F.). — Histoire critique du Magnétisme Animal. *Paris, Mame*, 1813, 2 vol. in-8°.
[8° Tb⁶². 8

—— Instruction Pratique sur le Magnétisme Animal, *Paris, Dentu,* 1825, in-8° de 11-472 pp.
(1846) : [8° Tb⁶³. 32

(282) **DEWEY (Dʳ Edward Hooker).** — The true Science of Living. The new Gospel of Health, practical and physiological. *Norwich, Connecticut, Ch. C. Haskell and Co,* 1908, in-8° de 333 pp.

(400) **DONATO.** — Le Magnétisme. Revue générale des Sciences Physio-Psychologiques. *Paris, 1, rue Barye.* 1886, in-8°   [T⁴ˣ.26

DRESSER (Annetta-Gertrude). — The Philosophy of P. P. Quimby, with Selections from his Mss and a Sketch of his Life. Second edition. *Boston, Geo. H. Ellis,* 1895, in-8° de 114 p. avec portrait de P. P. Quimby.
(Important pour l'histoire des Origines de la New Thought, et autres branches du Traitement Mental en Amérique.)

DRESSER (Horatio-Willis). — Health and the Inner Life. An Analytical and Historical Study of Spiritual Healing Theories, with an Account of the Life and Teachings of P. P. Quimby. By Horatio W. Dresser... *New-York and London, G. P. Putnam's Sons,* 1906, in-12 de 255 pp.
(Des plus intéressants au point de vue de l'Histoire et de la théorie des Traitements Métaphysique et Spirituel : l'auteur est le fils de deux Patients guéris, devenus Disciples de P. P. Quimby.)

DREWS (George-J.). — Unfired Food and Hygienic Diètetics for Prophylactic (Preventive) Feeding and Therapeutic (Remedial) Feeding. (Treats on Food in the Cause, Prevention and Cure of Disease.) By George J. Drews, « *Alimentationis Doctor.* » Contains 360 Recipes for Health Drinks, Uncooked Soups, Fruit, Flower and Vegetable Salads, Unbaked Bread and « *Brawnfoods,* » Unfired Pies and Wedding Cake ; Directions for Curing every common Disease, Including Botanical Description and Complete Analyses of Every Natural Food, and Advice for Economical City and Cottage Gardening. *Chicago, Illinois, George J. Drews,*

24*

430 *E. 42⁻ᵈ Street, S. D.*, [1909] gr. in-8° de 313-x pp., portrait de l'auteur en frontispice et figures.

(*Très intéressant ouvrage sur l'Alimentation rationnelle évitant l'emploi du feu, et permettant néanmoins de faire une cuisine mangeable avec les légumes et céréales usuels.*)

(99) **DUCHATEL (Edmond).** — Enquête sur des Cas de Psychométrie. *Paris, Leymarie,* 1910, in-8° de xvi-128 pp.

(384) **DU POTET de Sennevoy (baron Jules).** — Cours de Magnétisme en sept Leçons. *Paris, Roret et Baillière,* 1840, in-8° de vi-503 pp.　　　[8° Tb⁶³. 18

—— Expériences publiques sur le Magnétisme Animal faites à l'Hôtel-Dieu de Paris, par... *Paris, Dentu,* etc., 1826 in-8° de iv-170 pp.　　　(1821) : [8° Tb⁶⁴. 115

—— La Magie Dévoilée. *Saint-Germain, Heutte,* 1875, in-4° de viii-284 pp.　　　[R. 7343

—— Thérapeutique Magnétique. *Paris, Dentu, Baillière,* etc., 1863, in-8° de 539 p.　　　[8° Te¹⁴. 36

DU PREL (le baron Carl). — La Magie, Science naturelle. *Liège et Paris, libr. des Sc. Psychiques,* 1907-08, 2 v. in-8° de xvi-255 et 438 p. *Abondants et intéressants documents.*

(439) **DURAND DE GROS (Dʳ Joseph-Pierre).** — Cours théorique et pratique du Braidisme, ou hypnotisme nerveux. *Paris, Baillière,* 1860, in-8° de vii-180 p.
　　　[8° Te ¹⁴. 29

—— Electro-dynamisme vital, ou les relations physiologiques de l'Esprit et de la Matière démontrées par des expériences... *Paris, Baillière,* 1855, in-8° de 383 pp.
　　　[8° Tb¹⁷ 49

(76) **DURVILLE (Hector).** — Le Fantôme des Vivants. *Paris, Librairie du Magnétisme,* 1909, in-18 de 356 pp. et fig.　　　[8° R. 22860

(397) —— Magnétisme Personnel. *Paris, libr. du Magnétisme,* 1906, in-12 de 262 pp. fig., portraits.
　　　(1905) : [8° R. 20250

—— Traité expérimental de Magnétisme. *Paris, Lib. Magnétique,* 1895, 96, 98, 1904, 4 vol. in-18.
　　　[8° Tb⁶³ 57 B et *bis*

E

(331) **EBERS** (Georges-Maurice). — Le Papyrus
Ebers, le livre hermétique des médicaments des Égyp-
tiens, en écriture hiératique, publié avec une introduction analytique par Georges Ebers, et suivi d'un glos-
saire hiéroglyphique et latin, par Louis Stern. *Leipzig*,
1874, 2 vol. in-8°. [en allemand et en latin] [Fol. Te¹³⁹.90

(389) **EDARD** (Guillaume). — La Vie par le Magnétisme et l'Électricité. *Paris, Géo. Carré*, 1885, in-8° de
xvi-598 pp.   (1884) : [8° Tb⁶⁴. 283

—— Vitalisme curatif, par les appareils électro-magné,
tiques du professeur G. Edard... *Paris, 21, rue Duban-
Passy*, 1885, in-8° de lxxxiii-166 pp., fig.   [8° Te¹⁵. 167

(346) **EDDY** (Mrs Mary Baker Glover). — Miscella-
neous Writings. *Boston, J. Armstrong*, 1906, in-16, xvi-
471 pp.

—— Science and Health, with Key to the Scriptures. *Boston, J. Armstrong*, 1898, in-16, xii-663 pp. — *Ibid., Id.*,
1911, in-8° de xii-700 p. (Se trouve à Paris, 194, rue de
Rivoli.)   [D². 17841

(391) [**ENCAUSSE** (Dʳ Gérard)]. — Traité élémentaire
de Magie Pratique par **PAPUS**. *Paris, Bibl. Chacornac*, 1906. in-8° de 584 pp., pl., fig. et tab. [8° R. 20609

—— Traité Méthodique de Science Occulte par **PAPUS**.
Paris, Géo. Carré, 1891, in-8° de xxxvi-1092 pp. Planches
et figures.   [8° R. 10508

(13) **ÉPICTÈTE**. — Manuel d'Épictète, traduit par
M. N. [Naigeon] *Paris, Didot et de Bure*, 1782, in-16 de
139 pp.   [Rés. R. 2014

(388) **ESDAILE** (James). — Mesmerism in India and
its practical application in Surgery and Medicine. *Chicago, The Psychic Research Co (L. N. Fowler and Co,
London agents)*, 1902, in-8° de 165 pp.

(344) **EVANS** (Rev. Warren Felt). — The Mental
Cure. Illustrating the Influence of the Mind on the Body,
both in Health and Disease, and the Psychological Me-

thod of Treatment. *Boston*, 1869, in-12. (Réédité *Ibid.*, 1876, in-12).

(Le premier en date des ouvrages sur le Traitement Mental.)

—— The Divine Law of Cure. A standard work on the Philosophy and Practice of the Mind Cure ; a reliable Text Book in all Schools of Mental Healing. *Boston* (?), 1881, in-12.

F

(399) **FARIA** (l'abbé José-Custodio). — De la cause du Sommeil lucide, ou Etude de la Nature de l'Homme. *Paris, Jouve*, 1906, in-12 de LXIII-362 pp.
[8°Tb⁶⁴.113 A.

(404) **FILIATRE** (Jean). — Hypnotisme et Magnétisme. Cours Pratique complet en un seul volume. *Saint-Étienne, Genest, S. D.*[1908], in-12 de 403 pp. et 2 ff de pl.
[Te⁶⁴. 494

(76) **FLAMMARION** (Camille). — L'Inconnu et les Problèmes Psychiques. *Paris, Ernest Flammarion, S. D.* [1907], in-12 de XIV-594 pp. (Edition originale en 1900).
[8° R. 16681

(283) **FLETCHER** (Horace). — The A. B.—Z. of our own Nutrition. *London, B. F. Stevens and Brown*, 1903 (*puis* 1908), in-12 de XXXV-426 pp.

(394) **FORTIN** (l'abbé A.), curé de Châlette (Loiret). — Le Magnétisme atmosphérique, ou Prévision du temps cinq ou six jours à l'avance par les agitations de l'aiguille du Magnétomètre. *Paris, Geo. Carré*, 1890, in-12 de XXV-300 pp.
[8° V. 21953

(328) **FOSSEY** (C.). — La Magie Assyrienne. Étude suivie de Textes Magiques transcrits, traduits et commentés. *Paris, Ern. Leroux*, 1902, in-8° de 474 pp.
[O² d. 407

(437) **FYENS** (Thomas). — De Viribus Imaginationis Tractatus. *Leyde, Elzevir*, 1635, in-16 de 377 pp. et 3 ff d'index.
[R. 35944

G

(264) **GLEIZÈS** (Jean-Antoine). — Thalysie, ou la Nouvelle existence. *Paris, L. Desessart*, 1840, 3 vol. in-8° [R.37379-80-81

(366) **GOCLENIUS** (Rodolphe). — Mirabilium naturæ liber. *Francfort*, 1625, in-12.
—— Tractatus de Magnetica curatione vulneris... « *Marpurgi,* » 1610, in-16.

(368) **GREATRAKES** (Valentin). — *Voir* **STUBBE** (Henry).

(76) **GURNEY** (Edmund), **MYERS** (Fred.-W.-H.) et **PODMORE** (Franck). — Phantasms of the Living... *London*, 1887, 2 vol. in-8°. [8°R.7754
—— Les Hallucinations Télépathiques. Traduction abrégée des « Phantasms of the Living, » par L. MARILLIER. *Paris, Alcan*, 1891, in-8°. [Td⁸⁶.613

H

(286) **HALLING**. — Les Sports pour tous. Vigueur, Souplesse et Beauté par la **Gymnastique Suédoise**... *Paris, Éditions Nilsson*, S. D. (Prix : 0 fr. 40), in-16 de 116 pp. fig.

(330) **HAMILTON** (Mary), M. A. — Incubation, or the Cure of Disease in Pagan Temples and Christian Churches. *London, Simpkin, Marshall, etc.*, 1906, in-8° de 3 ff.-223 pp. et Index.

(359) [**HOUSSAY** (l'abbé E.)]. — Biographie de Jean SEMPÉ, le Magnétiseur Mystique. *Vincennes (Paris), Jean Sempé*, 1889, in-12 de 264 pp.

(495) **HUDSON** (Thomson Jay). — The Law of Psychic Phenomena; a working hypothesis for the systematic study of Hypnotism, Spiritism, Mental Therapeutics, etc. *London Chicago, G. P. Putnam's Sons and A. C. Mc Clurg and Co*, 1910, in-8° de 409 pp.

—— The Law of Mental Medicine. The correlation of the facts of Psychology and Histology in their relation to

Mental Therapeutics. *London and Chicago, G. P. Putnam's Sons and McClurg and Co*, 1908, in-8° de xix-284 pp.

(76) —— The Evolution of the Soul, and other Essays. *London, G. P. Putnam's Sons*, 1904, in-8° de xi-344 pp.

J

(360) JACOB (Henri, dit le Zouave). — Les Pensées du Zouave Jacob, précédées de sa prière, et de la manière de guérir soi-même ceux qui souffrent. *Paris*, 1868, in-12 portrait.   [R. 54896

—— Revue théurgique, scientifique, psychologique et philosophique traitant spécialement de l'hygiène et de la guérison par les fluides... *Paris*, 1888-89, in-8°. [T⁴². 29

(201) JANET (D' Pierre). — L'Automatisme Psychologique. Essai de Psychologie Expérimentale sur les Formes inférieures de l'Activité Humaine. *Paris, Fél. Alcan*, 1907; in-8° de xxi-496 pp.   (1889) : [8° R. 17106

(479) JOIRE (D' Paul). — Traité de l'Hypnotisme. *Paris, Vigot frères*, 1908, in-8° de 436 pp.   [8°Te¹⁴.237

(359) JULIO (l'abbé). — *Voir* HOUSSAY.

(249) JULLIEN (Marc-Antoine). — Essai sur l'emploi du Tems, ou Méthode qui a pour objet de bien régler sa vie, premier moyen d'être heureux ; destinée spécialement à l'usage des jeunes gens. *Paris, Dondey-Dupré père et fils*, 1829, in-8° de 490 pp. Frontispice.

(1810) : [R. 3545

K

(272) KELLOGG (D' J.-H.). — The Miracle of Life. *Battle Creek, Michigan, Good Health Pub. Co*, 1904, in-8° de 574 pp. planches.

(309) KNEIPP (Mᵍʳ Sébastien). — Ma Cure d'eau pour la guérison des maladies et la conservation de la santé. *Paris, Retaux ; Bruxelles, Schepens, S. D.* In-12 de xii-484 pp.   (1890) : [Te¹⁵⁵. 98

—— Comment il faut vivre, Avertissements et conseils s'adressant aux malades et aux gens bien portants. *Paris, Lethielleux; Kœmpten (Bavière), Kœsel*, 1898, in-12 de xii-385 pp. et 15 de supplément, portrait et figures.
(1891) : [Te¹⁷. 293

—— Mon Testament. Conseils aux malades et aux gens bien portants. *Kempten (Bavière), Jos. Kœsel; Paris, Lethielleux;* 1895, in-12 de [4 ff]-494 pp., portrait et figures.

(2) **KYBALION (The)**, a Study of the Hermetic philosophy of ancient Egypt and Greece, by Three Initiates. *Chicago, Illinois, The Yogi Publication Society*, 1908, in-8° de 223 pp.

L

(385) **LAFONTAINE (Charles)**. — L'Art de Magnétiser (7ᵉ éd.) *Paris, Alcan*, 1899, in-8° de xii-314 pp.
(1847) : [Tb⁶³.35

—— Mémoires d'un Magnétiseur. *Paris, Genève, Germer Baillière, l'Auteur,* 1867, 2 vol. in-12. [Ln²⁷. 38394

(76) **LAROUSSE (Pierre)**. — Grand Dictionnaire Universel du xixᵉ siècle... *Paris, l'Auteur, S. D.* [1865], 15 vol. in-4° à 4 colonnes, plus 2 suppléments parus en 1878 et 1890, soit 17 vol. en tout.

(83) **LEADBEATER (C.-W.)**. — L'Homme visible et invisible. *Paris, Publications Théosophiques*, 1903, in-8° de 132 pp., 22 pl. en couleurs. [8° R. 18469

(5) **LE BON (Dᵣ Gustave)**. — L'Évolution de la Matière. *Paris, Ernest Flammarion*, 1905, in-18 de 389 pp. avec 62 fig. [8°·R.20013

—— L'Évolution des Forces. Avec 42 figures... *Paris, Ernest Flammarion*, 1907, in-16 de 386 pp. [8° R. 21417

(326) **LENORMANT (François)**. — La Divination et la Science des Présages chez les Chaldéens. *Paris, Maisonneuve*, 1875, in-8° de 236 pp.

—— La Magie chez les Chaldéens, et les Origines Accadiennes. *Paris, Maisonneuve*, 1874, in-8° de x-362 pp.
[Od². 125

(332) **LETRONNE (Jean-Antoine).** — Les Papyrus Grecs du Musée du Louvre et de la Bibliothèque Impériale,... *Paris, Impr. Impériale*, 1866, in-4°. [J. 6083

(391) **LÉVI (Éliphas).** — *Voir* **CONSTANT** (l'abbé Alphonse-Louis).

(155) **LÉVY (D' Paul-Émile).** — L'Éducation rationnelle de la Volonté. Son emploi thérapeutique. *Paris, Félix Alcan*, 1905, in-12 de II-278 pp. [Te¹⁴. 205. A

(447) **LIÉBEAULT (D' Ambroise-Auguste).** — Thérapeutique suggestive... *Paris, Doin*, 1891, in-12. [Te¹⁴. 149

—— Du Sommeil et des états analogues... *Nancy, Grosjean; Paris, V. Masson*, 1886, in-8° de 535 pp. (1889) : [Te¹⁴. 116

(370) **LOUIS (D' Eugène-Victor-Marie).** — Les Origines de la Doctrine du Magnétisme animal. Mesmer et la Société de l'Harmonie. *Paris, Soc. d'Editions Scientifiques*, 1898, in-8° de 56 pp. [Tb⁶⁴. 305

(391) **LUYS (D' Jules-Bernard).** — Du Transfert à distance, à l'aide d'une couronne de fer aimanté, d'états névropathiques variés, d'un sujet à l'état de veille sur un sujet à l'état hypnotique. *Clermont*, 1891, in-8°. [Te⁶⁴. Pièce 351

M

(283) **MAURIES (le capitaine Paul).** — Une révolution dans l'Art de guérir les Maladies d'Estomac, d'Intestin, les Migraines, les Névralgies, le Diabète et l'Albuminurie. *Antony (Seine), l'Auteur*, S. D. [1906], in-8° de 32 pp. [En vente actuellement par l'imprimerie « *La Semeuse*, » 2 et 10 rue des Belles-Croix, à Étampes (Seine-et-Oise)]. [Te¹³.898

(434) **MAX SIMON (D' P.).** — Le monde des Rêves. *Paris, J.-B. Baillière*, 1888, in-16 de VIII-326 pp.

(1) **MÉNARD (Louis).** — **HERMÈS TRISMÉGISTE**, traduction complète précédée d'une Etude sur l'Origine des Livres Hermétiques. Deuxième édition. *Paris, Didier et Cⁱᵉ*, 1867, in-12 de CXI-302 pp. [R. 38459 *bis* ou 38460

(364 à 370) **MESMER** (D' Frédéric-Antoine). — Théorie du Monde et des Êtres organisés, suivant les Principes de M***. *Paris, S. E.* 1784, in-4° de 29 pl. entièrement gravées. [V.1320 F 2

(376) —— **Aphorismes**. *Voir* **CAULLET** de Veaumorel.

(149) **MOLINOS** (Miguel de). — Guide Spirituel. *Paris, Publications Théosophiques,* 1905, in-32 de IV-325 pp.

(277) **MONTEUUIS** (D' A.). — L'Alimentation et la Cuisine naturelles dans le monde (Deuxième édition). *Niçe, Paris, Bruxelles, Visconti, A. Maloine, H. Lamartin,* 1910, in-12 de 525 pp.

(427) **MORICOURT** (D' J.). — Manuel de Métallothérapie et de Métalloscopie appliquées au traitement des maladies nerveuses. Burquisme et Magnétisme animal (Grand et petit hypnotisme). *Paris, Delahaye et Lecrosnier,* 1888, in-12. [Te⁷.248

(392) **MOUTIN** (D' Lucien). — Le Diagnostic de la Suggestibilité. *Paris, Soc. d'Editions Scientifiques,* 1896, in-8° de 110 pp. et tab.

—— Le Nouvel Hypnotisme. *Paris, Perrin et Cⁱᵉ,* 1887, in-12 de 220 pp. couv. ill.; portr. lith. de l'auteur. [Te¹⁴.99

(1) **MULLER** (the Right Hon. F. Max.). — The Six Systems of Indian Philosophy. *London, N. Y. and Bombay, Longmans, Green and Co,* 1899, in-8° de XXXI-618 pp. *Très important ouvrage.*

MUKERJI (le Swamie A.-P.). — Yoga Lessons for Developing Spiritual Consciousness. By Swamie A.-P. MUKERJI, Associate Editor, Kalpaka Magazine of India. *Chicago, Yogi Publication Society; London, L. N. Fowler and Co; Tinnevelly (South India) The Latent Light Culture S. D.* [1911]; in-8° de 191 pp.

N

NYSSENS (Paul). — Le Magnétisme Personnel. Une Méthode pour le développer, traduit par —. *Paris, A. Maloine, S. D.,* in-12 de 168 pp. (Traduction de l'ouvrage de LEROY-BERRIER.)

O

(77) **OCHOROWICZ (D' Julian).** — De la Suggestion mentale. *Paris, Oct. Doin*, 1889, in-12 de v-578 pp.
(1887) : [Te¹⁴. 90

(278) **O HASHNU HARA.** — Concentration and the acquirement of Personal Magnetism. *London, L. N. Fowler and Co*, 1910, in-8° de VIII-118 pp.

(37) **OMAR KHAYYAM.** — Rubaiyat de Omar Khayyam. Illustrations de Edmond Dulac. *Paris, H. Piazza et Cⁱᵉ, S. D.* [1910], pet. in-4°. (1902) : [4° Ya. 32

(418) **OSTEOPATHY (Home Study Course in),** Massage and Manual Therapeutics. *London, The Psychic Research Co (L. N. Fowler and Co successors), S. D.* in-8° de 130 pp. figures marginales.

P

(404) **PAPUS.** — *Voir* ENCAUSSE.

(268) **PASCAULT (D' L.).** — Conseils théoriques et pratiques sur l'Alimentation. *Paris, Société Végétarienne de France*, 1909, in-8° de 251 pp.

(338) **PATANJALI.** — The Yoga-Sastra dans la « *Bibliotheca Indica* » (*Trübner and Co de Londres, agents*) 5 fascicules in-8°, reliés toile. (Texte Sanscrit et Anglais),
—— The Aphorisms of the Yoga Philosophy... *Allahabad, Presbyterian Mission Press.* 1852-53, 2 vol. in-8 Sanscrit et Anglais, tome I   [R.26759
                                         tome II   [8°R.583

(439) **PHILIPS (A.-J.).** — *Voir* DURAND DE GROS.

(311) **PLATEN (le professeur M.).** — Livre d'Or de la Santé. Méthode nouvelle... de la Médecine Naturelle... *Paris, Bong et Cⁱᵉ S. D.* [1907,] 3 vol. in-8°, pl. et fig.
[Te¹⁸. 868 & 10. A

(76) **PODMORE (Frank).** — Apparitions and Thought Transference : an Examination of the Evidence for Telepathy. *London, Walter Scott, ltd.* 1894, in-8° de XIV-401 pp. illustr.

436) POMPONACE (Pierre). — Petri Pomponatii Philosophi et Theologi Doctrina et ingenio præstantissimi Opera. De Naturalium effectuum admirandorum causis. Et de Incantationibus Liber : Item de Fato : Libero Arbitrio... *Basileæ, ex officinâ Henricpetrinâ*, 1567, in-8° de 31 ff-1015 pp. (Marque de l'imprimeur au dernier f°).

[R. 12565

R

(496) RAMACHARAKA (Yogi). — Tous ses ouvrages sont publiés en langue anglaise et par le même éditeur : « *The Yogi Publication Society,* » 1408, Masonic Temple, Chicago, Illinois, U. S. A.

(162) —— The Hindu-Yogi Science of Breath, 1903, puis 1909, in-8° de 73 pp.

—— Hatha Yoga, or the Yogi Philosophy of Physical Well Being, 1904, in-8° de 243 pp.

—— The Science of Psychic Healing. A sequel to Hatha Yoga, 1906, puis 1909, in-8° de 190 pp.

—— Fourteen Lessons in Yogi Philosophy and Oriental Occultism, 1903-4-11, in-8° de 286 pp.

—— Advanced Course in Yogi Philosophy and Oriental Occultism, 1904-05-09, in-8° de 337 pp.

—— A Series of Lessons in Raja Yoga, 1905-1906-1911, in-8° de 299 pp.

—— A Series of Lessons in Gnani Yoga (The Yoga of Wisdom), 1906-07-09, in-8° de 302 pp.

—— The Inner Teachings of the Philosophies and Religions of India, 1908-09, in-8° de 359 pp.

——Mystic Christianity, or the Inner Teachings of the Master, 1907-08, in-8° de 269 pp.

—— The Hindu-Yogi System of Practical Water-Cure, 1909, in-8° de 123 pp.

Tous ces ouvrages sont fondamentaux.

(386) REICHENBACH (Baron Charles de). — Les Phénomènes Odiques. *Paris, Bibl. Chacornac*, 1904, in-8° de xiv-564 pp., figures.

(322) [RIVAIL (Hippolyte-Léon-Denizard)]. — Le Livre des Esprits, contenant les Principes de la doctrine Spirite... recueillis et mis en ordre par ALLAN KARDEC. Onzième édition. *Paris, Didier et C⁰, Ledoyen, Dentu et Fréd. Henri*, 1864. in-18 de XLIII-474 pp. Édition originale de 1860, *Ibid. iid.* :   [R.39907

(92) ROBIANO (l'abbé comte Aloys de). — Névrurgie ou les Phénomènes nerveux du Magnétisme animal réunis en Science régulière, démontrable, appliquée à la Religion, la Philosophie et la Médecine... *Bruxelles, Vᵉ Wouters*, 1851, in-8° de 234-24 pp.

(390) ROCHAS (le colonel Albert de). — L'Extériorisation de la Sensibilité. Étude expérimentale et Historique. *Paris, Chamuel*, 1895, in-8° de 250 pp.; 4 pl. en couleurs·   [8° R. 12894

—— Les Forces non Définies. Recherches Historiques et expérimentales. *Paris, G. Masson*, 1887, in-8° de 416 pp.. XVIII pl. hors texte.   [8° R. 8403

—— Les Sentiments, la Musique et le Geste. *Grenoble, Falque et Perrin*, 1900, in-8°, 9 pl. et nomb. fig.   [4° V. 4808

—— Les Vies Successives. Documents pour l'étude de cette question. *Paris, Chacornac*, 1911; in-8° de 504 pp. portraits et gravures.
Ouvrage des plus intéressants, et le plaidoyer moderne le plus éloquent en faveur de la *Métempsychose*. Puissamment documenté, comme toutes les Œuvres du Colonel de Rochas.

ROCINE (Dʳ Victor-G.). — Mind-Training. A practical System for developing self-confidence, memory, Mental concentration and character. *Chicago, Illinois, Human Science School*. 1905, in-8° de 225 pp.

(365) ROUXEL. — Histoire et Philosophie du Magnétisme chez les Anciens et les Modernes. *Paris, Libr. du Magnétisme*, 1894-95, 2 vol. in-18, grav.   [Tb⁶².36

(31) ROSTAND (Edmond). — La Samaritaine, évangile en trois tableaux, en vers. *Paris, Charpentier et Fasquelle*, 1898, in-8° carré de 120 pp.

S

(356) **SABIN (Oliver C.).** — Christology. Science of Health and Happiness, or Metaphysical Healing exemplified through rules, formulas, and incidents. *Washington* (D. C.), *News Letter Press*, 1910, in-8° de 331 pp., portrait de l'auteur. **Ouvrage important.**

(213) —— Christian Science Instructor. An exposition of Evangelical Christian Science Teaching. with Rules, Formulas and Instructions. *Ibid.*, *Id.*, 1905, in-8° de 3 i9 pp.

(494) **SALTZMANN (Alphonse).** — Le Magnétisme Spirituel. Guérissez-vous vous-mêmes par la Prière. *Paris, l'auteur*, 3, *rue Francisque-Sarcey* (XVI°) S. D. [vers 1907], in-12 de xix-286 pp. portrait du Christ.

SANDOZ (D' Fernand). — Introduction à la Thérapeutique naturiste par les agents physiques et diététiques. *Paris, G. Steinheil*, 1907, in-8° de 260 pp.
[8° Th. Paris 1971

(264) **SCHULZ (Carlotto).** — La Table du Végétarien. *Paris, Société Végétarienne de France*, 1910, in-8° de 400 pp. (1903) : [8° V. 30007

(358) **SEMPÉ (Jean).** — *Voir* **HOUSSAY** (l'abbé).

(374) **SOCIÉTÉS DE L'HARMONIE.** — *Voir* Règlemens des Sociétés de l'Harmonie Universelle, Adoptés par la Société de l'Harmonie de France dans l'Assemblée générale tenue à Paris, le 12 mai 1785. (Sine ulla indicatione, sed *Paris*, 1785), in-8° de 38 pp. Bibliothèque Nationale :
[Tb⁶².1 (Probablement, mais pas certainement.)

[**Huqueny (Charles)**]. — Système de la Nature : recherche des bases... *Nancy, Berger-Levrault*, 1890. in-8° de xxx-128 pp. avec fac-similés documentaires très intéressants. [4° R. 876

(324) **STEINER (Rudolf).** — L'Initiation, ou la Connaissance du Monde Supérieur, traduit de l'allemand par Jules Sauerwein. *Paris, Publications Théosophiques*, 1909, in-18, portrait de l'auteur. (Egalement traduit en anglais : *London, Theosophical Publishing Society*, 1909, pet. in-8° de iii-237 pp., portr.)

(418) STILL (Dr A.-T.). — *Voir* **OSTEOPATHY.**

(368) STUBBE (Henry). — The Miraculous Confor-
mist : or An account of severall Marvailous Cures per-
formed by the stroaking of the Hands of Mr Valentine
GREATRICK; with a Physicall Discourse thereupon... by
Henry STUBBE, Physician at Stratford upon Avon, in
the County of Warwick. *Oxford, H. Hall, for Ric. Davis*,
1666, in-8° de 2 ff.-44 pp.

T

(4) TABLE D'ÉMERAUDE. — *Voir*, entre autres :

Guaita (Stanislas de). — Le Serpent de la Genèse.
Seconde septaine. (Livre II). La Clef de la Magie Noire.
Paris, Chamuel, 1897, p. 106.

Glauber (Rodolphe). — Miraculum Mundi; de Mer-
curio Philosophorum, *Amsterdam*, 1653, in-8°, (p. 74).

Khunrath (Henri). — Amphitheatrum Sapientiæ
Æternæ, solius Veræ... *Hanovre, G. Antonius*, 1609,
in-8° de LX-22 pp. Planches.   [R. 964

Papus. — Traité Méthodique de Science Occulte. *Paris,
Geo. Carré*, 1891, in-8° de XXXVI-1.092 pp. Planches.
(p. 658).   [8° R. 10508

(157) TASSY (Edme). — Le Travail d'Idéation. Hypo
thèses sur les réactions centrales dans les phénomènes
mentaux. *Paris, Félix Alcan*, 1911, in-8° de 316 pp. (Bibl.
de Ph^ie Contemporaine).

TOLSTOI (Léon, comte). — Plaisirs cruels, contenant la profession de foi de l'auteur... *Paris, Charpentier et Fasquelle*, 1895, in-12.   [8°Z. 14022

(395) TROMELIN (le comte G. DE). — Le Fluide
Humain. Ses Lois, ses Propriétés. *Paris, Librairie du
Magnétisme, S. D.* [1909], in-8° de 258 pp., frontisp. et
2 pl. lithogr.

(475) TURNBULL (Victor). — Cours de Magnétisme
Personnel : de l'empire sur soi-même... *Paris, Bureaux
d'Etudes Psychiques, S. D.* [1901], in-8° de 47 pp.

V

(367) **VAN HELMONT** (Jean-Baptiste). — Ortus Medicinæ, id est Initia Physicæ inaudita. *Amsterdam, Louis Elzévir*, 1648, in-4° à 2 colonnes de 16 ff-894 pp. et 24 ff d'index. Édition célèbre.

(147) **VIVEKANANDA (le Swami).** — Conférences faites en 1895-1896 à New-York. Râja Yoga, ou Conquête de la Nature intérieure. *Paris, Publications Théosophiques*, 1910, in-12 de xviii-132 pp. 1 pl. h. t.

W

(369) **WIRDIG** (Sébastien). — Nova Medicina Spirituum in quâ, primo spirituum naturalis constitutio, vita... etc. dehinc spirituum præternaturalis sive morbosa dispositio, causæ... curationes per diætam... palingenesiam, magnetismum, sive sympatheismum... ingenue demonstrantur. *Hamburgi*, 1688, in-8°.

(475) **WOLFF** (Jacobus). — Curiosus Amuletorum Scrutator... *Francfort et Leipzig, Fred. Groschuffius*, 1692, in-4° de 688 et 94 pp. Frontisp. et VIII pl. en taille douce. [R. 8781 et 82

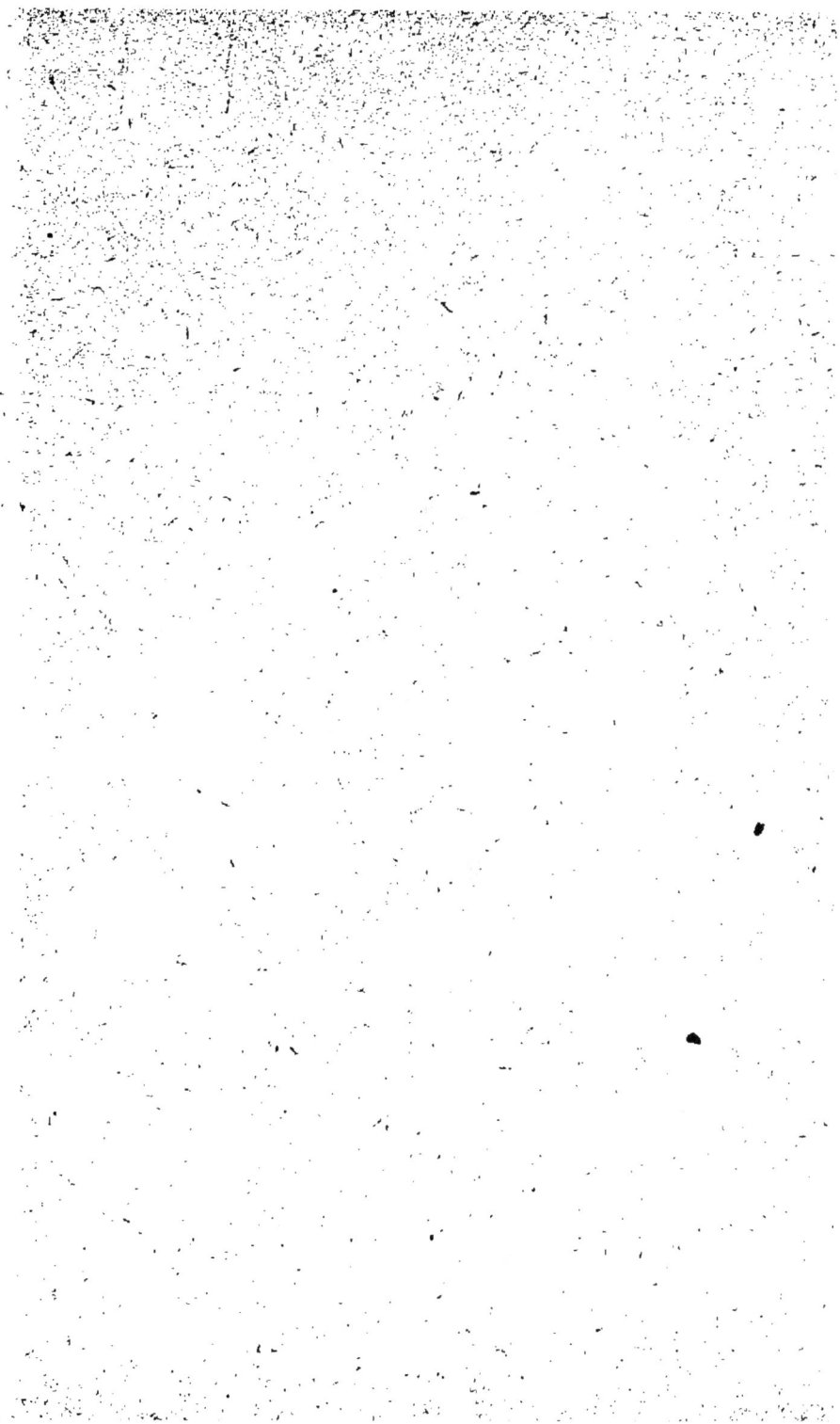

TABLE SYSTÉMATIQUE DES MATIÈRES

Introduction. — Genèse du présent ouvrage. — Branches de la Médecine. — Allopathie, Homœopathie, Médecine Naturelle, Magnétisme, Hypnotisme, Suggestion, Traitement Mental. — L'Homme Physique, résultat d'une Agglomération Psychique. — La Maladie. — Divisions de l'Ouvrage: 1). — Loi de l'Invisible. — 2). — Culture Psychique et Physique. — 3). — Procédés Thérapeutiques Psychiques. — Bibliographie finale. — L'Esprit et l'Ame. — Superconscient et Subconscient. — Conclusion : L'Ecole Eclectique Hindoue, et le Yogi RAMACHARAKA.

PREMIÈRE PARTIE

LOIS DE L'INVISIBLE

I

HERMÈS TRISMÉGISTE ET LE KYBALION

(1) HERMÈS TRISMÉGISTE, et la " Sanantana ". — (2) Le **Kybalion**. — (3) Loi du Mentalisme intégral. — (4) Loi d'Analogie. — (6) Loi de Vibration. — (10) Loi de Polarité. — (17) Loi de Rhythme. — (19) Loi de Cause et d'Effet. — (24) Loi de Genre. — (28) Loi d'Amour, ou d'Attraction. — (32) Vers de ROSTAND. — (..6) Bhakti Yoga. — (45) Loi d'Evolution.

II

LA PENSÉE

III

DIEU ET L'HOMME

DEUXIÈME PARTIE

CULTURE PSYCHIQUE

I

II

HYPNOTISME

III

SUGGESTION

Les Lois Psychiques de la Suggestion.

IV

TRAITEMENT MENTAL PUR

V

TRAITEMENT SPIRITUEL

VI

AUTO-TRAITEMENT. — CONCLUSION

BIBLIOGRAPHIE

TABLE ALPHABÉTIQUE

DES SUJETS TRAITÉS

SOCIÉTÉ VÉGÉTARIENNE DE FRANCE

Président : M. le Docteur JULES GRAND.

Secrétaire : M. JÉRÔME MORAND.

Trésorier : M. L. GÉRÉ.

Siège social : 53, rue de Vaugirard, PARIS-VIe

Cotisation : **5** fr. par an

Par Famille (quel que soit le nombre de personnes qui la composent). . . . . **10** fr. par an

Les Membres de la Société Végétarienne de France reçoivent la RÉFORME ALIMENTAIRE, organe de la Société, paraissant la seconde quinzaine de chaque mois, et bénéficient d'une réduction sur les Ouvrages qu'elle édite.

Pour tous renseignements supplémentaires, s'adresser à :

M. Jérôme MORAND, secrétaire de la Société
53, rue de Vaugirard, PARIS-VIe

VIGOT Frères, Éditeurs, 23, Place de l'École-de-Médecine, Paris

Tous les Ouvrages du présent catalogue sont envoyés franco de port contre mandat postal ou chèque adressé à **MM.** *VIGOT Frères, éditeurs,* 23, place de l'Ecole-de-Médecine, *PARIS-VI*.

LE RÉGIME VÉGÉTARIEN

RAISONS DU VÉGÉTARISME

VIGOT Frères, Éditeurs, 23, Place de l'École-de-Médecine, Paris

VIGOT Frères, Éditeurs, 23, Place de l'École-de-Médecine, Paris

La Tuberculose par arthritisme. 628 p., 26 figures
dans le texte. Dʳ Paul CARTON.................... 10 »
La- Cure de la Tuberculose par le Végétarisme.
Dʳ Paul CARTON.......................... 0 75
L'Alimentation des tuberculeux. Dʳ Georges PETIT.. 0 30
*Considérations sur l'hygiène alimentaire des tuber-
culeux,* Dʳ G. PETIT......................... 0 40
*Le Régime végétarien avant et après les opérations
chirurgicales.* Dʳ Victor PAUCHET.............. 0 30

RÉGIME ALIMENTAIRE MIXTE

Précis d'alimentation rationnelle (ce qu'il faut manger, combien il faut manger, comment il faut manger). Dʳ PASCAULT. 1 20, relié toile............. 1 50
La Cuisine chez soi. Dʳ MONTEUUIS.............. 1 50
*L'Alimentation et la cuisine naturelles dans le
monde,* Dʳ MONTEUUIS .... 3 »
La cuisine diététique, cinq cents recettes culinaires à
l'usage des dyspeptiques Dʳ F. REGNAULT et
P. MONTAGNÉ, ex-chef de cuisine du Grand Hôtel. 3 50
*Les régimes alimentaires des malades et le régime
parfait.* Dʳ CAYLA (de Bordeaux).............. 3 50

LE JEÛNE

De la Restriction alimentaire. Dʳ Jules GRAND....... 0 40
Le Jeûne. Dʳ H. SOSNOWSKA...................... 0 30
Comment rajeunir notre organisme et le renouveler?
Dʳ GUELPA............................... 0 75

HYGIÈNE GÉNÉRALE. NATURISME

Douze leçons d'hygiène générale et spéciale à l'usage
de ceux qui soignent les personnes malades, par le
Dʳ Paul CORNET........................... 2 25
Comment on jouit d'une bonne santé. M.-C. CORNET.. 1 »
La Santé pour tous. Dʳ ALLINSON (trad.)............ 1 20
La Vie hygiénique. Règlement de chaque jour.
Dʳ V. PAUCHET. Tableau 75 × 55. En feuille simple, 0 50
monté s. cart., 1 50; Port et emball. en sus...... 1 50
Manuel annuaire de la santé, par F.-V. RASPAIL,
66ᵉ édition. 1 50

VIGOT Frères, Éditeurs, 23, Place de l'École-de-Médecine, Paris

Guide pratique de l'infirmière hospitalière et de l'infirmier brancardier, bandages, premiers soins d'urgence, transport de blessés (Union des femmes de France), 200 figures............................ 2 25

Les Malades imaginaires. Dr V. PAUCHET ....,.... 0 50

Le Magnétisme personnel, par LEROY-BERRIER, traduit et interprété par M. Paul Nyssens............ 3 50

La Base de toute réforme. Santé, Richesse et Liberté assurées à la société et à l'individu par l'alimentation rationnelle. OTTO CARQUÉ, trad. par Paul Nyssens.................................... 2 »

Introduction à la Thérapeutique naturiste par les agents physiques et diététiques. Dr Fern. SANDOZ.. 6 50

Thérapeutique naturiste des maladies aiguës. Que faire en attendant le médecin ? Dr F. SANDOZ...... 0 50

La Cure atmosphérique. Emploi systématique du bain de lumière et d'air et du bain de soleil. Dr F. SANDOZ.. 1 »

L'usage chez soi des Bains d'air, de lumière et de soleil. Leur valeur pratique dans le traitement des maladies chroniques et dans l'hygiène journalière. Dr MONTEUUIS.................................... 3 »

Vers la Santé par la Chaleur. Dr Wilhelm WINSCH,.. 0 60

A B C de l'Hygiène 1 80

Pour rester jeune (3 parties). E. DETOIS. 0 75, 0 90, 0 95

Le Surmenage : Neurasthénie. E. DETOIS....·........ 0 70

Le Livre d'or de la Santé. Prof. M. PLATEN. Les vol. 1 et 2 : 30 fr. : les 3 vol. :..................... 55 »

HYGIÈNE DE L'ENFANCE

Comment on doit nourrir les enfants. Dr SOSNOWSKA. 0 30

L'Education physique de l'enfant. Dr V. PAUCHET.... 0 40

Le Manuel des mères. Dr CARADEC.................. 0 50

Le Livre de la santé de l'enfant. Dr J. PARAT........ 0 45

HYGIÈNES SPÉCIALES

Canitie et Calvitie (Hygiène des cheveux). Dr GUELPA. 1 25

Bibliothèque Larousse (in-8). *Monographies* (Hygiène, Maladies, Traitement), *par des spécialistes.*

VIGOT Frères, Éditeurs, 23, Place de l'École-de-Médecine, Paris

L'Œil, le Nez et la Gorge ; la Bouche et les Dents ; l'Estomac (*volumes à 1 franc*).
L'Oreille; la Peau et la Chevelure (*volumes à 1 fr.* 20).
Hernies et Varices, 0 90.
Maladies de poitrine, 1 35. — *Reliure toile,* 0 30 *en sus.*

GYMNASTIQUE. HYGIÈNE DU SPORT

Manuel de culture physique. Dr C. C. PAGÈS, avec 86 figures dans le texte, cartonné 3 50
Précis d'éducation physique moderne Dr Emile LAURENT 2 50
Précis de gymnastique rationnelle (4e édit., 200 fig. et schémas, 1 planche hors texte). D^r Ph. TISSIÉ.. 3 »
L'Education physique de l'enfant. Dr V. PAUCHET... 0 40
Manuel pratique pour l'Education physique des enfants. Jeux et exercices pour enfants de 5 à 8 ans, 8 à 11 ans, 11 à 15 ans. L. KUYPERS 3 50
La Santé par la respiration et la culture physique. Cours complet de gymnastique respiratoire, suivi d'un manuel de thérapeutique respiratoire, 3e édit., 22 fig. Dr Victor ARNULPHY. 2 fr. ; franco......... 2 25
Mon Système. 15 minutes de travail par jour pour la santé. J.-P. MULLER (relié en plus 1,25).......... 3 »
Le livre du plein air. J.-P. MULLER .... 4 »
Tourisme et alimentation. Dr L. PASCAULT.......... 0 40
Du Régime végétarien considéré au point de vue de la production d'énergie, de la résistance de l'organisme et du sport athlétique. A. HAIG............ 1 75
L'Hygiène sportive. E. DETOIS....... .... 2 50

POUR CULTIVER NOTRE JARDIN

Riche Nature. La Famille heureuse (Légumineuses); la Famille utile (Graminées); la Famille des Fleurs et Fruits (5 fr.); *Tous jardiniers,* 4e édit. (2 50); *Plantons des arbres, mangeons des fruits!* (3 50); *La Nature et la vie* (3 50). Gabriel VIAUD.
Cités-Jardins d'Amérique. G. BENOIT-LÉVY......... 7 50

FOMALHAULT

MANUEL D'ASTROLOGIE

SPHÉRIQUE ET JUDICIAIRE

Un volume in-8 écu, avec figures et tables, broché.. **7 fr. 50**

JEAN MAVÉRIC

ESSAI SYNTHÉTIQUE

SUR LA

MÉDECINE ASTROLOGIQUE

ET SPAGYRIQUE

Un vol. in-8 carré avec nomb. figures....... **5 fr.**

LA MAGIE DÉVOILÉE

OU

PRINCIPES DE SCIENCE OCCULTE

PAR

le Baron du POTET

QUATRIÈME ÉDITION

Un volume in-8 carré avec figures dans le texte et
un portrait de l'auteur, gravé par Froment,
d'après une miniature.............. **10 fr.**

VIGOT Frères, Éditeurs, 23, place de l'École-de-Médecine, Paris

Mystères de la Main

RÉVÉLATIONS COMPLÈTES

PAR

Ad. DESBARROLLES

Un vol. gr. in-8° avec 500 fig. explicatives... **15 fr.**

ABRÉGÉ

DE

CHIROMANCIE

ET DE

CHIROGNOMONIE APPLIQUÉE

D'après la Méthode Ad. DESBARROLLES

Par Mlle M***, sa seule élève et continuatrice

Un volume in-8°, broché avec nombreuses figures explicatives .... **2 fr. 50**

VIGOT Frères, Éditeurs, 23, Place de l'École-de-Médecine, Paris

BIBLIOTHÈQUE DIABOLIQUE

I. Le Sabbat des Sorciers, par BOURNEVILLE et TEINTU-RIER. — Un vol. in-8 de 40 pages, avec 25 gravures dans le texte et une grande planche hors texte. Papier vélin, 3 fr. — Parchemin, 4 fr. — Japon, 6 fr.

II. Françoia Fontaine. — Procès-verbal fait pour délivrer une fille possédée par le malin esprit à Louviers, par BÉNET, avec introduction, par B. DE MORAY, publié d'après le manuscrit original de la Bibliothèque nationale. Un vol. in-8. Vélin, 3 fr. 50. — Parchemin, 4 fr. 50. — Japon, 6 fr.

III. Jean Wier. — Histoires. Disputes et Discours des illusions et impostures des Diables, des Magiciens infâmes, Sorcières et Empoisonneurs, des Ensorcelés, etc. — Deux forts volumes in-8 avec Préface du Docteur Bourneville. Vélin, 15 fr. — Parchemin, 20 fr. — Japon, 25 fr.

IV. La possession de Jeanne Féry, Religieuse professe du couvent des sœurs Noires de la ville de Mons (1584), préface du Docteur Bourneville. Un vol. in-8. Vélin, 3 fr. — Parchemin, 4 fr. — Japon, 6 fr.

V. Sœur Jeanne des Anges, Supérieure des Ursulines à Loudun, XVIIᵉ siècle, autobiographie d'une possédée, par LEGUÉ et GILLES DE LA TOURETTE, préface du Docteur Charest. Un vol. in-8. Vélin, 6 fr. — Parchemin, 10 fr. — Japon, 15 fr.

VI. Procès-verbal de la dernière sorcière brûlée à Genève le 6 avril 1652, par LADAME. Un vol. in-8, Vélin 2 fr. 50. — Parchemin, 3 fr. 50. — Japon, 5 fr.

VII. Barbe Buvée, en religion sœur Sainte-Colombe et la prétendue possession des Ursulines d'Auxonne (1658-1663), par le Docteur Samuel GARNIER, préface du Docteur Bourneville. Un vol. in-8. Vélin, 3 fr. — Hollande, 5 fr. — Japon, 7 fr.

VIII. La foi qui guérit, par J.-M. CHARCOT, membre de l'Institut, préface du Docteur Bourneville. Un vol. in-8, Hollande, 3 fr. — Japon, 4 fr.

IX. L'Hystérie de sainte Thérèse, par le Docteur ROUBY. Un vol. in-8. Vélin, 3 fr. — Parchemin, 4 fr. — Japon, 6 fr.

* 9 7 8 2 0 1 2 8 2 6 8 1 6 *